Vom Bauleitplan zur Baugenehmigung

Beck-Rechtsberater im dtv

ORIGINALAUSGABE
dtv Verlagsgesellschaft mbH & Co KG
Tumblingerstraße 21, 80337 München

Redaktionelle Verantwortung: Verlag C.H. Beck, oHG
Wilhelmstraße 9, 80801 München
Satz: mediaTEXT Jena GmbH, Jena
Druck: Westermann, Zwickau
Gestaltung: Sabina Sieghart, München
ISBN 978-3-423-51279-4 (dtv)
ISBN 978-3-406-79248-9 (C.H. Beck)
ISBN 978-3-406-79249-6 (eBook)

www.dtv.de
www.beck.de

Michael Hauth

Vom Bauleitplan zur Baugenehmigung

Bauplanungsrecht, Bauordnungsrecht, Baunachbarrecht

14. Auflage

Beck-Rechtsberater im dtv

Inhalt

Der Autor

PROF. DR. MICHAEL HAUTH ist seit über 40 Jahren als Rechtsanwalt ausschließlich mit öffentlichem Baurecht befasst und Honorarprofessor an der Bauhaus-Universität in Weimar.

Dieses Buch wurde also von einem Praktiker für die Praxis geschrieben. Deshalb orientiert sich das Buch auch nicht sklavisch an der Reihenfolge des Baugesetzbuchs oder der Bauordnungen. Sein Ansatz sind vielmehr die Fragen, die in der Praxis im Vordergrund stehen: Ist ein Grundstück bebaubar und gegebenenfalls wie? Wer ist zuständig für die Erteilung der Baugenehmigung? Inwieweit sind die Nachbarn einzubinden und ihre Interessen und Rechte zu berücksichtigen? Und wie entsteht ein Bebauungsplan? In unserer prozessfreudigen Zeit soll auch ein Blick auf die Möglichkeit geworfen werden, Rechtsmittel einzulegen und die Gerichte anzurufen.

Der Autor hofft, dass dieses aus dem Lehrbetrieb wie der Praxis gleichermaßen entstandene Buch gerade dem Praktiker als Leitfaden für das Baugenehmigungsverfahren dienen wird, dem Architekten wie dem Bauherrn, aber auch Rechtsanwälten und Behörden, für die das öffentliche Baurecht nur eines der vielen Gebiete ist, mit denen sie sich befassen müssen.

Ein besonderer Dank gilt schließlich Frau Ingeborg Grub und Herrn Roland Holey, ohne deren Hilfe dieses Buch nicht hätte entstehen können.

Das vorliegende Buch hat in über 20 Jahren und in 13 Auflagen Architekten, den Mitarbeitern in der Bauverwaltung und den Studierenden als grundlegender Einstieg in das Bauplanungs- und Bauordnungsrecht gedient.

In der vorliegenden 14. Auflage in dem geänderten Format soll das Buch auch als E-Book dem Leser eine grundlegende Einführung in das öffentliche Baurecht geben und anhand von Fällen in die Lage versetzen, die täglichen Probleme in der Baupraxis zu lösen.

Einführung

Als Friedrich der Große 1745 sein Schloss Sanssouci in Potsdam errichten ließ, oder Ludwig II. 1869 sein Märchenschloss Neuschwanstein in Bayern, brauchten sie beide keine Baugenehmigung. Und dies lag keineswegs nur an ihrer Stellung. Erst etwa um die Mitte des 19. Jahrhunderts machten die starke Bevölkerungsvermehrung, aber auch die Zunahme der Industrialisierung es zunehmend notwendig, die Bautätigkeit detaillierten gesetzlichen Regelungen zu unterwerfen. Noch das Preußische Allgemeine Landrecht von 1794 bestimmte in seinem § 65: „In der Regel ist jeder Eigentümer seinen Grund und Boden mit Gebäuden zu besetzen oder ein Gebäude zu verändern wohl befugt." Die Ursprünge des Baurechts bestanden ausschließlich in der Gefahrenabwehr. Durch Baumaßnahmen sollten weder die Bewohner noch die Allgemeinheit Schaden nehmen. Baurecht war Baupolizeirecht, mit ersten Ansätzen für eine Bauleitplanung durch die Festsetzung von Fluchtlinien, die die Straßen und Plätze von sonstigen Flächen abgrenzen sollten. Um die Mitte des 19. Jahrhunderts durften die Gemeinden bei der Festsetzung dieser Fluchtlinien mitwirken.

Wer heute auch nur seinen Keller zu Wohnraum ausbauen, geschweige denn ein unbebautes Grundstück erstmals bebauen will, braucht hierfür eine Baugenehmigung.

Diese Genehmigung wird von den Baurechtsbehörden erteilt, wenn dem geplanten Vorhaben keine öffentlich-rechtlichen Vorschriften entgegenstehen (zum Beispiel Artikel 68 BayBO).

Dieses Baurecht wird dem Grundstückseigentümer aber nicht quasi verliehen oder zugeteilt. Vielmehr hat der Bauherr einen Rechtsanspruch auf Genehmigung, wenn sein Vorhaben den öffentlich-rechtlichen Vorschriften insbesondere des BauGB, der BauNVO und der jeweiligen Landesbauordnung entspricht. Es darf zwar nicht jeder überall das Bauen was ihm gerade beliebt. Auf der anderen Seite aber können auch die Baubehörden nicht nach Belieben entscheiden, ob und was gebaut werden darf. Denn Bestandteil unseres grundgesetzlich geschützten Eigentums nach Artikel 14 GG ist die Baufreiheit. Das Recht, die baulichen Anlagen zu errichten und zu ändern, gehört nach den Grundsätzen der obersten deutschen Verwaltungsgerichte zum Inhalt des Eigentums. Deshalb steht jedem Bauherrn der Weg zu den Verwaltungsgerichten offen, wenn er meint, durch eine Behörde falsch behandelt worden zu sein, insbesondere wenn ihm eine Baugenehmigung nicht – oder auch verspätet – erteilt wird, auf die er einen Anspruch hat.

Allerdings bestimmt Artikel 14 unseres Grundgesetzes auch, dass Inhalt und Schranken dieses Grundrechtes durch die Gesetze bestimmt werden (Artikel 14 Absatz 1 Satz 2 GG).

Solche Gesetze sind die bauplanungs- und bauordnungsrechtlichen Vorschriften des Bundes und der Länder. Sie geben die Antwort auf die vier W-Fragen:

- Wo darf gebaut werden?
- Was darf gebaut werden?
- Wie darf gebaut werden?
- Wer ist zuständig für die Beantwortung dieser Fragen?

Vorrangig die Beantwortung dieser W-Fragen interessiert den Praktiker. Deshalb orientiert sich auch dieses Buch an der Arbeitsweise der Praktiker, also der Bauherren und Architekten:

Im 1. Kapitel wird erläutert, welche Voraussetzungen ein Grundstück erfüllen muss, damit es überhaupt bebaut werden kann, und wir befassen uns mit der Frage, was dort gebaut werden darf.

Im 2. Kapitel befassen wir uns mit den bauplanungsrechtlichen Voraussetzungen für die Zulässigkeit von Bauvorhaben.

Inhalt des 3. Kapitels ist das Bauordnungsrecht, und zwar sowohl das materielle wie das formelle Verordnungsrecht: Gegenstand des materiellen Bauordnungsrechtes sind Fragen nach der Gestaltung des Baukörpers, der Zufahrt und vor allem das Abstandsflächenrechts. Das formelle Bauordnungsrecht gibt vor allem Antwort auf die Frage, welche Behörde zuständig ist für die Einreichung des Bauantrages und seiner Genehmigung. Von besonderer Bedeutung sind dabei die verfahrensfreien und genehmigungsfreigestellten Bauvorhaben.

Gegenstand des 4. Kapitels ist die Stellung des Nachbarn im Baugenehmigungsverfahren und die der Gemeinde.

Im 5. Kapitel beschäftigen uns weitere Hürden auf dem Weg zur Baugenehmigung. Wir werfen einen kurzen Blick auf die Probleme des

Denkmalschutzes, der im öffentlichen Baurecht eine immer größere Bedeutung erlangt.

Im 6. Kapitel schließlich kommen wir an der Frage nicht vorbei, wie sich der Rechtsschutz gestaltet, wenn eine Baugenehmigung nicht erteilt wird oder wenn die erteilte Baugenehmigung den Nachbarn in seinen Rechten beeinträchtigt.

Das Grundstück und seine Bebauung

Das erste Kapitel bringt eine Übersicht über die materiellen und formellen Voraussetzungen für die Erteilung einer Baugenehmigung durch die Baurechtsämter und die rechtlichen Grundlagen. Sie erhalten einen ersten Überblick über das Bauplanungsrecht einerseits und das Bauordnungsrecht andererseits. Sie erfahren, was baurechtliche Nebengesetze sind und was unter dem Begriff des Bestandsschutzes im eigentlichen Sinn und sehr eingeschränkt zu verstehen ist.

1. Das Grundstück und seine Bebauung

I. Das Bauplanungsrecht

Das Bauplanungsrecht enthält die wesentlichen Bestimmungen darüber, ob ein Grundstück überhaupt bebaut werden kann. Leider befassen sich viele Bauherren viel zu früh und viel zu sehr mit der Frage, wie ihr Wunschhaus im Detail aussehen soll, anstatt sich die Frage zu stellen, ob ihr Grundstück, am Ortsrand und mit freiem See- oder Bergblick, überhaupt bebaubar ist. Sie gehen den zweiten Schritt vor dem ersten und befassen sich mit dem Bauordnungsrecht vor dem Bauplanungsrecht. Am Anfang einer jeden Planung aber steht das OB und damit das Bauplanungsrecht. Nach dem Bauplanungsrecht entscheidet sich, ob ein Grundstück überhaupt bebaut werden darf. Es bestimmt die zulässige Art der Bodennutzung. Dieses Bauplanungsrecht ist Bundesrecht. Die maßgeblichen Vorschriften finden sich zunächst einmal im Baugesetzbuch. Dieses Baugesetzbuch enthält nicht nur die planungsrechtlichen Bestimmungen und damit die Antworten auf die Frage, ob ein Grundstück bebaubar ist und was darauf gebaut werden darf. Das Baugesetzbuch (BauGB) enthält darüber hinaus Ermächtigungsvorschriften für den Erlass weiterer bauplanungsrechtlicher Bestimmungen, insbesondere der Baunutzungsverordnung (Verordnung über die bauliche Nutzung der Grundstücke – BauNVO). Diese Verordnung, die aufgrund der Ermächtigung in § 9a BauGB erlassen wurde, enthält wichtige Vorschriften über die Festsetzungen und die Darstellungen in den Bauleitplänen, über die dort, aber auch im unbeplanten Innenbereich (gemäß § 34 Absatz 2 BauGB) zulässigen baulichen und sonstigen Anlagen. Diese Baunutzungsverordnung ist mehrfach geändert worden, zuletzt im Zusammenhang mit dem Baulandmobilisierungsgesetz 2021.

Bauplanungsrechtliche Vorschriften neben dem Baugesetzbuch und der Baunutzungsverordnung enthält auch die Planzeichenverordnung, die für die Ausarbeitung der Bebauungspläne und die Darstellung des Planinhalts von größter Wichtigkeit ist.

Bauplanungsrechtliche Vorschriften sind schließlich auch die Bebauungspläne der Gemeinden, die nach § 10 BauGB in Form der Satzung, also als Ortsgesetz erlassen werden.

II. Das Bauordnungsrecht

Das Bauordnungsrecht fällt in die Gesetzgebungszuständigkeit der Länder. Dies geht zurück auf ein Gutachten des Bundesverfassungsgerichts vom 16.6.1954. Dementsprechend gibt es in der BRD sechszehn Landesbauordnungen. Allerdings gehen alle diese Bauordnungen auf eine Musterbauordnung zurück, die eine Sachverständigenkommission des Bundes und der Länder ausgearbeitet hat. Auch diese verschiedenen Länderbauordnungen weisen deshalb im Wesentlichen übereinstimmende Vorschriften auf. Sie sind lediglich in einigen Details unterschiedlich, etwa in der Benennung der Paragraphen, in Bayern Artikel genannt. Um dieser Schwierigkeit Herr zu werden, wird das Bauordnungsrecht anhand der Bauordnungen Bayerns, Baden-Württembergs und Sachsens dargestellt.

Neben im Wesentlichen technischen Vorgaben enthalten die Landesbauordnungen die Verfahrensvorschriften. Sie beantworten die Frage, an wen sich der Bauherr oder Architekt wenden muss, wenn er wissen will, ob beziehungsweise für welches Vorhaben eine Baugenehmigung überhaupt notwendig ist, ob und wie sein Grundstück zu bebauen ist, oder wie er sein bestehendes Haus umbauen oder beispielsweise seine Wohnnutzung in Büronutzung ändern darf.

Dabei werden unter der Überschrift der Vereinfachung und Beschleunigung der Verfahren die Behörden zunehmend von ihrer historischen Aufgabe präventiver Bauüberwachung befreit und dieser Teil mehr und mehr dem Verantwortungsbereich des Architekten übertragen. So haben inzwischen alle Bundesländer vereinfachte Genehmigungsverfahren und sogar Genehmigungs-Freistellungsverfahren beziehungsweise Anzeigeverfahren an die Stelle der bisher üblichen umfassenden Baugenehmigungsverfahren gesetzt und sogar die Möglichkeit einer fiktiven Genehmigung normiert (siehe dazu im Einzelnen die Ausführungen im 3. Kapitel).

Das Bauordnungsrecht der Länder enthält neben den Verfahrensvorschriften eine Vielzahl sogenannter materieller Bauvorschriften, insbesondere solche, die sich mit dem WIE der Bebauung befassen: Wie groß darf das Bauvorhaben werden, wie muss die Zufahrt gestaltet sein, wie groß müssen die Räume und die notwendige Belichtung sein, wie groß die Abstände zum Grundstücksnachbarn und anderes mehr.

III. Baurechtliche Nebengesetze

Öffentlich-rechtliche Vorschriften, die dem Vorhaben nicht entgegenstehen dürfen, sind aber nicht nur in den Bauordnungen der Länder und dem Baugesetzbuch des Bundes niedergelegt, sondern auch in einzelnen Bestimmungen anderer Gesetze, sogenannten baurechtlichen Nebengesetzen. So finden sich baurechtliche Regelungen etwa im Bundesnaturschutzgesetz, im Bundesfernstraßengesetz, im Wasserhaushaltsgesetz, in den Denkmalschutz- und Wassergesetzen der Länder, in den Zweckentfremdungsverordnungen der Länder, im Gaststättenrecht, in der Arbeitsstättenverordnung, im Raumordnungsgesetz des Bundes und den Landesplanungsgesetzen und anderes mehr. Als Beispiel sei hier § 9 Absatz 1 des Bundesfernstraßengesetzes genannt. Danach dürfen Hochbauten jeder Art in einer Entfernung bis zu 40 m bei Bundesautobahnen und bis zu 20 m bei Bundesstraßen außerhalb von Ortschaften nicht errichtet werden. Baudenkmäler dürfen nach den Denkmalschutzgesetzen der Länder nur in Ausnahmefällen beseitigt und nur mit besonderer Erlaubnis verändert werden. Hotels und Gaststätten, Warenhäuser und emittierende (störende) Gewerbebetriebe müssen die besonderen Bestimmungen zum Beispiel der Arbeitsstättenverordnung, der Warenhausverordnung, der Immissionsschutzgesetze des Bundes und der Länder sowie einer großen Zahl anderer baurechtlicher Nebengesetze beachten, wollen sie eine Baugenehmigung erhalten.

IV. Der Bestandsschutz

Eigenartigerweise erfolgt die Berufung auf diesen Begriff ebenso häufig wie unberechtigt. Deshalb soll kurz auch auf dieses Rechtsinstitut eingegangen werden.

Das geerbte Wohnhaus

B ist Eigentümer eines kleinen Wohnhauses (geworden). Dieses liegt, zusammen mit drei weiteren Häusern außerhalb des Ortes, mit diesem durch eine Zufahrtsstraße verbunden und an den Kanal angeschlossen. Nachdem das Haus für B und seine Familie mit drei Kindern zu klein geworden ist, möchte er es um zwei zusätzliche Schlafräume und ein weiteres Badezimmer erweitern. Er reicht einen entsprechenden

Bauantrag ein, zu dem die Gemeinde zwar das Einvernehmen erteilt, zu dem das Landratsamt aber die Genehmigung versagen will: Dieses Haus, auch wenn es schon seit Jahrzehnten dort stehe und bewohnt sei, genieße keinen Bestandsschutz, weil dem Landratsamt keine Baugenehmigung vorliege. Deshalb könne auf dieses Vorhaben im Außenbereich § 35 Absatz 4 BauGB keine Anwendung finden. Völlig konsterniert verweist B auf den Bestand des Gebäudes seit vielen Jahrzehnten und beruft sich deshalb auf Bestandsschutz.

Noch problematischer liegen die Fälle, in denen Jagdhäuser, Bootshütten etc. nach und nach zu Wochenendunterkünften ausgebaut werden.

Voraussetzung, Inhalt und Umfang des Bestandsschutzes sind in der Tat nicht leicht zu vermitteln. Denn der Bestand eines Gebäudes allein hat noch keine baurechtliche Bedeutung. Der Bestand muss auch legal sein. Nur dann kann sich der Eigentümer auf Bestandsschutz im Rechtssinn berufen, dessen Grundlage nach der Rechtsprechung die Eigentumsgarantie des Artikel 14 GG ist. Nur ein legal geschaffener Bestand ist geschützt, und auch nur in seiner bisherigen Ausübung. Ein solcher Bestandsschutz setzt sich sogar gegenüber den Festsetzungen eines neuen Bebauungsplanes oder gar gegen eine zwischenzeitliche Gesetzesänderung durch. Ein „Schwarzbau" kann rechtlich nicht geschützt sein.

Daraus ergeben sich zwei Fragen:

1. Welche Voraussetzungen müssen gegeben sein, damit ein Gebäude in seinem Bestand geschützt ist und sich gegen Beseitigungsverfügungen durchsetzt? Wann liegt also ein legal geschaffener Bestand vor?
2. Kann ein solches bestandsgeschütztes Gebäude erweitert oder gar durch einen Neubau ersetzt werden oder sind nur Instandhaltungs- und Instandsetzungsmaßnahmen zulässig, und in welchem Umfang?

Die Frage nach der Legalität ist im Augenblick heftig umstritten: Die eine Meinung verlangt die Existenz und vor allem auch den Nachweis einer Baugenehmigung für das Gebäude. Die andere, der der Vorzug zu geben ist, lässt es genügen, dass zum Zeitpunkt der Errichtung die materiellrechtlichen Voraussetzungen gegeben waren, dass es zum Zeitpunkt der Errichtung also hätte genehmigt werden können.

Die Tatsache, dass für Gebäude, die vor 100 Jahren errichtet wurden, in vielen Fällen keine Bauakten mehr auffindbar sind, nicht zuletzt deshalb, weil solche im Krieg vernichtet wurden, wirft die Frage auf, wer die

Legalität des damals errichteten Gebäudes nachweisen muss – der heutige Eigentümer oder die Behörde?

Genießt ein Gebäude Bestandsschutz, weil es legal errichtet wurde, stellt sich die weitere Frage, in welchem Umfang dieses Gebäude erneuert, umgebaut oder wenigstens (geringfügig) erweitert werden darf.

Seit der Entscheidung des Bundesverfassungsgerichts vom 15.12.1995 besteht Einigkeit in Literatur und Rechtsprechung, dass der Bestandsschutz keine Funktionsänderungen erlaubt, keine (wesentliche) Erweiterung und erst recht keinen Neubau. Auch das Bundesverwaltungsgericht hat seine frühere Rechtsprechung zum sog. „überwirkenden Bestandsschutz" aufgegeben, in dem es festgestellt hat, dass es keinen Genehmigungs-Zulassungsanspruch gibt über das hinaus, was der Gesetzgeber normiert hat, zum Beispiel in § 35 Absatz 4 BauGB. Liegen die Voraussetzungen des § 35 Absatz 4 oder gar des § 35 Absatz 2 BauGB – siehe dazu ausführlich 2. Kapitel Abschnitt VII über die Zulässigkeit von Vorhaben im Außenbereich – nicht vor, ist das Gebäude nur in seinem Bestand geschützt. Genießt ein Gebäude aber Bestandsschutz, dann darf es nicht nur weiterhin so unterhalten und genutzt werden, wie es seinerzeit errichtet wurde; darüber hinaus sind auch Wiederherstellungs- und Reparaturarbeiten, in gewissem Umfange sogar Erweiterungen, denkbar. Der Bestandsschutz erfasst auch solche baulichen Veränderungen oder auch Erweiterungen, die erforderlich sind, um den vorhandenen Bestand weiterhin funktionsgerecht nutzen zu können, zum Beispiel durch Einbau neuzeitlicher sanitärer Anlagen oder einen Garagenanbau, nicht aber Erweiterungen oder Nutzungsänderungen.

Auch der Leerstand eines genehmigten Gebäudes führt nicht zum Wegfall des Bestandsschutzes. Die Rechtswirkung einer Baugenehmigung bleibt in diesem Fall erhalten. Dies gilt grundsätzlich für die Dauer der Nichtausübung der genehmigten Nutzung. Deshalb lässt auch eine länger andauernde Nutzungsunterbrechung die Wirksamkeit der Baugenehmigung unberührt. Allein das Leerstehenlassen des genehmigten Anwesens rechtfertigt nicht den Schluss, der Inhaber der Baugenehmigung habe die genehmigte Nutzung aufgegeben oder auf die Genehmigung verzichtet. Das geltende Bauordnungsrecht kennt keine Verpflichtung, ein Gebäude ständig in der genehmigten Weise zu nutzen oder auch nur Gründe für den Leerstand darzulegen. So wollte die Behörde gegen die Wiedereröffnung einer Gaststätte einschreiten, die viele Jahre leer stand, dann umgebaut wurde, und dann wieder jahrelang leer stand. Dies verhinderte das Oberverwaltungsgericht Lüneburg: Das bloße Unterlassen der genehmigten Nutzung genügt nicht, um den

Bestandsschutz entfallen zu lassen. Vielmehr müssen besondere Umstände vorliegen, die eindeutig einen dauerhaften Verzicht des Berechtigten auf die genehmigte Nutzung erkennen lassen.

Die bauplanungsrechtlichen Zulässigkeitsvorschriften

Am Anfang steht, von der Systematik dieser Darstellung her ebenso wie aus der Sicht des Grundstückseigentümers, des Bauherrn und des Architekten, die Frage nach der planungsrechtlichen Zulässigkeit des beabsichtigten Vorhabens, also die Frage, welche Eigenschaften ein Grundstück aufweisen muss, damit es überhaupt bebaut werden darf. Antworten auf diese Frage gibt in erster Linie das Baugesetzbuch, und zwar in seinen §§ 30 ff.

IV. Aufstellung eines Bebauungsplanes

V. Die Zulässigkeit von Vorhaben in besonderen Fällen

VI. Die Zulässigkeit von Vorhaben innerhalb der im Zusammenhang bebauten Ortsteile – § 34 BauGB

VII. Die Zulässigkeit von Vorhaben im Außenbereich – § 35 BauGB

VIII. Die Sicherung der Erschließung

2. Die bauplanungsrechtlichen Zulässigkeitsvorschriften

I. Überblick über die bebaubaren Gebiete

Um die Frage beantworten zu können, ob ein Grundstück überhaupt bebaut werden darf, müssen wir uns mit den Zulässigkeitsvorschriften der §§ 30 ff. BauGB befassen.

Diese Vorschriften unterscheiden zwischen fünf Gruppen von Bauvorhaben.

- die Zulässigkeit von Vorhaben im Geltungsbereich eines qualifizierten Bebauungsplans, § 30 Absatz 1 BauGB,
- die Zulässigkeit von Vorhaben im Geltungsbereich eines einfachen Bebauungsplans, § 30 Absatz 3 BauGB,
- die Zulässigkeit von Vorhaben im Geltungsbereich eines vorhabenbezogenen Erschließungsplanes, § 30 Absatz 2 BauGB,
- die Zulässigkeit von Vorhaben innerhalb der im Zusammenhang bebauten Ortsteile, § 34 BauGB, und
- die Zulässigkeit von Vorhaben im Außenbereich, § 35 BauGB.

Um sich eine erste Vorstellung über die Abgrenzung dieser Gebiete zu machen, haben wir in Abbildung 1 eine kartografische Darstellung abgedruckt. In diesem Plan sind vier Bereiche erkennbar:

Zum Einen der schwarz unterlegte Geltungsbereich eines Bebauungsplans, abgegrenzt durch eine dicke, schwarze, gestrichelte Linie. Zum Zweiten der weiß unterlegte Bereich außerhalb dieses Bebauungsplangebiets, in dem eine Bebauung vorhanden ist, der aber auch mit unbebauten Grundstücken durchsetzt ist, der sog. unbeplante Innenbereich. Zum Dritten der gestrichelt gekennzeichnete Bereich des vorhabenbezogenen Bebauungsplans (Vorhaben- und Erschließungsplan gemäß § 12 BauGB). Schließlich der außen um diese Gebiete herumliegende, grundsätzlich nicht bebaubare, hier grau gehaltene Außenbereich.

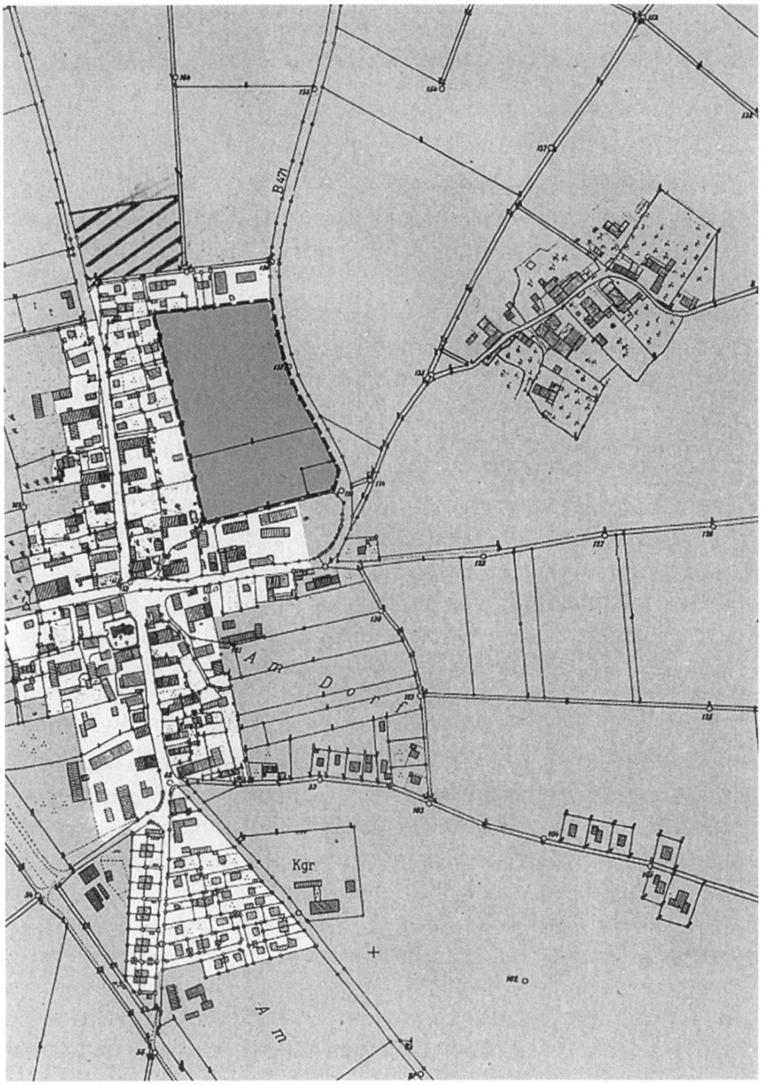

grundsätzlich bebaubar:

Baugebiet
Bebauungsplan
§ 30 BauGB

Baugebiet
nichtbeplanter
Innenbereich
§ 34 BauGB

Baugebiet
V- und
E-Plan

grundsätzlich nicht bebaubar:

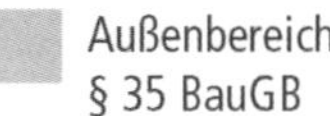
Außenbereich
§ 35 BauGB

Abbildung 1 Baugebiete

II. Zulässigkeit von Bauvorhaben nach § 30 BauGB

1. Der qualifizierte Bebauungsplan
Die Zulässigkeit von Vorhaben im Geltungsbereich eines Bebauungsplans ist in § 30 BauGB geregelt.

§ 30 BauGB
(1) Im Geltungsbereich eines Bebauungsplans, der allein oder gemeinsam mit sonstigen baurechtlichen Vorschriften mindestens Festsetzungen über die Art und das Maß der baulichen Nutzung, die überbaubaren Grundstücksflächen und die örtlichen Verkehrsflächen enthält, ist ein Vorhaben zulässig, wenn es diesen Festsetzungen nicht widerspricht und die Erschließung gesichert ist.
(2) Im Geltungsbereich eines vorhabenbezogenen Bebauungsplans nach § 12 ist ein Vorhaben zulässig, wenn es dem Bebauungsplan nicht widerspricht und die Erschließung gesichert ist.
(3) Im Geltungsbereich eines Bebauungsplans, der die Voraussetzungen des Absatzes 1 nicht erfüllt (einfacher Bebauungsplan), richtet sich die Zulässigkeit von Vorhaben im Übrigen nach § 34 oder § 35.

Bebauungspläne werden nach den Vorschriften der §§ 1 ff. des Baugesetzbuches von den Städten und Gemeinden in eigener Verantwortung aufgestellt. Dieses Planungsrecht folgt aus der im Grundgesetz garantierten Planungshoheit der Kommunen, Artikel 28 Absatz 2 GG.

Sinn und Zweck dieser Bauleitplanung ist es, die städtebauliche Entwicklung in Stadt und Land zu ordnen, wie § 1 BauGB dies definiert. Der Gesetzgeber hatte die Vorstellung, dass die Kommunen für ihr gesamtes Gebiet Bauleitpläne aufstellen und damit festlegen, ob, wo und was gebaut werden darf. Die Wirklichkeit sieht allerdings so aus, dass jeweils nur geringe Teile des Gemeindegebietes mit Bebauungsplänen überzogen sind. Deshalb müssen die Vorschriften der §§ 34 und 35 BauGB Regelungen für die Zulässigkeit von Bauvorhaben außerhalb solcher Bebauungsplangebiete treffen.

TIPP
Bauherr und Architekt sind deshalb gut beraten, immer als erstes bei der Gemeinde nachzufragen, ob für dieses Gebiet ein Bebauungsplan existiert.

Im Geltungsbereich eines sog. qualifizierten Bebauungsplans nach § 30 Absatz 1 BauGB ist, wie der Gesetzestext eindeutig festschreibt, ein Vorhaben zulässig, wenn dieses den Festsetzungen des Bebauungsplans nicht widerspricht.

Einen solchen Bebauungsplan haben wir in Abbildung 2 nachstehend abgedruckt, bestehend aus den (textlichen) und den (zeichnerischen) FESTSETZUNGEN sowie den (sonstigen) HINWEISEN.

Bebauungsplan Nummer 5 „Am Waldrand“

A) FESTSETZUNGEN

Das Baugebiet wird als reines Wohngebiet gemäß § 3 BauNVO festgesetzt.

Dieses Baurecht wird durch Baulinien, Baugrenzen oder Bebauungstiefen bestimmt, § 23 BauNVO. Baulinien werden nach der Planzeichenverordnung im Bebauungsplan rot, Baugrenzen blau dargestellt. Diese Begrenzungslinien bilden das sog. Baufenster, über das ein geplantes Gebäude nicht hinausragen darf. Ist eine rote Baulinie eingezeichnet, muss das Gebäude zwingend an diese Linie gerückt werden. Der Rest des Grundstücks, der außerhalb dieses durch Baulinien und/oder Baugrenzen festgelegten „Baufensters“ liegt, darf grundsätzlich nicht überbaut werden, von untergeordneten Bauteilen und Nebenanlagen abgesehen (§ 23 Absatz 5 BauNVO). Dies gilt auch für Stellplätze und Garagen, wenn der Bebauungsplan hierfür Flächen ausdrücklich festsetzt, wie etwa das Verwaltungsgericht München in seinem Urteil vom 14.2.2012 entschieden hat.

Ein qualifizierter Bebauungsplan legt aber nicht nur die überbaubaren Grundstücksflächen fest. Gemäß § 30 Absatz 1 BauGB trifft dieser Plan darüber hinaus auch noch Festsetzungen über die Art und das Maß der baulichen Nutzung und über die örtlichen Verkehrsflächen.

Im Geltungsbereich derartiger Bebauungspläne beantwortet sich also die Frage, ob gebaut werden darf, aber auch was gebaut werden kann, ausschließlich nach den Planfestsetzungen: Der Bebauungsplan enthält, wie § 8 Absatz 1 BauGB bestimmt, die rechtsverbindlichen Festsetzungen für die städtebauliche Ordnung.

Abbildung 2 Bebauungsplan

TIPP
Der Bebauungsplan muss wie jede Rechtsnorm vom Behördenleiter, also zum Beispiel dem Bürgermeister, unterschrieben und ausgefertigt werden, um Rechtswirksamkeit zu erlangen. Damit ist der Bebauungsplan als Rechtssatz gerichtlich überprüfbar gemäß § 47 VwGO, wie wir im 6. Kapitel sehen werden.

Nach § 10 BauGB wird der Bebauungsplan von der Gemeinde als Satzung beschlossen. Der Bebauungsplan ist damit eine Rechtsnorm vergleichbar einem Gesetz und mit allen sich hieraus ergebenden Folgerungen. So muss der Bebauungsplan als Rechtsnorm inhaltlich klar und aus sich heraus eindeutig und verständlich sein, wie die Gerichte immer wieder deutlich gemacht haben, so etwa das Bundesverwaltungsgericht in seiner Entscheidung vom 25.10.1996. Außerdem ist ein Bebauungsplan unwirksam, wenn seiner Verwirklichung rechtliche oder tatsächliche – auch wirtschaftliche – Hindernisse entgegenstehen.

2. Die notwendigen inhaltlichen Festsetzungen eines qualifizierten Bebauungsplans

Welchen Inhalt ein qualifizierter Bebauungsplan gemäß § 30 I BauGB haben MUSS, ist dort festgelegt: Festsetzungen über Art und Maß der baulichen Nutzung, über die überbaubaren Grundstücksflächen und über die örtlichen Verkehrsflächen. Welchen Inhalt ein qualifizierter Bebauungsplan haben DARF, ist in § 9 BauGB im Wesentlichen abschließend geregelt. Das nähere ist nachfolgend unter Ziffer 3 dargestellt. Nur der Vollständigkeit halber sei noch auf § 22 Absatz 1 und § 172 Absatz 1 BauGB verwiesen.

Außerdem ermächtigt § 9 IV BauGB den Landesgesetzgeber, Ermächtigungsnormen für örtliche Bauvorschriften zu erlassen, die ebenfalls Inhalt eines Bebauungsplans sein können. Von dieser Möglichkeit wurde in den Bauordnungen Gebrauch gemacht, so zum Beispiel in Artikel 81 BayBO.

Wenig problematisch ist die FESTSETZUNG DER ÖRTLICHEN VERKEHRSFLÄCHEN, also vor allem der Straßen und Stellplätze (vergleiche § 9 Absatz 1 Nummer 11 BauGB).

DIE ÜBERBAUBAREN GRUNDSTÜCKSFLÄCHEN werden durch Baulinien und/oder Baugrenzen festgesetzt, § 9 Absatz 1 Nummer 2 BauGB in Verbindung mit § 23 Absatz 1 BauNVO. Während die Baugrenzen die maximale Größe des Bauraums festlegen, das geplante Vorhaben also auch dahinter zurückbleiben kann, bedeutet die Einzeichnung einer (roten) Baulinie, dass an diese gebaut werden muss. Dabei ist es unschädlich, wenn die ebenfalls festgesetzte Grundflächenzahl (GRZ) nicht erreicht werden kann, wie die Gerichte immer wieder bekräftigt haben, auch das Bundesverwaltungsgericht in seiner Entscheidung vom 8.2.1999.

Schließlich verlangt der qualifizierte Bebauungsplan des § 30 Absatz 1 BauGB noch die Festsetzung DER ART UND DES MASSES DER BAULICHEN NUTZUNG, § 9 Absatz 1 Nummer 1 BauGB.

Art und Maß der baulichen Nutzung sind die rechtlich bedeutsamsten, wirtschaftlich weitreichendsten Bestimmungen eines Bebauungsplans. Deshalb sah sich der Gesetzgeber genötigt, die Ermächtigung für eine eigene Verordnung zu schaffen, die Art und Maß der baulichen Nutzung näher ausgestaltet. Die Ermächtigung findet sich in § 9a BauGB; bei der Verordnung handelt es sich um die Baunutzungsverordnung.

Die BAUNUTZUNGSVERORDNUNG trifft nicht nur nähere Regelungen insbesondere über die Art und das Maß der baulichen Nutzung, die ein Bebauungsplan vorgibt. Darüber hinaus werden die Vorschriften der §§ 2 bis 13 BauNVO auch Bestandteil dieses Bebauungsplans, wenn dieser eines der in der Baunutzungsverordnung bezeichneten Baugebiete festsetzt.

Bebauungsplan und Baunutzungsverordnung sind also immer im Kontext zu lesen und greifen ineinander.

TIPP
Dabei wird oft übersehen, dass immer nur die Bestimmungen derjenigen Fassung der oft geänderten Baunutzungsverordnung gelten, die zum Zeitpunkt der Aufstellung oder Änderung des Bebauungsplans galt.

Die BauNVO 1990 bestimmt, dass die Geschossfläche nur mehr nach den Außenmaßen der Gebäude IN DEN VOLLGESCHOSSEN zu ermitteln ist. Damit hat die Schaffung von Wohnräumen im Dachgeschoss, wenn es zum Beispiel nach § 2 Absatz 6 LBO BW kein Vollgeschoss ist, keinen Einfluss mehr auf die Geschossfläche des Gebäudes und kann nicht mehr unter Hinweis auf entsprechende Festsetzungen im Bebauungsplan abgelehnt werden. Diese Regelung gilt aber nur für Bebauungspläne auf der Grundlage der BauNVO 1990.

3. Der Vorhabenbezogene Bebauungsplan (§ 30 Absatz 2 BauGB) – Vorhaben- und Erschließungsplan (§ 12 BauGB)

§ 12 BauGB

(1) Die Gemeinde kann durch einen vorhabenbezogenen Bebauungsplan die Zulässigkeit von Vorhaben bestimmen, wenn der Vorhabenträger auf der Grundlage eines mit der Gemeinde abgestimmten Plans zur Durchführung der Vorhaben und der Erschließungsmaßnahmen (Vorhaben- und Erschließungsplan) bereit und in der Lage ist und sich zur Durchführung innerhalb einer bestimmten Frist und zur Tragung der Planungs- und Erschließungskosten ganz oder teilweise vor dem Beschluss nach § 10 Absatz 1 verpflichtet (Durchführungsvertrag).

(2) Die Begründung des Planentwurfs hat die nach § 2a erforderlichen Angaben zu enthalten.

(3) Für die grenzüberschreitende Beteiligung ist eine Übersetzung der Angaben vorzulegen, soweit dies nach den Vorschriften des Gesetzes über die Umweltverträglichkeitsprüfung notwendig ist.

(4) Für den vorhabenbezogenen Bebauungsplan nach Satz 1 gelten ergänzend die Absätze 2 bis 6.

Der Vorhaben- und Erschließungsplan

Die Firma B will am Ortsrand von W eine Transportbetonanlage errichten. Das Grundstück liegt im Außenbereich. Ein Bebauungsplan existiert nicht. Die Stadt W, die dem Vorhaben durchaus positiv gegenübersteht, teilt der Firma mit, dass die Aufstellung eines Bebauungsplans mindestens ein Jahr in Anspruch nehmen würde. Außerdem sei die Stadt finanziell nicht in der Lage, die für das Vorhaben notwendigen Straßen, Wasser- und Abwasserleitungen zu erstellen oder auch nur vorzufinanzieren. Die Firma legt daraufhin der Stadt einen Plan vor, der die geplante Werksanlage näher beschreibt, insbesondere hinsichtlich der Lage innerhalb des Grundstücks, der Größe der Baukörper und der Nutzung. Gleichzeitig verpflichtet sich die Firma B in einem Vertrag mit der Stadt W, die Wasserleitung, den Abwasserkanal bis zum Hauptsammler und die notwendige Zufahrtsstraße selbst und auf eigene Kosten zu erstellen, und zwar ohne Eigenbeteiligung der Stadt zu 100 %. Die Stadt erlässt daraufhin diesen Vorhaben- und Erschließungsplan als Satzung.

Der vorhabenbezogene Bebauungsplan – in § 12 BauGB Vorhaben- und Erschließungsplan (V- und E-Plan) genannt – begründet ebenso wie der qualifizierte Bebauungsplan die Zulässigkeit von Bauvorhaben, § 30 Absatz 2 BauGB. Inhalt und Verfahren des Vorhaben- und Erschließungsplanes sind in § 12 BauGB geregelt. Mit dem vorhabenbezogenen Bebauungsplan schafft die Gemeinde die Rechtsgrundlage für die Erteilung von Baugenehmigungen wie beim qualifizierten Bebauungsplan, weshalb der Gesetzgeber ihn jetzt auch als B-Plan ausgestaltet und als vorhabenbezogenen Bebauungsplan bezeichnet hat. Diesen V- und E-Plan legt der Vorhabenträger als fertigen Entwurf bei der Gemeinde vor – eine ganz maßgebliche zeitliche Beschleunigung. Der Vorhaben- und Erschließungsplan soll es der Kommune ermöglichen, dort rasch Baurecht zu schaffen, wo zwischen ihr und einem Investor Einvernehmen besteht. Auch er unterliegt allen Anforderungen an einen Bebauungsplan, verbunden mit einem Erschließungsvertrag und einer vertraglichen Baupflicht des Projektträgers. Der vorhabenbezogene Bebauungsplan besteht aus drei Elementen: dem vom Vorhabenträger ausgearbeiteten Plan, der dazu von der Gemeinde erlassenen Bebauungsplan-Satzung und dem Durchführungsvertrag. Spätestens bis zum Satzungsbeschluss muss zwischen dem Vorhabenträger und der Gemeinde ein Vertrag abgeschlossen sein, in dem sich der Investor zur Durchführung des Vorhabens innerhalb einer bestimmten Frist und zur Tragung der Planungs- und Erschließungskosten ganz oder teilweise verpflichtet. Zu den Einzelheiten des Durchführungsvertrags siehe das 5. Kapitel Abschnitt V Ziffer 1.

Das Verfahren beginnt – selbstverständlich nach vorheriger Abklärung zwischen dem Investor und dem Bürgermeister als Vertreter der Gemeinde – damit, dass der Vorhabenträger einen Plan vorlegt, in dem die vorgesehenen baulichen Anlagen durch Zeichnung und durch Beschreibung näher dargestellt sind. Mit der Billigung des Planes in öffentlicher Gemeinderatssitzung entscheidet die Gemeinde gleichzeitig über die Einleitung des Satzungsverfahrens. Sie beteiligt die Bürger und Träger öffentlicher Belange nach §§ 3 und 4 BauGB.

Die fristgemäß vorgebrachten Bedenken und Anregungen werden von der Gemeinde wie beim qualifizierten Bebauungsplan geprüft und das Ergebnis wird den Einwendungsführern mitgeteilt. Sodann fasst die Gemeinde den Satzungsbeschluss, womit der V- und E-Plan Planreife bekommt. Dies ist deshalb von besonderer Bedeutung, weil im Gegensatz zu der früher gültigen Vorschrift jetzt auch auf den vorhabenbezogenen Bebauungsplan § 33 BauGB anzuwenden ist. Damit wird die Zulässigkeit eines Bauvorhabens im Geltungsbereich des V- und E-Planes zweimal ganz entscheidend beschleunigt: zu Anfang, weil der Vorhabenträger bereits den fertigen Planentwurf vorlegt, und am Ende, weil die Baugenehmigung bereits bei Planreife zu erteilen ist.

Mit der Bezeichnung als „vorhabenbezogener Bebauungsplan" hat der Gesetzgeber deutlich gemacht, dass sowohl die materiellen wie die Formvorschriften, die für den Bebauungsplan gelten, auch für den V- und E-Plan Gültigkeit haben. Auch der V- und E-Plan muss also für die städtebauliche Entwicklung und Ordnung erforderlich sein und den Zielen der Raumordnung und Landesplanung angepasst werden, § 1 BauGB. Außerdem ist der Plan mit den benachbarten Gemeinden entsprechend § 2 Absatz 2 BauGB abzustimmen. Die Satzung ist zwar grundsätzlich aus dem Flächennutzungsplan zu entwickeln; auch für ihn gelten aber § 8 Absatz 2 bis 4 BauGB und damit die Vorschriften über das Parallelverfahren und den vorzeitigen Plan. Wie jeder Bauleitplan muss er die in § 1 Absatz 6 BauGB genannten öffentlichen Belange beachten und diese gemäß § 1 Absatz 7 BauGB untereinander und gegeneinander gerecht abwägen. Das Abwägungsgebot ist damit auch bei der Aufstellung eines V- und E-Planes die zentrale Vorschrift.

Als (vorhabenbezogener) Bebauungsplan gelten für ihn selbstverständlich auch die Verfahrensvorschriften eines Bebauungsplans, seien es nun die §§ 3, 4 oder 10 BauGB.

Die maßgebliche Einbindung des Investors einerseits und die Beschleunigungsabsicht andererseits verlangen, dass der Vorhabenträger zur Durchführung des Vorhabens wie auch der Erschließungsmaßnahmen nicht nur bereit, sondern auch (finanziell) in der Lage ist und sich zur Durchführung innerhalb einer bestimmten Frist und zur Tragung der Planungs- und Erschließungskosten (ganz oder teilweise) verpflichtet, § 12 Absatz 1 BauGB. In der Regel wird der Investor die gesamten Planungs- und Erschließungskosten übernehmen. Anders als im Erschließungsbeitragsrecht ist den Vertragsparteien hier völlige Vertragsfreiheit eingeräumt. Der Vertrag muss auch die Frist festlegen, innerhalb derer das Vorhaben durchgeführt werden muss. Wird das Vorhaben nicht fristgemäß durchgeführt, soll die Gemeinde die Satzung wieder aufheben, § 12 Absatz 6 BauGB. Sie muss dies nicht tun, und sie darf dies wohl auch nicht tun, wenn mit den Bauarbeiten schon begonnen wurde. Außerdem lässt § 12 Absatz 5 BauGB ausdrücklich den Wechsel des Vorhabenträgers zu.

4. Weitere Festsetzungsmöglichkeiten nach § 9 BauGB

Ein Bebauungsplan MUSS mindestens die vier Festsetzungen über die Art und das Maß der baulichen Nutzung, der überbaubaren Grundstücksflächen und der örtlichen Verkehrsflächen enthalten, um ein qualifizierter Bebauungsplan im Sinne des § 30 Absatz 1 BauGB zu sein. Darüber hinaus KANN er noch eine Unzahl weiterer Festsetzungen enthalten, die § 9 Absatz 1 BauGB in 26 Nummern nennt. So kann er Mindest- oder Höchstmaße für die Baugrundstücke festlegen (§ 9 Absatz 1 Nummer 3 BauGB), die höchstzulässige Anzahl der Wohnungen IN WOHNGEBÄUDEN (ACHTUNG: nicht je Grundstück, so Verwaltungsgerichtshof München im Urteil vom 12.9.2000), oder auch Flächen, auf denen nur Wohngebäude für den sozialen Wohnungsbau errichtet werden dürfen (§ 9 Absatz 1 Nummer 7 BauGB). Der Bebauungsplan kann die Park- und die Versorgungsflächen bestimmen (§ 9 Absatz 1 Nummer 11 und 12 BauGB), die öffentlichen und privaten Grünflächen (§ 9 Absatz 1 Nummer 15 BauGB), die Flächen für Gemeinschaftsanlagen wie Kinderspielplätze (§ 9 Absatz 1 Nummer 22 BauGB) oder auch Flächen für bestimmte Anpflanzungen (§ 9 Absatz 1 Nummer 25 BauGB), um nur einige Beispiele herauszugreifen. Neuerdings besteht auch die Möglichkeit, durch einen einfachen Bebauungsplan für im Zusammenhang bebaute Ortsteile (§ 34 BauGB) bestimmte Nutzungsarten auszuschließen oder nur ausnahmsweise zuzulassen, insbesondere Einzelhandelsbetriebe und Vergnügungsstätten (§ 9 Absatz 2a, Absatz 2b BauGB). Ob und wann diese theoretischen Möglichkeiten in die Praxis umgesetzt werden können, werden wir im nachfolgenden Abschnitt über die Entstehung eines Bebauungsplans erfahren. Insbesondere werden wir sehen, dass die vom Gesetzgeber in § 9 BauGB eingeräumten Möglichkeiten nur unter den besonderen Voraussetzungen der Erforderlichkeit, der städtebaulichen Notwendigkeit etc. in den konkreten Bebauungsplan übernommen werden können, weil damit in erheblichem Umfang Beschränkungen des Eigentums verbunden sind. „Dass der Gesetzgeber in § 9 BauGB zugelassen hat, eine bestimmte Festsetzung in einem Bebauungsplan zu treffen, ergibt noch nicht, dass diese im Einzelfall auch ohne Weiteres getroffen werden darf. Vielmehr muss die Gemeinde für ihre planerische Entscheidung hierauf gerichtete städtebauliche Gründe besitzen. Eine Planung kann auch deshalb unzulässig sein, weil Belange des privaten Grundeigentums gewichtiger sind als gegenläufige öffentliche Interessen", heißt es in einem Urteil des Bundesverwaltungsgerichts vom 26.8.1993.

So hat sich die Rechtsprechung bereits mehrfach mit der offenbar immer beliebteren Möglichkeit befassen müssen, die Anzahl der Wohnungen zu beschränken. Diese Möglichkeit sieht § 9 Absatz 1 Nummer 6 BauGB ausdrücklich vor, jedoch nur „aus städtebaulichen Gründen". Die Zweckmäßigkeit dieser Festsetzung muss sich aus der besonderen städtebaulichen Problematik des Gebietes ableiten lassen. Ein weitgehend bereits bebauter Planbereich ist dafür zumeist ungeeignet, insbesondere wenn er keine Homogenität bezüglich der Bauweise, der Größe der Baugrundstücke etc. aufweist.

Dass Festsetzungen im Bebauungsplan, vor allem aber auch Beschränkungen oder Ausschlüsse bestimmter Nutzungen, immer nur aus städtebaulichen Gründen erfolgen dürfen, hat der Gesetzgeber bei der letzten Novellierung noch einmal herausgestellt: Während diese Grundvoraussetzung bislang nur in einzelnen Ziffern des § 9 BauGB enthalten war, wurde sie jetzt quasi vor die Klammer gezogen. § 9 BauGB eröffnet den Festsetzungskatalog jetzt mit der Feststellung, dass diese Festsetzungen nur „aus städtebaulichen Gründen“ erfolgen dürfen (so ausdrücklich das Bundesverwaltungsgericht im Urteil vom 18.5.2001).

5. Der einfache Bebauungsplan

Neben dem QUALIFIZIERTEN Bebauungsplan des § 30 Absatz 1 BauGB kennt § 30 Absatz 3 BauGB noch den sog. EINFACHEN Bebauungsplan. Der Unterschied liegt allein darin, dass der einfache Bebauungsplan wenigstens eine der vier genannten Mindestvoraussetzungen des § 30 Absatz 1 BauGB nicht enthält. Für diesen einfachen Bebauungsplan bestimmt § 30 Absatz 3 BauGB, dass sich die Zulässigkeit eines Vorhabens nach den Festsetzungen dieses Bebauungsplans UND im Übrigen nach §§ 34 oder 35 BauGB richtet. Diese Bestimmungen und ihre Bedeutung lernen wir weiter unten kennen. Hier soll zunächst nur deutlich gemacht werden, dass auch der einfache Bebauungsplan eine Rechtsnorm ist, deren Festsetzungen zu beachten sind. Wenn eine Gemeinde es für ausreichend erachtet, nur die Art oder nur das Maß der baulichen Nutzung festzusetzen, so liegt auch dies im planerischen Ermessen. Der maßgebliche Unterschied zwischen § 30 Absatz 1 und Absatz 3 BauGB wird am besten durch Ergänzung des Wörtchens „nur“ deutlich: Im Geltungsbereich eines Bebauungsplans, der mindestens die vier Festsetzungen über Art und Maß der baulichen Nutzung, überbaubare Grundstücksfläche und örtliche Verkehrsfläche enthält, richtet sich die Zulässigkeit eines Bauvorhabens „NUR“ nach den Festsetzungen dieses Bebauungsplans. Im Geltungsbereich eines einfachen Bebauungsplans dagegen richtet sich die Zulässigkeit einerseits nach diesen Festsetzungen, andererseits und daneben aber auch nach §§ 34 oder 35 BauGB.

Der einfache Bebauungsplan

B ist Eigentümer eines Grundstücks in M. Das Baugrundstück liegt im Geltungsbereich des rechtsverbindlichen Bebauungsplans „Sandleite“, der für den Bereich des Baugrundstücks ein Mischgebiet festsetzt. Weitere Festsetzungen enthält der Bebauungsplan nicht. B beantragte beim Landratsamt die baurechtliche Genehmigung zur Errichtung eines Lebensmittelladens mit einer Verkaufsfläche von 800 m^2. Nachdem das Landratsamt untätig blieb, reichte B Klage auf Erteilung der beantragten Genehmigung ein.

Das Verwaltungsgericht gab dem Klageantrag statt und verpflichtete das Landratsamt, das Vorhaben zu genehmigen. Da der Bebauungsplan eine Festsetzung über die zulässige Art der baulichen Nutzung enthalte – als Mischgebiet – sei der beantragte Lebensmittelladen zulässig, weil § 6 Absatz 2 Nummer 3 BauNVO die Errichtung von Einzelhandelsbetrieben im Mischgebiet ausdrücklich vorsehe. Da der Bebauungsplan keine weiteren Festsetzungen enthalte, richte sich die Zulässigkeit des Vorhabens im Übrigen nach § 34 beziehungsweise § 35 BauGB. Dies gelte insbesondere für das Maß der baulichen Nutzung. Nachdem auf dem Nachbargrundstück bereits ein Einzelhandelsbetrieb etwa dieser Größe existiere, füge sich auch das geplante Vorhaben in die umliegende Bebauung ein, § 34 BauGB, beziehungsweise stünden öffentliche Belange im Sinne des § 35 Absatz 2 BauGB dem Vorhaben nicht entgegen, so das Verwaltungsgericht Regensburg im Urteil vom 25.10.1988. Ein besonders häufiges Beispiel für einen einfachen Bebauungsplan sind die sog. BAULINIENPLÄNE. Dort werden in der Form eines einfachen Bebauungsplans lediglich Baugrenzen oder Baulinien und damit die überbaubaren Grundstücksflächen festgesetzt. Dazu muss man sich vorstellen, dass in dem oben abgedruckten Bebauungsplan nichts anderes enthalten ist als die entlang den Straßen verlaufende vordere Baulinie. Ein solcher Bebauungsplan bestimmt also nichts anderes, als dass die Vordergebäude auf den einzelnen Grundstücken entlang dieser Linie errichtet werden müssen. Er sagt aber beispielsweise nichts darüber aus, ob es sich dabei um Wohngebäude oder gewerbliche Gebäude handelt, oder welche Länge, Breite oder Höhe diese haben dürfen. Dies richtet sich dann eben nach §§ 34 oder 35 BauGB. Dasselbe gilt, wenn eine Gemeinde durch einen einfachen Bebauungsplan nur das Maß der baulichen Nutzung vorschreibt, also zum Beispiel eine maximale Grund- und/oder Geschossfläche, – vorausgesetzt, hierfür findet sich eine städtebauliche Rechtfertigung. Schließlich kann mit einem einfachen Bebauungsplan auch die Art der baulichen Nutzung festgesetzt werden, also zum Beispiel ein Mischgebiet gemäß § 6 BauNVO. In diesem Fall ist eben nur die Art der baulichen Nutzung vorgegeben, während sich das Maß der baulichen Nutzung, die überbaubare Grundstücksfläche etc. auf der Basis der §§ 34, 35 BauGB beurteilt.

6. Sonstige ortsrechtliche Bauvorschriften

Ebenso wie die Festsetzungen des Bebauungsplans und die Bestimmungen der Baunutzungsverordnung können darüber hinaus und daneben noch sonstige ortsrechtliche Bauvorschriften Vorgaben für die Zulässigkeit eines Bauvorhabens enthalten.

Solche örtlichen Bauvorschriften können sowohl in einem (einfachen oder qualifizierten) Bebauungsplan als auch in einer besonderen Satzung erlassen werden. Im ersten Fall gelten sie nur für das betreffende Bebauungsplangebiet, im zweiten Fall darüber hinausgehend für den gesamten Ortsbereich oder auch für bestimmte, in der Satzung bezeichnete Ortsteile (vergleiche § 9 Absatz 4 BauGB und zum Beispiel Artikel 81 BayBO oder § 74 LBO BW).

Diese Möglichkeit ist aber schon aufgrund der Ermächtigung begrenzt (zum Beispiel Artikel 81 BayBO). Darüber hinaus sind bei solchen Regelungen die Grenzen zu beachten, die Artikel 14 Absatz 1 2 GG für die Bestimmung und Beschränkung des Eigentumsinhalts setzt. Solche Bestimmungen stehen deshalb unter dem besonderen Gebot der Erforderlichkeit und der Verhältnismäßigkeit; sie müssen überdies sinnvoll und sachgerecht sein.

Ortsrechtliche Bauvorschriften
Die Gemeinde R hat für ihr gesamtes Gemeindegebiet eine „Satzung über ortsrechtliche Bauvorschriften" erlassen. Diese Satzung bestimmt, dass die Vorgärten nur mit Holzzäunen oder Hecken in einer Höhe von maximal 1,50 m eingefriedet werden dürfen. Die Gebäude müssen grundsätzlich einen Mindestabstand von 5 m zur Grundstücksgrenze einhalten. Dies gilt auch für Garagen. Die Außenwände der Gebäude dürfen nur verputzt und weiß gestrichen werden. Werbeanlagen und Warenautomaten sind in Vorgärten und an Einfriedungen unzulässig. Schließlich ist es verboten, auf den Hausdächern Außenantennen anzubringen.

Grundsätzlich ist eine solche Ortssatzung zulässig. Die Bauordnungen ermächtigen die Gemeinden zum Erlass örtlicher Bauvorschriften über die äußere Gestaltung baulicher Anlagen und vor allem über Werbeanlagen und Warenautomaten, aber auch über die Gestaltung von öffentlichen Plätzen einschließlich der Kinderspielplätze (Artikel 81 BayBO). Ob die konkreten Regelungen solcher Satzungen verfassungsgemäß sind, hängt außer von der Frage nach der Erforderlichkeit und der Verhältnismäßigkeit vor allem davon ab, ob sie geeignet sind, bestimmte städtebauliche Absichten zu verwirklichen, ohne übermäßig in das Grundeigentum einzugreifen. So sind besondere Anforderungen an bauliche Anlagen und deren äußere Gestaltung nur zulässig, soweit das zur Erreichung städtebaulicher Absichten, vor allem aus Gründen des Denkmalschutzes oder der Ortsgestaltung, ERFORDERLICH ist (Artikel 81 Absatz 1 Nummer 1 und 2 BayBO, § 89 Absatz 1 SächsBO). Dagegen rechtfertigen sich Vorschriften über die äußere Gestaltung baulicher

Anlagen (Putz und Farbe) nur aus einer bestimmten örtlichen Situation oder besonderen Gestaltung des Orts- und Straßenbildes. Sie sind deshalb nur in bestimmten, genau abgegrenzten bebauten oder unbebauten Teilen des Gemeindegebietes zulässig (§ 83 Absatz 1 ThürBO). Dagegen sind Vorschriften über die Einfriedung von Grundstücken mit Zäunen und Hecken, über deren Gestaltung und Höhe auch im gesamten Gemeindegebiet zulässig. Entscheidend ist bei der Beurteilung jeder einzelnen Vorschrift, ob sie sich noch innerhalb der zulässigen Eigentumsbindung bewegt, ob sie aus Gründen der städtebaulichen Gestaltung sinnvoll und sachgerecht ist oder ob ein nicht gerechtfertigter Eingriff in die Baufreiheit vorliegt.

Deshalb erscheint es zweifelhaft, ob beispielsweise der Markt G bestimmen darf, dass in reinen und allgemeinen Wohngebieten, die wegen der Anzahl ihrer Wohnungen mehr als fünf Stellplätze benötigen, diese grundsätzlich in einer Tiefgarage errichtet werden müssen. Gerade bei kleineren Wohnanlagen wird dies finanziell nicht mehr tragbar sein. Die entsprechende Satzungsbestimmung verhindert also die Errichtung eines solchen Mehrfamilienwohnhauses. Sie greift damit so massiv in das Eigentum und die Baufreiheit ein, dass im Hinblick hierauf auch diese Satzungsbestimmung als verfassungswidrig zu erachten sein dürfte.

TIPP
Soweit sich solche ortsrechtlichen Bauvorschriften in Satzungen außerhalb von Bebauungsplänen finden, gelten sie – ihre Wirksamkeit unterstellt – selbstverständlich auch für Baugebiete außerhalb von Bebauungsplänen.

III. Die Baunutzungsverordnung, ihr Inhalt und ihre Bedeutung für den Bebauungsplan

1. Die Art der baulichen Nutzung und die verschiedenen Gebietsarten
Die Baunutzungsverordnung sieht vor, dass der Bebauungsplan zunächst einmal verschiedene Plangebiete festsetzt, und zwar als

- Kleinsiedlungsgebiet (WS)
- Reines Wohngebiet (WR)
- Allgemeines Wohngebiet (WA)
- Besonderes Wohngebiet (WB)
- Dorfgebiet (MD)
- Dörfliche Wohngebiete (MDW)
- Mischgebiet (MI)
- Urbanes Gebiet (MU)
- Kerngebiet (MK)
- Gewerbegebiet (GE)
- Industriegebiet (GI)
- Sondergebiet (SO).

Die Gemeinde muss sich dieser Baugebietstypen bedienen, kann also keine eigenen Baugebietstypen entwickeln. Durch die Festsetzung eines dieser zwölf Baugebiete des §1 Absatz 2 BauNVO werden dann, sozusagen automatisch, die entsprechenden Bestimmungen der §§3–14 BauNVO zum Bestandteil des Bebauungsplans (§1 Absatz 3 BauNVO).

Der oben abgedruckte Bebauungsplan setzt als Art der baulichen Nutzung ein reines Wohngebiet fest. Die Folge davon ist, dass in diesem Plangebiet die in §3 BauNVO genannten baulichen und sonstigen Anlagen zulässig sind. Demgegenüber ist der Umfang der baulichen Anlagen in einem allgemeinen Wohngebiet (§4 BauNVO) etwas größer.

SB-Markt im allgemeinen Wohngebiet

Die Stadt B hat einen kleinen Teil ihres Stadtgebietes als allgemeines Wohngebiet nach §4 BauNVO ausgewiesen. Dort möchte der Eigentümer eines unbebauten Grundstücks jetzt einen kleinen Supermarkt errichten. Die Mehrheit im Stadtrat, darunter einige Einzelhändler, die die Konkurrenz fürchten, verweigert deshalb das gemeindliche Einvernehmen. Das Landratsamt als Genehmigungsbehörde weist die Stadt darauf hin, dass nach §4 Absatz 2 Nummer 2 BauNVO der geplante SB-Markt mit knapp 500 m^2 Verkaufsfläche auch in einem solchen allgemeinen Wohngebiet zulässig ist. Es handele sich dabei um einen Laden im Sinne des §4 Absatz 2 Nummer 2 BauNVO, der der Versorgung des Gebiets dient. Die beantragte Baugenehmigung müsse deshalb auch gegen den Widerstand der Stadt erteilt werden.

Ebenso zu beurteilen ist:

Die Transportbetonanlage im Industriegebiet

Auch hier ist Ausgangspunkt ein Bebauungsplan, den die Stadt E vor vielen Jahren aufstellte und mit dem sie im Norden ihres Gemeindegebietes ein Industriegebiet ausgewiesen hat. In diesem Industriegebiet siedelten sich im Laufe der Jahre unter anderem eine große Brauerei, eine kleine Fabrik zur Herstellung und zum Verkauf von Reifen und einige Kraftfahrzeugbetriebe an. Eines der unbebauten Grundstücke erwarb eine Baufirma, die dort eine Transportbetonanlage erstellen wollte. Transportbetonanlagen gehören zu den Gewerbebetrieben, die wegen ihrer Größe und ihrer Lärmemissionen nur in Industriegebieten zulässig sind. Die Stadt E hätte an dieser Stelle lieber einen einheimischen Handwerksbetrieb angesiedelt. Sie versuchte deshalb, die Genehmigung für eine solche Anlage zu verhindern. Auch hier erteilte das Landratsamt aber im Hinblick auf die eindeutige Vorschrift des §9 Absatz 2 Nummer 1 BauNVO die Genehmigung auf der Grundlage des seinerzeit von der Stadt E aufgestellten Bebauungsplans.

Die Aufzählung solcher Beispiele ließe sich beliebig erweitern. Insbesondere gibt es bestimmte Arten von baulichen Nutzungen, die typischerweise unbeliebt sind und Ärger bei der Gemeinde oder den Nachbarn verursachen. Dazu zählen landwirtschaftliche Betriebe mit ihren entsprechenden Geruchsemissionen im Dorfgebiet, SB-Märkte im allgemeinen Wohngebiet, im Mischgebiet und im Dorfgebiet, Spielhallen im Kerngebiet, aber auch Wohnheime für Asylbewerber im allgemeinen Wohngebiet etc. Ein Blick in den Zulässigkeitskatalog der Benutzungsverordnung genügt jedoch, um festzustellen, dass sämtliche erwähnten baulichen Anlagen in dem genannten Gebiet zulässig sind, mag der Widerstand der Nachbarn oder der Kommune auch noch so groß sein.

Daneben enthält die Baunutzungsverordnung Bestimmungen, die für alle Baugebiete gelten: über Stellplätze und Garagen (§ 12 BauNVO), über Gebäude und Räume für freie Berufe (§ 13 BauNVO), über Nebenanlagen (§ 14 BauNVO) und über Besonderheiten im Einzelfall (§ 15 BauNVO). Gerade die letztgenannte Bestimmung des § 15 BauNVO wird uns im Zusammenhang mit den Nachbarrechten und dem Gebot der Rücksichtnahme noch näher beschäftigen.

2. Das Maß der baulichen Nutzung

Auch zum Maß der baulichen Nutzung enthält die Baunutzungsverordnung wichtige Bestimmungen in den §§ 16 ff. BauNVO. Im Gegensatz zu den Bestimmungen über die Art der baulichen Nutzung legen die Vorschriften über das Maß der baulichen Nutzung fest, welche Grundfläche die bauliche Anlage haben darf, welche Höhe, wie viele Geschosse und welche Geschossfläche beziehungsweise Baumasse (§ 16 BauNVO).

Bei der Festsetzung des Maßes der baulichen Nutzung im qualifizierten Bebauungsplan MUSS gemäß § 16 Absatz 3 BauNVO immer die Grundflächenzahl oder die Größe der Grundflächen der baulichen Anlagen festgesetzt werden, und darüber hinaus entweder die Zahl der Vollgeschosse oder die Höhe. Dazu enthalten die §§ 17–21a BauNVO Detailvorschriften über das Maß der baulichen Nutzung, die sich aus der Verordnung ergeben, auch wenn diese zugegebenermaßen einigermaßen schwer verständlich sind.

In unserem beispielhaft abgedruckten Bebauungsplan in Abbildung 2 finden sich zum Maß der baulichen Nutzung zum Beispiel die Angabe „I" beziehungsweise „II" (im Kreis). I bedeutet, dass die Gebäude mit höchstens einem Vollgeschoss gebaut werden dürfen; II im Kreis heißt, dass die Gebäude zwingend zwei Vollgeschosse haben müssen; dort ist also ein eingeschossiges Gebäude ebenso unzulässig wie ein dreigeschossiges. Schließlich findet sich die Geschossflächenzahl 0,4 beziehungsweise 0,6. Die Angabe erklärt sich aus § 20 Absatz 1 BauNVO: Bei einem Grundstück von 1000 m² beispielsweise ergibt die Geschossflächenzahl (GFZ) von 0,4 eine Geschossfläche von 400 m², woraus bei einer zweigeschossigen Bebauung eine Gebäudegrundfläche von 200 m² folgt.

3. Die Bauweise und die überbaubaren Grundstücksflächen

Schließlich enthalten die Vorschriften der §§ 22 und 23 BauNVO Bestimmungen über die Bauweise und die überbaubare Grundstücksfläche. Auch hierzu sind im Bebauungsplan so gut wie immer Angaben notwendig: Muss in offener Bauweise gebaut werden, also mit seitlichem Abstand zwischen den Gebäuden bei Gebäudelängen von maximal 50 m, oder dürfen die Gebäude durchgehend aneinandergebaut werden, sog. geschlossene Bauweise? Hierzu hat das Bundesverwaltungsgericht in seinem Urteil vom 24.2.2000 bestätigt, dass die Gemeinde gemäß § 22 BauNVO nicht zwischen offener oder geschlossener Bauweise wählen muss. Sie kann auch Varianten der offenen oder geschlossenen Bauweise schaffen. Das bekannteste Beispiel ist die Variante der „halb offenen" Bauweise, zum Beispiel bei Doppelhäusern.

TIPP
Die beiden Haushälften müssen nicht profilgleich aneinander gebaut werden, weder in der Tiefe noch in der Höhe. Der Versatz muss aber geringer sein als die Hälfte der Hauswand.

Die Festsetzung im Bebauungsplan: „Nur Einzelhäuser zulässig" schließt übrigens den Bau von Doppelhäusern nicht aus. Ob Einzelhaus, Doppelhaus oder Hausgruppe ist allein eine Frage des § 22 Absatz 2 BauNVO. Ein Doppelhaus in diesem Sinne liegt deshalb nur dann vor, wenn zwei Häuser AN DER GRUNDSTÜCKSGRENZE zusammengebaut werden, wie unter anderem der Bayerische Verwaltungsgerichtshof am 21.7.2000 entschieden hat.

Die überbaubaren Grundstücksflächen werden üblicherweise durch Baulinien oder Baugrenzen bestimmt, selten durch Bebauungstiefen, § 23 Absatz 1 BauNVO. Der Unterschied: Von der festgesetzten Baulinie darf allenfalls geringfügig abgewichen werden, während eine Baugrenze nur ein Überschreiten verbietet, aber kein Zurücktreten, § 23 Absatz 2 und 3 BauNVO. Übrigens: GRZ als Maß der baulichen Nutzung einerseits und überbaubare Grundstücksfläche andererseits müssen nicht nahtlos ineinander greifen; sie müssen aber aufeinander abgestimmt sein.

4. Einschränkungsmöglichkeiten nach § 1 BauNVO; Ausschluss von Einzelhandel und Spielhallen

Gehen wir nochmals zu § 1 BauNVO zurück, weil diese Vorschrift aus rechtlicher Sicht immense Bedeutung hat. Sie gestattet den Kommunen, die Baugebiete in sich zu gliedern (§ 1 Absatz 4 BauNVO), die in den Baugebieten typischerweise vorgesehenen Ausnahmen grundsätzlich auszuschließen oder allgemein zuzulassen (§ 1 Absatz 4 BauNVO), die baulichen Anlagen geschossweise zu gliedern (§ 1 Absatz 7 BauNVO), sie auf Teile des Baugebiets zu beschränken (§ 1 Absatz 8 BauNVO), vor allem aber bestimmte Arten von Nutzungen (§ 1 Absatz 5 BauNVO) und baulichen Anlagen (§ 1 Absatz 9 BauNVO) auszuschließen und einzuschränken.

Diese auf den ersten Blick sinnvollen Variationsmöglichkeiten haben zu einer Fülle von Verwaltungsprozessen geführt, weil viele Gemeinden diese Möglichkeiten genutzt haben, um die unerwünschten Vorhaben aus ihrem Gemeindegebiet zu verbannen, in allererster Linie SB-Märkte und Vergnügungsstätten wie Spielhallen, Discotheken etc.

Keine Läden mehr in W

Die Firma K war Eigentümerin eines Grundstücks 300 m vom Ortszentrum entfernt. Sie wollte ihr dort ansässiges Gewerbe aufgeben und stattdessen einen SB-Markt mit weniger als 800 m² Verkaufsfläche (sog. nicht-großflächiger Einzelhandelsbetrieb) errichten. Die Einzelhändler im Ortszentrum sahen hier sicher nicht zu Unrecht eine erhebliche Konkurrenz entstehen und setzten alles daran, diesen SB-Markt zu verhindern.

Da ein solcher nicht-großflächiger Einzelhandelsbetrieb als sogenannter „Laden der wohnungsnahen Versorgung der Bevölkerung" unzweifelhaft zulässig war, und zwar sowohl nach § 4 Absatz 2 Nummer 2 als auch nach § 6 Absatz 2 Nummer 3 BauNVO, erließ der Gemeinderat, gestützt auf die §§ 1 Absatz 5 und 1 Absatz 9 BauNVO, einen Bebauungsplan, mit dem er jeglichen Einzelhandel in diesem Gebiet ausschloss. Das Verwaltungsgericht erklärte diesen Bebauungsplan für nichtig, in Übereinstimmung mit und unter Bezugnahme auf die höchstrichterliche Rechtsprechung, die solche Nutzungsausschlüsse für zulässig hält, aber nur, wenn städtebauliche Ziele einen solchen Ausschluss rechtfertigen. Insbesondere verlangen die Gerichte, zum Beispiel der Verwaltungsgerichtshof Mannheim im Urteil vom 25.7.2013 oder das Oberverwaltungsgericht Münster in seinem Urteil vom 30.7.2015 den Nachweis, dass ohne diesen Ausschluss von Einzelhandel außerhalb des Ortszentrums dort gewachsene Einzelhandelsstrukturen geschädigt würden, wobei auch die Art und der Umfang des jeweiligen Warenangebotes von Bedeutung sind.

Neben den Supermärkten sind auch Diskotheken und Spielhallen besonders ungeliebte Kinder der Gemeinde und das Bestreben ist groß, sie aus dem Gemeindegebiet fernzuhalten. Ebenso wenig aber, wie das Bauplanungsrecht dazu da ist, den Wettbewerb zu steuern, gehören zu den städtebaulichen Gründen etwa im Zusammenhang mit Vergnügungsstätten der Jugendschutz und die Sorge vor Ausbreitung der Spielleidenschaft. Vor allem aber sind persönliche Moralvorstellungen einzelner Gemeinderäte nicht gleichzusetzen mit den (besonderen) STÄDTEBAULICHEN Gründen in §1 Absatz 5 oder Absatz 9 BauNVO:

Die heile Welt von O

Der Besitzer eines Cafés in O wollte dort statt der Tische und Stühle Billardtische aufstellen und an der Wand einige Geldspiel- und Vergnügungsautomaten aufhängen, also eine kleine Spielhalle installieren. Der eingereichte Antrag auf Nutzungsänderung (in baulicher Hinsicht brauchte gar nichts verändert zu werden) löste einen Sturm der Entrüstung bei den Gemeinderäten von O aus. Auch sie griffen zum Mittel des Bebauungsplans, legten über das gesamte innerörtliche Gebiet von O einen Bebauungsplan mit der Ausweisung „Mischgebiet" und schlossen dort gemäß §1 Absatz 5 und Absatz 9 BauNVO die Errichtung von Spielhallen und anderen Vergnügungsstätten aus. Zur Begründung hieß es im Bebauungsplan, die Gemeinde sei gehalten, Nutzungen, welche eine Gefahr für eine gesunde geistige und charakterliche Entwicklung der Bürger, insbesondere der heranwachsenden Bürger, darstellten, zurückzudrängen. Mit dem Hinweis auf diesen Ausschluss im Bebauungsplan musste das Landratsamt die beantragte Genehmigung verweigern, weil die geplante Spielhalle gemäß §30 BauGB mit den Festsetzungen des Bebauungsplans, respektive dem dortigen Ausschluss, nicht in Einklang stand.

Auch hier zog der Bauherr gegen die Ablehnung vor das Verwaltungsgericht mit der Begründung, dieser Bebauungsplan sei nicht mehr für die städtebauliche Entwicklung und Ordnung erforderlich. Mit diesem Bebauungsplan solle zweifelhaften Moralvorstellungen Rechnung getragen, aber kein Städtebau mehr betrieben werden. Die Gemeinde dürfe nicht mit den Mitteln der Bauleitplanung ihre eigene, von der Wertung des Bundesgesetzgebers abweichende „Spielhallenpolitik" betreiben, indem sie diese Einrichtungen unabhängig von Erwägungen der Bodenordnung allgemein für ihr Gemeindegebiet ausschließt.

Ebenso unterliegt der Ausschluss von Ferienwohnungen, Bordellen etc. dezidierten Beschränkungen; auch sie sind nur gerechtfertigt, wenn die Gemeinde städtebauliche Gründe für die Rechtfertigung nachweisen kann. Dasselbe gilt in der Feinsteuerung, also zum Beispiel die horizontale Gliederung gemäß §1 Absatz 4 oder die vertikale Gliederung gemäß §1 Absatz 7 BauNVO.

IV. Aufstellung eines Bebauungsplanes

Die Zulässigkeit eines Vorhabens nach § 30 BauGB setzt das Vorliegen eines Bebauungsplans voraus. An dieser Stelle soll uns deshalb die Frage beschäftigen, wer diesen Bebauungsplan aufstellt, wie er zustande kommt und welche Vorschriften dabei zu beachten sind.

1. Der Bebauungsplan als Ortsgesetz

§ 10 Absatz 1 BauGB bestimmt:
Die Gemeinde beschließt den Bebauungsplan als Satzung.

Zuständig für den Erlass des Bebauungsplans ist also die Gemeinde. Diese PLANUNGSHOHEIT der Gemeinde fußt auf Artikel 28 Absatz 2 1 des Grundgesetzes. Dieses garantiert den Gemeinden, die Angelegenheiten ihrer örtlichen Gemeinschaft in eigener Verantwortung zu regeln. Planungshoheit bedeutet aber nicht nur, dass die Bauleitpläne von der Gemeinde in eigener Verantwortung aufzustellen sind; sie bedeutet auch, dass sich die Gemeinde gegen fremde Planungen oder Entscheidungen zur Wehr setzen kann, die sich auf ihre eigenen Planungen auswirken. Der Bebauungsplan enthält die rechtsverbindlichen Festsetzungen für die städtebauliche Ordnung (§ 8 Absatz 1 1 BauGB). Bebauungspläne sind nach § 8 Absatz 2 1 BauGB aus dem Flächennutzungsplan zu entwickeln. Flächennutzungsplan und Bebauungsplan zusammen bilden den Oberbegriff der Bauleitpläne (§ 1 Absatz 1 BauGB). Im Flächennutzungsplan ist gemäß § 5 Absatz 1 BauGB die beabsichtigte städtebauliche Entwicklung für das ganze Gemeindegebiet darzustellen. Dieser Flächennutzungsplan ist nur der vorbereitende Bauleitplan. Er besitzt nur für die Gemeinde selbst eine gewisse Bindung, weil aus ihm die Bebauungspläne zu entwickeln sind (§ 8 Absatz 2 1 BauGB). Der für alle, also insbesondere für jeden Grundstückseigentümer verbindliche Bauleitplan ist dagegen der Bebauungsplan: Er allein bildet die Grundlage für weitere zum Vollzug des Baugesetzbuches erforderliche Maßnahmen, insbesondere für die Zulässigkeit von Vorhaben nach § 30 BauGB. Dies folgt auch aus seiner Rechtsnatur als Satzung. Damit ist der Bebauungsplan jedenfalls nach seiner äußeren Form eine Rechtsnorm. So, wie Bundesgesetze vom Bundespräsidenten auszufertigen und im Bundesgesetzblatt zu veröffentlichen sind, müssen deshalb auch Bebauungspläne als Ortsgesetz vom Bürgermeister ausgefertigt und öffentlich bekannt gemacht werden. Anderenfalls sind sie nicht rechtsverbindlich und bleiben damit unbeachtlich.

2. Planungsleitsätze und Abwägungsgebot
Kernstück der Bauleitplanung sind die Vorschriften des §1 Absatz 3 und Absatz 7 BauGB.

Auszug aus §1 BauGB
(1) Aufgabe der Bauleitplanung ist es, die bauliche und sonstige Nutzung der Grundstücke in der Gemeinde nach Maßgabe dieses Gesetzbuchs vorzubereiten und zu leiten.
(2) Bauleitpläne sind der Flächennutzungsplan (vorbereitender Bauleitplan) und der Bebauungsplan (verbindlicher Bauleitplan).
(3) Die Gemeinden haben die Bauleitpläne aufzustellen, sobald und soweit es für die städtebauliche Entwicklung und Ordnung erforderlich ist. Auf die Aufstellung von Bauleitplänen und städtebaulichen Satzungen besteht kein Anspruch; ein Anspruch kann auch nicht durch Vertrag begründet werden. (...)

Beide Bauleitpläne, also sowohl der Flächennutzungsplan wie der Bebauungsplan, sollen eine geordnete städtebauliche Entwicklung gewährleisten und die bauliche und sonstige Nutzung der Grundstücke in der Gemeinde durch den Flächennutzungsplan vorbereiten und durch den Bebauungsplan verbindlich regeln. Hierzu enthält §1 Absatz 6 BauGB in 11 Nummern einen Katalog von Planungsleitsätzen oder Belangen, die nach §1 Absatz 7 BauGB untereinander und gegeneinander gerecht abzuwägen sind.

Dieses Abwägungsgebot des §1 Absatz 7 BauGB ist die zentrale Vorschrift des gesamten Bauleitplanverfahrens, für Flächennutzungsplan und Bebauungsplan also gleichermaßen bedeutsam.

§1 Absatz 7 BauGB
(7) Bei der Aufstellung der Bauleitpläne sind die öffentlichen und privaten Belange gegeneinander und untereinander gerecht abzuwägen.

Es gibt kaum eine verwaltungsgerichtliche Entscheidung, die einen Bebauungsplan zum Gegenstand hat und sich nicht mit diesem Abwägungsgebot auseinandersetzt. Dieses Abwägungsgebot ist eine Folge des verfassungsrechtlichen Rechtsstaatsprinzips und des darin enthaltenen Grundsatzes der Verhältnismäßigkeit. Man könnte es als Korrektiv der Planungshoheit der Gemeinde ansehen.

Die Bebauung des Büchelberges
Mit ihrer Absicht, für einen zur Stadt hin abfallenden Hangrücken, der bislang als Naherholungsgebiet genutzt wurde, einen Bebauungsplan aufzustellen und eine Fläche von ca. 28 ha mit Wohnhäusern zu bebauen,

löste die Stadt A einen Sturm der Entrüstung nicht nur bei den Naturschützern aus. Zur Erschließung dieses neuen Wohngebietes musste am Waldrand auch noch eine vierspurige Zufahrtsstraße gebaut werden. An diesem bis dahin nicht einmal geteerten Weg hatte eine ältere Dame seit Jahrzehnten ihr Wohnhaus. Gegen diese Störung durch Wohngebiet und Straße rief sie den Bayerischen Verwaltungsgerichtshof an. Dieser erklärte den Bebauungsplan für nichtig.

Das von der Stadt daraufhin angerufene Bundesverwaltungsgericht bestätigte diese Entscheidung mit seinem Beschluss vom 21.7.1989. Der Bebauungsplan sei abwägungsfehlerhaft zustande gekommen. Insbesondere seien die privaten Interessen der Grundstückseigentümer, vor unzumutbaren Einwirkungen durch Verkehrslärm geschützt zu werden, nicht ausreichend beachtet worden. Auch der hier zu erwartende Verkehrslärm der zukünftigen Zubringerstraße liege deutlich über den zulässigen Werten, sowohl tagsüber als auch nachts. Dieser Mangel im Abwägungsvorgang sei für das Abwägungsergebnis offensichtlich von Bedeutung und mache den Plan ungültig.

Zunächst bestimmt § 2 Absatz 1 1 BauGB als Folge der durch Artikel 28 Absatz 2 GG geschützten Planungshoheit der Gemeinden, dass diese die Bauleitpläne in eigener Verantwortung aufstellen. Die Gemeinden sind also berechtigt, in freier Entscheidung darüber zu befinden, in welcher Weise sie die bauliche und sonstige Nutzung der Grundstücke in der Gemeinde regeln wollen. Dies darf freilich, wie Artikel 28 Absatz 2 GG ebenfalls bestimmt, nur im Rahmen der Gesetze geschehen. Die Bauleitpläne sind deshalb nicht nur den Zielen der Raumordnung und Landesplanung anzupassen, § 1 Absatz 4 BauGB, sondern auch mit denen benachbarter Gemeinden abzustimmen, § 2 BauGB. Dieses Abstimmungsgebot bedeutet nun aber nicht, dass sich die eine, insbesondere die kleinere Gemeinde, quasi dem Diktat der größeren, benachbarten Stadt unterwerfen müsste. Es ist durchaus zulässig, dass eine kleine Gemeinde unmittelbar an der Stadtgrenze einen größeren Gewerbepark mit Einkaufszentrum ausweist, ohne dass sich die benachbarte Stadt hiergegen zur Wehr setzen könnte, obwohl natürlich viele ihrer eigenen Bürger dieses benachbarte Einkaufszentrum aufsuchen werden.

Dagegen ist die Anpassung der gemeindlichen Planung an die Ziele der Raumordnung und Landesplanung ein striktes Gebot des Gesetzgebers. Dieses Gebot kann insbesondere auch nicht im Wege der Abwägung nach § 1 Absatz 7 BauGB überwunden werden. Voraussetzung ist allerdings, dass die Ziele der Raumordnung und Landesplanung unter Beteiligung der Kommunen zustande gekommen und vom Landesgesetzgeber für verbindlich erklärt worden sind. Nur unter diesen Voraussetzungen ist die gemeindliche Planungshoheit eingeschränkt und nur insoweit, als konkrete Ziele der Raumordnung und Landesplanung der gemeindlichen Planung entgegenstehen. Vor allem muss die Bauleitplanung die ihr von Artikel 14 GG gezogenen Schranken beachten und die in § 1 BauGB formulierten Planungsgrundsätze einhalten. Auf der einen Seite hat die Gemeinde also kraft ihrer Planungshoheit ein erhebliches Planungsermessen. Auf der anderen Seite sind auch die privaten Belange der Eigentümer maßgeblich zu berücksichtigen. Das Recht des Eigentümers, sein Grundstück entsprechend der Garantie des Artikel 14 Absatz 1 GG zu nutzen, hat nämlich gegenüber den öffentlich-rechtlichen Belangen ein besonderes Gewicht. Dies gilt insbesondere, wenn das Grundstück bislang schon bebaubar war, zum Beispiel nach § 34 BauGB, wie der Verwaltungsgerichtshof München in seinem Urteil vom 4.3.2005 judiziert hat. Ihren gesetzgeberischen Ausdruck haben diese gegenläufigen Interessen der planenden Gemeinde einerseits und des Grundstückseigentümers andererseits in § 1 Absatz 7 BauGB gefunden.

Dem Bundesverwaltungsgericht gebührt das Verdienst, diese Grundsätze der gemeindlichen Planungshoheit, der Planungsleitsätze und der Abwägung auf eine Formel gebracht zu haben, die – nicht zuletzt natürlich in der praktischen Anwendung durch die Instanzgerichte – bei der Aufstellung wie bei der Überprüfung der Bauleitpläne einen festen Weg vorgibt. In diesem berühmten und weitreichenden Urteil vom 12.12.1969 (abgedruckt zum Beispiel in BVerwGE 34, 301) hat das oberste deutsche Verwaltungsgericht die rechtlichen und überprüfbaren Anforderungen an das Gebot der gerechten Abwägung wie folgt zusammengefasst:

Auszug aus dem Urteil des Bundesverwaltungsgerichts vom 12.12.1969:
Das Gebot gerechter Abwägung ist verletzt, wenn eine (sachgerechte) Abwägung überhaupt nicht stattfindet. Es ist verletzt, wenn in die Abwägung an Belangen nicht eingestellt wird, was nach Lage der Dinge in sie eingestellt werden muß. Es ist ferner verletzt, wenn die Bedeutung der betroffenen privaten Belange verkannt oder wenn der Ausgleich zwischen den von der Planung berührten öffentlichen Belangen in einer Weise vorgenommen wird, die zur objektiven Gewichtigkeit einzelner Belange außer Verhältnis steht. Innerhalb des so gezogenen Rahmens wird das Abwägungsgebot jedoch nicht verletzt, wenn sich die zur Planung berufene Gemeinde in der Kollision zwischen verschiedenen Belangen für die Bevorzugung des einen und damit notwendig für die Zurückstellung eines anderen entscheidet.

Diesem Aufbau liegt die Überlegung des Bundesverwaltungsgerichts zugrunde, dass die in § 1 Absatz 6 BauGB genannten Planungsgrundsätze unbestimmte Rechtsbegriffe darstellen. Unbestimmte Rechtsbegriffe aber sind von den Gerichten uneingeschränkt zu überprüfen. Der planenden Gemeinde steht deshalb kein Beurteilungsspielraum darüber zu, was zu den Bedürfnissen der Wirtschaft gehört oder ob besondere Wohnbedürfnisse bestehen. Dies ist objektiv feststellbar und damit überprüfbar. Von der Gemeinde könne deshalb verlangt werden, dass sie alle entscheidungserheblichen Belange, insbesondere die in § 1 Absatz 6 BauGB genannten, vollständig auflistet (Sammeln des Abwägungsmaterials). Ebenso müsse von der Gemeinde verlangt werden, dass sie dieses Abwägungsmaterial entsprechend seiner Bedeutung einordnet und gewichtet. Schließlich müsse die Gemeinde dieses vollständig gesammelte und richtig gewichtete Material auch sachgerecht abwägen. Ergibt sich bei dieser Abwägung aber ein Konflikt zwischen verschiedenen Belangen, also etwa den Belangen des Natur- und Landschaftsschutzes auf der einen Seite und den besonderen Wohnbedürfnissen der Bevölkerung auf der anderen Seite, so liege keine Verletzung des Abwägungsgebotes vor, wenn sich die planende Gemeinde in der Kollision zwischen diesen verschiedenen Belangen für die Bevorzugung des einen und damit notwendig für die Zurückstellung des anderen entscheidet. Maßgebend ist, ob nach zutreffender und vollständiger Ermittlung des Sachverhalts alle sachlich beteiligten Belange und Interessen der Entscheidung zugrunde gelegt sowie umfassend in nachvollziehbarer Weise abgewogen worden sind, wie die Verwaltungsgerichte regelmäßig bestätigen, so etwa der Verwaltungsgerichtshof München in seiner Entscheidung vom 18.4.2013. Was die Gerichte in keinem Fall durchgehen lassen, sind jedoch Ermittlungs- und Bewertungsfehler (vergleiche § 2 Absatz 3 und § 214 Absatz 1 1 BauGB). Hier sprechen die Gerichte, als erstes das Oberverwaltungsgericht Bautzen in seinem Beschluss vom 5.12.2013 sogar von einem „Wechsel vom materiell-rechtlichen Abwägungsvorgang zu den verfahrensrechtlichen Elementen des Ermittelns und Bewertens“ (siehe hierzu die nachstehenden Ausführungen zum Aufstellungsverfahren Ziffer 4). Ein solcher Ermittlungs- und Bewertungsfehler liegt zum Beispiel vor, wenn das Verkehrslärmproblem nicht ausreichend, insbesondere durch Einholung von Lärmgutachten, ermittelt wurde, und wenn nicht alle technischen Möglichkeiten zum Schutz der Außenwohnbereiche abgewogen wurden, insbesondere die Möglichkeit der Errichtung einer Lärmschutzwand. Bei diesen Abwägungsfehlern handelt es sich um wesentliche Fehler im Sinne des § 214 Absatz 1 1 BauGB. Lärmschutzkonzepte und klimaökologische Auswirkungen der Planungen sind für die

Abwägung immer von Bedeutung, und Abwägungsfehler in diesem Zusammenhang immer „offensichtlich" im Sinne dieser Vorschrift.

Ein weiteres Beispiel mag dies verdeutlichen.

Grünfläche gegen Supermarkt
Der Eigentümer eines Grundstücks in R wollte anstelle seines teilweise bereits abgebrochenen Brauereigebäudes einen Lebensmittelmarkt errichten. Die Gemeinde R beschloss daraufhin, einen Bebauungsplan aufzustellen. Dieser sieht für das Baugrundstück eine öffentliche Grünfläche und Tiefgarage vor. Diese Einschränkung seines Eigentums wollte der Grundstückseigentümer verständlicherweise nicht hinnehmen. Vor Gericht machte er geltend, in dieser kleinen Dorfgemeinde sei für die Errichtung einer begrünten Tiefgarage mitten im Ort weder eine Notwendigkeit erkennbar noch Geld vorhanden. Dafür würde ihm ein baureifes Grundstück entzogen. Darüber hinaus lasse der Bebauungsplan die Frage völlig offen, wo und wie die Zu- und Abfahrt zu dieser Tiefgarage mitten durch den Ort erfolgen sollte.

Zwar, so entschied das Verwaltungsgericht Regensburg mit seinem Urteil vom 24.4.1990 – sei es nicht abwägungsfehlerhaft, wenn eine Gemeinde in unmittelbarer Nähe von Kirche, Kindergarten und öffentlicher Verwaltung eine öffentliche Grünfläche mit darunterliegender Tiefgarage schaffe. Gleichwohl erklärte es den Bebauungsplan für unwirksam, weil die Gemeinde nicht die Frage hätte offen lassen dürfen, auf welchen Wegen der Zu- und Abfahrtsverkehr zu dieser Tiefgarage abgewickelt werden sollte.

Es liegt auf der Hand, dass bestimmte Belange aus dem Katalog des § 1 Absatz 6 BauGB in direktem Gegensatz zueinander stehen. Die Ausweisung eines neuen Baugebietes beispielsweise, die den Wohnbedürfnissen der Bevölkerung Rechnung trägt (§ 1 Absatz 4 Nummer 2 BauGB), bedeutet immer eine Beeinträchtigung der Belange des Naturschutzes und der Landschaftspflege nach § 1 Absatz 6 Nummer 7 BauGB. Im Rahmen der Abwägung muss sich die Gemeinde zwingend in der Kollision zwischen diesen verschiedenen Belangen für die Bevorzugung des einen und damit notwendig für die Zurückstellung des anderen entscheiden. Dass die Wohnbedürfnisse der Bevölkerung aber auch ganz anders zu gewichten sein können, zeigt ein Fall vor dem Verwaltungsgerichtshof Mannheim. Dort maß der Verwaltungsgerichtshof diesem Belang ein erheblich höheres Gewicht zu als der von der Gemeinde an dieser Stelle vorgesehenen Grünfläche (Verwaltungsgerichtshof Mannheim in seinem Urteil vom 21.8.1991).

Es ist also immer eine Frage des Einzelfalles, welcher Belang im konkreten Fall welches Gewicht besitzt. Ob diese Gewichtung entsprechend ihrer Bedeutung vorgenommen wurde, ist von den Verwaltungsgerichten, wie dargestellt, in vollem Umfange nachzuprüfen.

Im Besonderen bei der Überplanung bereits bebauter Grundstücke ist das Interesse an der Erhaltung des bestehenden Baurechts in die Abwägung einzubeziehen und entsprechend zu gewichten, wie die Gerichte mehrfach entschieden haben, so zum Beispiel der Verwaltungsgerichtshof Mannheim in seinem Urteil vom 11.12.2014. Abwägungsrelevant kann dabei auch der Gleichheitssatz sein. Und erst auf der letzten Stufe kommt das der Gemeinde aufgrund ihrer Planungshoheit zustehende Planungsermessen zum Tragen und darf sich die Gemeinde für die Bevorzugung des einen und damit notwendig für die Zurückstellung eines anderen Belanges entscheiden.

In jedem Fall aber muss die Planung, in rechtlicher wie in tatsächlicher Hinsicht, auch durchführbar sein. Ansonsten fehlt dem Bebauungsplan die Erforderlichkeit nach § 1 Absatz 3 BauGB. Ein Bebauungsplan also, der auf unabsehbare Zeit keine Aussicht auf Verwirklichung bietet, aber auch ein Bebauungsplan, der aus wirtschaftlichen Gründen vom Grundstückseigentümer nicht umgesetzt werden kann und wird, ist unwirksam. Dies kann zum Beispiel der Fall sein, wenn ein Bebauungsplan für ein Grundstück eine Hotelnutzung vorschreibt, dieses aber aus Gründen der Rentabilität, wegen der Lage, der zu geringen Anzahl möglicher Zimmer etc. vom Eigentümer des Grundstücks nicht gebaut werden kann.

3. Naturschutz- und Umweltrecht; der Umweltbericht
Die in der Bauleitplanung zu berücksichtigenden Umweltbelange hat der Gesetzgeber in einem umfangreichen Katalog in § 1 Absatz 4 Nummer 7 BauGB zusammengefasst. Diese Belange sind auch Gegenstand der 2004 neu eingeführten Umweltprüfung, § 2 Absatz 4 BauGB. Zu berücksichtigen sind wie bisher schon die Auswirkungen der Planung auf Tiere, Pflanzen, Boden, Wasser, Luft, Klima, die Landschaft und jetzt auch die biologische Vielfalt, aber auch die europäischen Vogelschutzgebiete. In die Abwägung einzubeziehen sind die umweltbezogenen Auswirkungen auf den Menschen und auf seine Gesundheit, aber auch auf Kultur- und sonstige Sachgüter. Ergänzende Vorschriften zum Umweltschutz enthält § 1a BauGB.

Alle diese Belange müssen einer Umweltprüfung unterzogen werden, § 2 Absatz 4 BauGB. Diese Umweltprüfung ist kein eigenständiges Verfahren, sondern Bestandteil des Aufstellungsverfahrens für alle Bauleitpläne, also für Bebauungspläne und Flächennutzungspläne. In dieser Umweltprüfung werden die Belange des Umweltschutzes ermittelt, beschrieben und bewertet und schließlich in einem Umweltbericht dokumentiert. Eine Anlage zum EAG Bau (Anlage 1 angefügt nach § 249 BauGB) bestimmt im Einzelnen, was in den Umweltbericht aufzunehmen ist. § 2 Absatz 4 2 BauGB bestimmt, dass die Gemeinde zunächst für jeden Bauleitplan den Umfang und den Detaillierungsgrad der Ermittlung der abwägungserheblichen Belange festlegt (sogenanntes Scoping). Mit diesem Scoping wird also das Abwägungsmaterial zusammengestellt, das sich in die Bestandsaufnahme, die Prognose, die Prüfung von Vermeidung und Ausgleich sowie die Prüfung von Alternativen untergliedert. Dies bedeutet, dass auch eine Prognose über die Entwicklung des Umweltzustandes bei Nichtdurchführung der Planung abgegeben werden muss.

Die Umweltprüfung muss im Aufstellungsverfahren für einen Flächennutzungsplan ebenso durchgeführt werden wie im Aufstellungsverfahren für einen Bebauungsplan. Dies heißt aber nicht, dass diese Umweltprüfung doppelt vorzunehmen ist. Vielmehr bestimmt § 2 Absatz 4 5 BauGB: Wird bereits in einem Raumordnungs- oder Flächennutzungsplanverfahren eine Umweltprüfung durchgeführt, beschränkt sich diese im nachfolgenden Bebauungsplanverfahren auf zusätzliche oder andere erhebliche Umweltauswirkungen. Der Gesetzgeber will auf diese Weise also ausdrücklich verhindern, dass dieselbe Prüfung mehrfach auf den verschiedenen Planungsebenen durchgeführt werden muss.

Das Ergebnis der Ermittlung ist in der Abwägung zu berücksichtigen und zu diesem Zweck bereits dem Entwurf des Bauleitplans eine Begründung beizufügen, § 2a BauGB. Die Ergebnisse der Umweltprüfung werden zusammengefasst im Umweltbericht, der selbstständig neben der Begründung der Bauleitpläne steht, § 2a Absatz 1 Nummer 2 BauGB. Erforderlicher Inhalt des Umweltberichtes ist gemäß der Anlage zu § 2 Absatz 4 BauGB

- eine Kurzdarstellung des Inhalts des Bebauungsplans,
- die Beschreibung und Bewertung der Umweltauswirkungen einschließlich der Prognose über die Entwicklung und
- Maßnahmen zur Überwachung, sog. Monitoring.

Der Umweltbericht muss spätestens nach dem Aufstellungsbeschluss und der frühzeitigen Bürgerbeteiligung erstellt werden und ist Inhalt der Öffentlichkeitsbeteiligung.

Auch der naturschutzrechtliche Ausgleich erfolgt nicht nur auf der Ebene des Bebauungsplans, sondern auch auf jener des Flächennutzungsplanes. Dies soll vor allem flexible praktische Möglichkeiten, wie das so genannte „Ökokonto", ermöglichen. Der Ausgleich der zu erwartenden Eingriffe in Natur und Landschaft erfolgt also sowohl durch geeignete Darstellungen nach § 5 BauGB im Flächennutzungsplan als auch durch Festsetzungen nach § 9 BauGB im Bebauungsplan.

Nach § 5 Absatz 2a BauGB können im Flächennutzungsplan bereits konkrete Ausgleichsflächen ausgewiesen und entweder sofort oder auch erst später bestimmten zukünftigen neuen Bauflächen zugeordnet werden, so dass im Bebauungsplan auf diese zugeordneten Ausgleichsflächen Bezug genommen wird und die Kosten der Gemeinde für Aufwertungsmaßnahmen auf den Ausgleichsflächen den zur Bebauung vorgesehenen Gebieten zugeordnet und die Kosten auf diese verteilt werden. Dabei kann die Gemeinde auch größere Ausgleichsflächen mehreren Bebauungsplangebieten zuordnen und die Kosten für die Aufwertung auf diese mehreren Bebauungsgebiete aufteilen, § 5 Absatz 2a BauGB.

Dieser Grundsatz der ÖRTLICHEN STRECKUNG gilt auch für Bebauungspläne. Ausgleichsflächen oder Ausgleichsmaßnahmen können selbstverständlich in dem Bebauungsplan festgesetzt werden, der ein neues Baugebiet ausweist und damit in Natur und Landschaft eingreift, sei es auf den zur Bebauung vorgesehenen Grundstücken selbst, sei es außerhalb der Baugrundstücke, aber eben noch im Umgriff desselben Bebauungsplans.

Genauso gut können die Ausgleichsflächen oder -maßnahmen aber auch in einem ganz anderen Bebauungsplan festgesetzt werden, und die Kommune kann diese Ausgleichsflächen dann den Grundstücken zuordnen, bei denen Eingriffe zu erwarten sind, § 9 Absatz 1a BauGB.

Darüber hinaus besteht auch noch die Möglichkeit der ZEITLICHEN STRECKUNG nach § 135a II BauGB. Danach kann die Gemeinde zum Beispiel (ehemalige) landwirtschaftlich genutzte Flächen aufkaufen und durch Ausgleichsmaßnahmen aufwerten. Die Kosten für diese Maßnahmen müssen die Gemeinden umlegen, § 135a Absatz 3 BauGB. Der Gesetzgeber sagt aber nicht, WANN dies geschehen muss, wann also die Zuordnung zu erfolgen hat. Weist die Gemeinde also Jahre später ein Baugebiet aus und greift damit in Natur und Landschaft ein, wird sie die Kosten für die damaligen Ausgleichsmaßnahmen auf die Grundstückseigentümer und Bauherren in diesem neuen Baugebiet umlegen.

Dagegen ist eine zeitliche Flexibilisierung nicht in der Weise möglich, dass zunächst der Eingriffsbebauungsplan mit der Ausweisung neuen Baurechts aufgestellt wird, und erst zu einem späteren Zeitpunkt Ausgleichsmaßnahmen außerhalb dieses Bebauungsplans beschlossen werden.

Die Kostenerstattungsbeträge sind aufgrund von Satzungen umzulegen, wobei es sich aus Gründen der Gleichbehandlung empfiehlt, dafür eine einheitliche gemeindliche Satzung nach § 135c BauGB aufzustellen und die Umlegung der Kosten nicht in jedem einzelnen Bebauungsplan gesondert festzusetzen. Ausdrücklich bestätigt der Gesetzgeber, dass anstelle von Darstellungen und Festsetzungen im Bebauungsplan oder Flächennutzungsplan auch vertragliche Vereinbarungen gemäß § 11 BauGB, also aufgrund städtebaulicher Verträge, möglich sind. Dies gilt in erster Linie auch bezüglich der Kosten: Die Gemeinde kann auch vertragliche Vereinbarungen über die Kostentragung mit den Bauwerbern treffen, anstatt ihnen Kostenbescheide zuzustellen.

Wie der Umfang des Ausgleichs ermittelt wird, hat der Gesetzgeber nicht bestimmt. Er überlässt es vielmehr den Städten und Gemeinden, selbst ein geeignetes Verfahren auszuwählen, um zu ermitteln, wie groß die Ausgleichsfläche sein muss. Hier gibt es eine Vielzahl unterschiedlicher Verfahren in den einzelnen Bundesländern. Auch Bayern hat einen Leitfaden erarbeitet, der beim Umweltministerium bezogen werden kann. Kern dieser Empfehlung ist die Festlegung der Kompensationsfaktoren, die abhängig sind einerseits von der Bedeutung des Gebietes für Natur und Landschaft und andererseits vom Grad der Versiegelung beziehungsweise dem Nutzungsgrad. Soll also ein Gebiet geringer Bedeutung, zum Beispiel Ackerflächen oder intensiv genutztes Grünland, einer Bebauung zugeführt werden, so ist eine geringere Ausgleichsfläche zur Verfügung zu stellen, als wenn Gebüsch- und Heckenlandschaften, artenreiches Grünland, Auenlandschaften etc. einer Bebauung geopfert werden sollen. Auf der anderen Seite spielt auch der Grad der Versiegelung und der Nutzung im zukünftigen Baugebiet eine Rolle dafür, wie viel Ausgleichsfläche zur Verfügung gestellt werden muss. Auch Dach- und Fassadenbegrünungen reduzieren die notwendige Ausgleichsfläche. Mit intensiverer Bepflanzung kann die Ausgleichsfläche ebenfalls reduziert werden.

Die Neuaufstellung eines Bebauungsplans verlangt zukünftig also einen Umweltbericht, der bereits vor Durchführung der Öffentlichkeitsbeteiligung fertiggestellt sein muss, auch wenn es nicht um Projekte geht, die in der Anlage 1 Nummer 18 des UVPG (Gesetz über die Umweltverträglichkeitsprüfung von 1990) enthalten sind. Diese Bauleitpläne müssen künftig eine Umwelterklärung enthalten, in der das Gewicht der Umweltbelange und das Ergebnis der Beteiligung der Öffentlichkeit (bisher: Bürger) und der Träger öffentlicher Belange berücksichtigt und dokumentiert wird, aus welchen Gründen der Plan – nach Abwägung mit anderen Planungsmöglichkeiten und öffentlichen Belangen – so beschlossen worden ist.

4. Das Aufstellungsverfahren

Das Verfahren zur Aufstellung eines Flächennutzungs- oder Bebauungsplans ist in den §§ 2 ff. des BauGB geregelt. Diese Vorschriften gelten nicht nur für die Aufstellung von Bauleitplänen, sondern auch für ihre Änderung, Ergänzung und vor allem auch ihre Aufhebung, was oftmals übersehen wird. Die wichtigsten Schritte zur Aufstellung eines Bebauungsplans sind auf der folgenden Seite kurz zusammengestellt.

TIPP
Besonders hervorzuheben ist, dass der Beschluss der Gemeinde, einen Bebauungsplan aufzustellen, ortsüblich bekannt gemacht werden muss (§ 2 Absatz 1 Satz 2 BauGB).

Im Bebauungsplanverfahren zu beteiligen sind die benachbarten Gemeinden gemäß § 2 Absatz 2 BauGB, die Öffentlichkeit nach § 3 BauGB und die Behörden nach § 4 BauGB. 2004 neu eingeführt wurde die frühzeitige Beteiligung der Behörden, § 4 Absatz 1 BauGB. Diese frühzeitige Behördenbeteiligung dient auch und gerade dazu, im Rahmen des Scoping den erforderlichen Umfang und den Detaillierungsgrad der Umweltprüfung festzulegen. Diese frühzeitige Behördenbeteiligung ist notwendig, weil im Rahmen der Öffentlichkeitsbeteiligung gemäß § 3 Absatz 2 BauGB die Entwürfe der Bauleitpläne bereits mit der Begründung und den umweltbezogenen Stellungnahmen ausgelegt werden müssen. Nach der Neuregelung des § 4 BauGB findet jetzt also eine zweistufige Behördenbeteiligung statt: eine frühzeitige Beteiligung vor Erstellung des Entwurfs, um Umfang und Detaillierungsgrad der Untersuchung festzulegen, und eine weitere Beteiligung zu dem Entwurf selbst. Nach § 4a VI BauGB können nicht rechtzeitig im Rahmen der Öffentlichkeits- oder Behördenbeteiligung abgegebene Stellungnahmen bei der Beschlussfassung unberücksichtigt bleiben. Insbesondere die Präklusion der privaten Einwendungen soll die Bestandssicherheit von Bebauungsplänen erhöhen. Deshalb muss in der öffentlichen Bekanntmachung der Auslegung auf diese Rechtsfolge hingewiesen werden.

Das Ergebnis der Umweltprüfung ist in der Abwägung zu berücksichtigen, und dem Bauleitplan nach seiner Beschlussfassung eine zusammenfassende Erklärung beizufügen, die Angaben macht zur Art und Weise der Berücksichtigung der Umweltbelange etc. (§§ 6 Absatz 5 Satz 3, 10 Absatz 4 BauGB).

Bei der Aufstellung der Flächennutzungs- und Bebauungspläne räumt § 3 BauGB der Öffentlichkeit – den Behörden in § 4 BauGB – ein umfangreiches Beteiligungsrecht ein. Das Gesetz verwendet hier ausdrücklich den Begriff Öffentlichkeit und nicht, wie in anderen Vorschriften, den des Nachbarn. Tatsächlich sollen sich nach dem Willen des Gesetzgebers alle Bürger einer Gemeinde beteiligen können, um ihre Kenntnisse, aber auch persönliche Belange, einzubringen. So will man erreichen, dass alle abzuwägenden Gesichtspunkte und Belange erst einmal vollständig auf den Ratstisch gelangen. Auf diese Weise soll sichergestellt sein, dass nicht schon auf der ersten Stufe der Abwägung Fehler passieren, indem wesentliche Gesichtspunkte in die Abwägung gar nicht erst eingestellt, geschweige denn richtig gewichtet werden. § 3 Absatz 1 BauGB verlangt deshalb die frühzeitige Beteiligung der Öffentlichkeit. Die Bürger sind möglichst frühzeitig über die allgemeinen Ziele und Zwecke der Planung, aber auch über Alternativen öffentlich zu unterrichten, wobei ihnen Gelegenheit zur Äußerung und Erörterung zu geben ist.

An diese frühzeitige Öffentlichkeitsbeteiligung schließt sich gemäß § 3 Absatz 2 BauGB die öffentliche Auslegung der Bauleitpläne an, die genau einen Monat erfolgen muss, um Gelegenheit zu geben, Bedenken und Anregungen vorzubringen. Alle fristgemäß vorgebrachten Äußerungen MÜSSEN geprüft, das Ergebnis muss den Einwendern mitgeteilt werden. Zu den denkbaren Fehlerquellen in diesem Verfahrensstadium zählen insbesondere:

- Ort und Zeit der Auslegung werden nicht, zu spät oder nicht ortsüblich bekannt gemacht,
- der Bebauungsplan wird nicht ausreichend genau bezeichnet, insbesondere durch Abdruck eines Lageplanes, Bezeichnung der Flur-Nummern etc.,
- nach dem Wortlaut der Auslegungsbekanntmachung dürfen nicht nur Gemeindebürger angesprochen werden, sondern auch die betroffenen Grundstückseigentümer,

- die Auslegungsbekanntmachung muss darauf hinweisen, dass Bedenken und Anregungen nicht nur schriftlich, sondern auch mündlich bei der Auslegungsstelle vorgebracht werden können,
- der Planentwurf muss mit Erläuterungs- und Umweltbericht oder Begründung ausgelegt werden und vor allem mindestens einen vollen Monat lang.

Wie schon gesagt, muss das Ergebnis der Prüfung durch den Gemeinderat den Einwendern mitgeteilt werden, sinnvollerweise in Form eines Schreibens oder durch Übersendung einer Kopie aus dem Beschluss- beziehungsweise Sitzungsbuch der Gemeinde, damit die Betroffenen die Gründe erfahren, warum ihren Bedenken und Anregungen nicht entsprochen wurde. Bei mehr als 50 Einwendern genügt es, wenn diesen Personen die Einsicht in das Ergebnis ermöglicht wird (§ 3 Absatz 2 Satz 5 BauGB).

Diesem Ziel, vor allem aber der Stärkung der Stellung der Gemeinden im Verfahrensablauf, dient der Verzicht auf Genehmigungs- und Anzeigeverfahren für alle Bebauungspläne, die aus dem Flächennutzungsplan entwickelt worden sind, § 10 Absatz 2 BauGB. Damit wird gleichzeitig der Flächennutzungsplan aufgewertet, weil planerische Grundentscheidungen nunmehr auf dieser Ebene getroffen werden sollen. Damit sind Bebauungspläne, aber zum Beispiel auch Ortsabrundungssatzungen, nach § 34 Absatz 4 Satz 3 BauGB von der höheren Verwaltungsbehörde nur noch zu genehmigen, wenn ihnen kein gültiger Flächennutzungsplan zugrunde liegt. Diese Genehmigung darf nur versagt werden bei Verfahrensmängeln oder Verstößen gegen Rechtsvorschriften. Über die Genehmigung ist innerhalb von drei Monaten zu entscheiden. Mit der Bekanntmachung tritt der Bebauungsplan in Kraft.

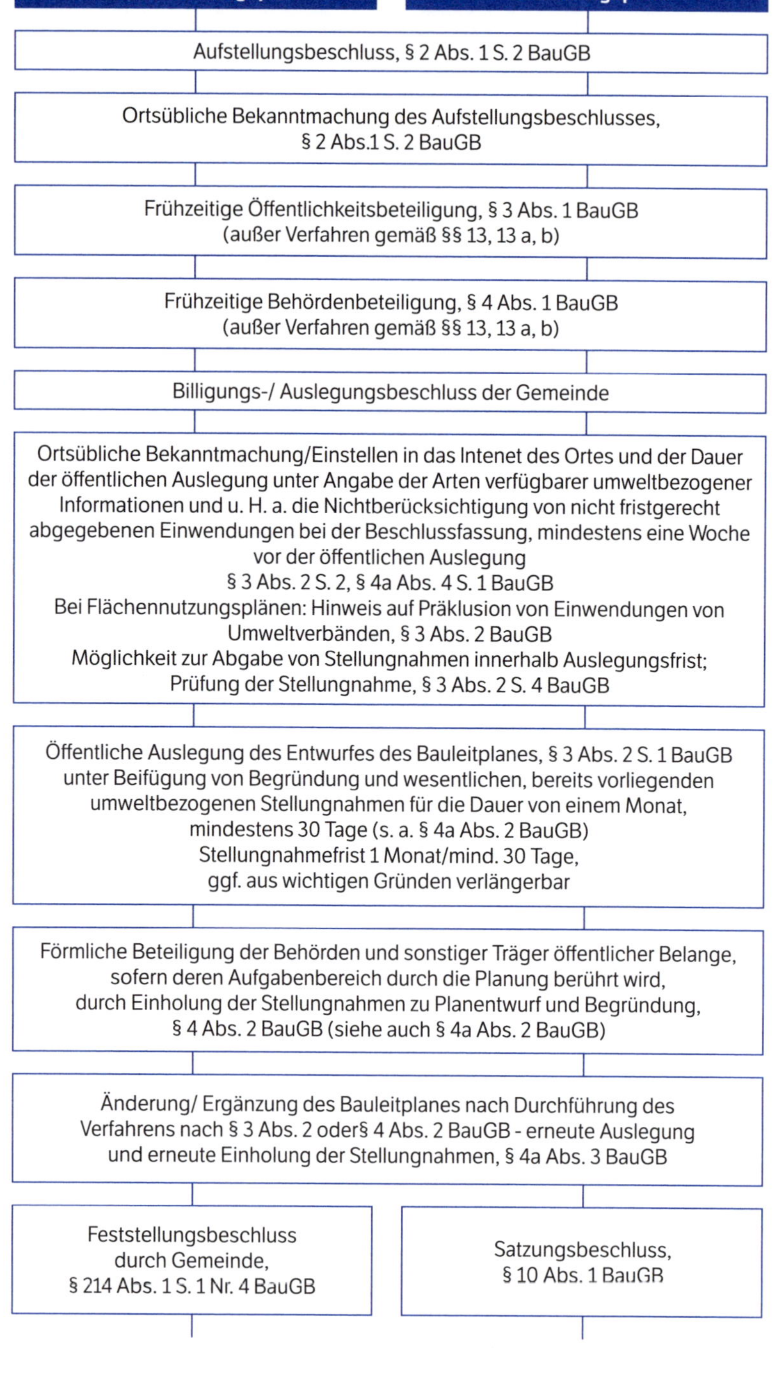
Flächennutzungsplan
Bebauungsplan
Aufstellungsbeschluss, § 2 Abs. 1 S. 2 BauGB
Ortsübliche Bekanntmachung des Aufstellungsbeschlusses, § 2 Abs.1 S. 2 BauGB
Frühzeitige Öffentlichkeitsbeteiligung, § 3 Abs. 1 BauGB (außer Verfahren gemäß §§ 13, 13 a, b)
Frühzeitige Behördenbeteiligung, § 4 Abs. 1 BauGB (außer Verfahren gemäß §§ 13, 13 a, b)
Billigungs-/ Auslegungsbeschluss der Gemeinde
Ortsübliche Bekanntmachung/Einstellen in das Intenet des Ortes und der Dauer der öffentlichen Auslegung unter Angabe der Arten verfügbarer umweltbezogener Informationen und u. H. a. die Nichtberücksichtigung von nicht fristgerecht abgegebenen Einwendungen bei der Beschlussfassung, mindestens eine Woche vor der öffentlichen Auslegung
§ 3 Abs. 2 S. 2, § 4a Abs. 4 S. 1 BauGB
Bei Flächennutzungsplänen: Hinweis auf Präklusion von Einwendungen von Umweltverbänden, § 3 Abs. 2 BauGB
Möglichkeit zur Abgabe von Stellungnahmen innerhalb Auslegungsfrist; Prüfung der Stellungnahme, § 3 Abs. 2 S. 4 BauGB
Öffentliche Auslegung des Entwurfes des Bauleitplanes, § 3 Abs. 2 S. 1 BauGB unter Beifügung von Begründung und wesentlichen, bereits vorliegenden umweltbezogenen Stellungnahmen für die Dauer von einem Monat, mindestens 30 Tage (s. a. § 4a Abs. 2 BauGB)
Stellungnahmefrist 1 Monat/mind. 30 Tage, ggf. aus wichtigen Gründen verlängerbar
Förmliche Beteiligung der Behörden und sonstiger Träger öffentlicher Belange, sofern deren Aufgabenbereich durch die Planung berührt wird, durch Einholung der Stellungnahmen zu Planentwurf und Begründung, § 4 Abs. 2 BauGB (siehe auch § 4a Abs. 2 BauGB)
Änderung/ Ergänzung des Bauleitplanes nach Durchführung des Verfahrens nach § 3 Abs. 2 oder§ 4 Abs. 2 BauGB - erneute Auslegung und erneute Einholung der Stellungnahmen, § 4a Abs. 3 BauGB
Feststellungsbeschluss durch Gemeinde, § 214 Abs. 1 S. 1 Nr. 4 BauGB
Satzungsbeschluss, § 10 Abs. 1 BauGB

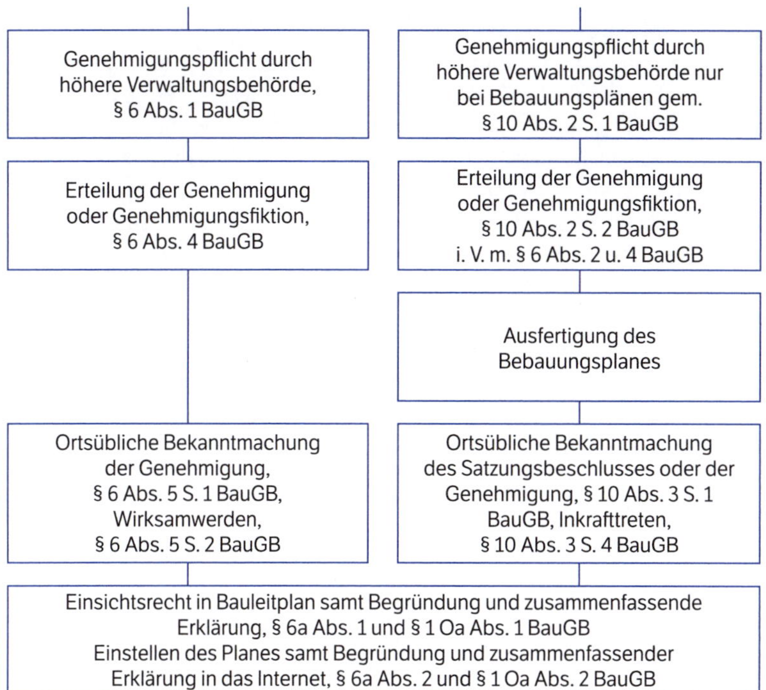

Abbildung 3 Verfahrensschritte

Nachdem der Gesetzgeber gesehen hatte, dass mit den oben dargestellten Anforderungen zur Aufstellung eines Bebauungsplanes die Gemeinden zunehmend überfordert wurden, hat er mit dem § 13 das „vereinfachte Verfahren" geschaffen. Dieses vereinfachte Verfahren findet Anwendung, wenn durch die Änderung oder Ergänzung eines Bauleitplans – also eines Flächennutzungs- wie eines Bebauungsplanes – die Grundzüge der Planung nicht berührt werden. Das vereinfachte Verfahren findet auch bei der Aufstellung eines Bebauungsplans in einem Gebiet nach § 34 BauGB Anwendung, unter dem in § 13 dargestellten Voraussetzungen und im vereinfachten Verfahren greifen dann die Erleichterungen des § 13 Absatz 2 und 3. Insbesondere wird von der Umweltprüfung und dem Umweltbericht abgesehen (dieses komplizierte Verfahren hier eingehend darzustellen, würde den Rahmen dieses Rechtsberaters sprengen. Wir müssen hier auf die einschlägigen Kommentare verweisen).

Die §§ 214, 215 BauGB nennen im Übrigen eine Vielzahl von Verfahrens- und Formvorschriften, deren Verletzung unbeachtlich ist. Zwar müssen die Genehmigungsbehörden die Einhaltung sämtlicher Vorschriften überprüfen (§ 216 BauGB). Insbesondere aber im gerichtlichen Verfahren zur Überprüfung eines Bebauungsplans dürfen diese Verstöße außer Betracht bleiben. Einige Vorschriften über das rechtswirksame Zustandekommen eines Bebauungsplans sind indessen von so grundsätzlicher und maßgeblicher Bedeutung, dass sie immer beachtet werden müssen. Mit der Übernahme der Vorgaben des Europarechtsanpassungsgesetzes ist im Bebauungsplanverfahren an allererster Stelle von Bedeutung, ob sämtliche für die Abwägung und Entscheidung zu berücksichtigenden Belange im Verfahren der Öffentlichkeits- und Behördenbeteiligung diesen zugänglich gemacht wurden und sie Gelegenheit hatten, dazu Stellung zu nehmen. Das Sächsische Oberverwaltungsgericht spricht sogar von einem „Wechsel vom materiell-rechtlichen Abwägungsvorgang zu den verfahrensrechtlichen Elementen des Ermittelns und Bewertens" (siehe hierzu die Ausführungen zum Aufstellungsverfahren oben Seite 47).

Zusätzlich hat der Gesetzgeber in § 215 BauGB auch Fristen für die Geltendmachung der Verletzung von Verfahrens- und Formvorschriften, aber auch von Mängeln der Abwägung, festgesetzt. Diese müssen innerhalb eines Jahres seit Bekanntmachung geltend gemacht werden, worauf in der Bekanntmachung hingewiesen werden muss.

Seit 2004 neu im BauGB ist auch § 214 Absatz 4, wonach bestimmte Satzungsmängel nicht zur Unwirksamkeit des Bebauungsplans führen, sondern von der Gemeinde nachträglich behoben werden können.

5. Vereinfachtes Verfahren und Bebauungspläne der Innenentwicklung

Das eben dargestellte vereinfachte Verfahren des § 13 BauGB findet aufgrund der neugeschaffenen §§ 13a und 13b inzwischen – und in der Praxis verstärkt – Anwendung auf Bebauungspläne der Innenentwicklung. Die Vorschrift des § 13a ist auf alle Bebauungsplanverfahren anwendbar, bei denen es um die „Wiedernutzbarmachung von Flächen, die Nachverdichtung oder andere Maßnahmen der Innenentwicklung" geht. Diese Bebauungspläne können im beschleunigten Verfahren aufgestellt werden, vorausgesetzt, bestimmte Größen werden nicht überschritten. Wird in dem Bebauungsplan eine zulässige Grundfläche im Sinne des § 19 Absatz 2 BauNVO oder eine Größe der Grundfläche von weniger als 20.000 m^2 festgesetzt, bringt dies vor allem zwei Erleichterungen: Zum einen bedarf es keiner Umweltprüfung und keines Umweltberichtes, zum anderen darf das vereinfachte Verfahren nach § 13 BauGB angewendet werden. Bei Bebauungsplänen der Innenentwicklung mit einer Grundfläche zwischen 20.000 und 70.000 m^2 kann dieses beschleunigte Verfahren ebenfalls angewandt werden, aber nur, wenn die

Gemeinde aufgrund einer Vorprüfung des Einzelfalles zu dem Ergebnis kommt, dass der Plan voraussichtlich keine erheblichen Umweltauswirkungen hat. In diesen Fällen ist also eine Vorprüfung (Screening) durchzuführen, anhand der in der Anlage 2 zum BauGB genannten Kriterien. Dabei hat die Gemeinde lediglich überschlägig abzuschätzen, ob der Bebauungsplan erhebliche Umweltauswirkungen zur Folge hat. Dagegen ist das beschleunigte Verfahren ausgeschlossen, wenn für die geplanten Vorhaben eine Umweltverträglichkeitsprüfung nach dem UVPG durchgeführt werden muss. Ob die Planung ein derartiges Vorhaben ermöglicht, beurteilt sich nach §§ 3a ff. UVPG in Verbindung mit der Anlage 1 zu diesem Gesetz. Dies ist der Fall nicht nur bei großen Hotels oder Campingplätzen im Außenbereich, bei Betrieben zur Intensivtierhaltung u.v.a.m., sondern auch bei Denkmälern und Denkmalensembles.

In der Praxis werden die Gemeinden die Grundfläche auf 20.000 m² beschränken. Voraussetzung ist, dass die zu überplanende Fläche zumindest weiträumig schon einmal von baulichen Anlagen besetzt war, wobei zu den baulichen Anlagen sogar Gleisanlagen gehören.

Der neu eingeführte § 13b BauGB ermöglicht ein beschleunigtes Bebauungsplanverfahren für Planungen, die eine Zulässigkeit von Wohnnutzungen auf Flächen begründen, die sich an im Zusammenhang bebaute Ortsteile anschließen, vorausgesetzt, die Grundfläche beträgt weniger als 10.000 m². Mit diesem Bebauungsplan dürfen aber nur Wohnnutzungen geschaffen werden, also reine und allgemeine Wohngebiete, nicht aber Mischgebiete oder urbane Gebiet. Dieses beschleunigte Bebauungsplanverfahren für solche kleinen Gebiete im Außenbereich ist aber (zunächst) bis zum 31.12.2022 befristet.

TIPP
Mit der Regelung der §§ 13a und 13b ist es also beispielsweise möglich, eine Innenentwicklung gemäß § 13a sowie eine Überplanung von Außenbereichsflächen für Wohnzwecke im beschleunigten Verfahren in EINEM Bebauungsplan zu verwirklichen.

V. Die Zulässigkeit von Vorhaben in besonderen Fällen

1. „Keine Regel ohne Ausnahme“
„Keine Regel ohne Ausnahme“ lautet eine Platitude, die im Baurecht durchaus ihre Berechtigung hat.

Jede Rechtsnorm, sei es nun ein Bundesgesetz oder der Bebauungsplan als gemeindliches Ortsgesetz, sieht sich vor dem Problem, eine einheitliche Regelung für Dutzende von Fällen schaffen zu müssen, obwohl keiner von ihnen mit dem anderen identisch ist. Aufgrund der Vielfalt der

Lebenssachverhalte ist es unmöglich, die Normen so zu fassen, dass der Vorstellung von Einzelfallgerechtigkeit, aber auch städtebaulicher Flexibilität immer Rechnung getragen wird. Eine allzu starre Anwendung dieser allgemein gültigen Normen kann nicht nur zu Ungerechtigkeiten im Einzelfall führen, sondern auch zur Verhinderung solcher Vorhaben, die aus städtebaulicher Sicht durchaus begrüßenswert wären. Dieses Phänomen ist nicht nur ein Problem des Bauordnungsrechts, wo die Länderbauordnungen Ausnahmen und Befreiungen (in Bayern jetzt „Abweichungen" genannt) vorsehen und sogar gestatten müssen, etwa zur Erhaltung und weiteren Nutzung von Baudenkmälern oder bei der Modernisierung von Wohnungen und Wohngebäuden. Es liegt auf der Hand, dass zum Beispiel Häuser aus den vorigen Jahrhunderten weder die Anforderungen an Brandwände noch an die Feuerbeständigkeit von Decken erfüllen. Ähnliches gilt für die Modernisierung von Vorhaben oder beim Speicherausbau, mit dem zusätzliche Wohnräume geschaffen werden können und sollen.

Auch ein Bebauungsplan ist zunächst einmal auf Typisierung und Pauschalierung ausgerichtet, weil er nicht für jedes Baugrundstück eine eigene Art der baulichen Nutzung, eine gesonderte GRZ oder GFZ festsetzen kann oder auch darf, wenn er nicht gegen den Grundsatz der Verhältnismäßigkeit und den Gleichheitssatz verstoßen will. Deshalb sieht § 31 BauGB auch für das Bauplanungsrecht die Möglichkeit vor, von den Festsetzungen des Bebauungsplans AUSNAHMEN und BEFREIUNGEN zuzulassen. Dogmatisch unterscheiden sich Ausnahmen und Befreiungen dadurch, dass die AUSNAHME im Bebauungsplan ausdrücklich oder durch Verweisung auf die Vorschriften der BauNVO vorgesehen sein muss (§ 31 Absatz 1 BauGB); demgegenüber kann von zwingenden Regeln nur BEFREIT werden, und zwar unter den besonders einschränkenden Voraussetzungen des § 31 Absatz 2 BauGB.

2. Ausnahmen

§ 31 Absatz 1 BauGB
Von den Festsetzungen des Bebauungsplans können solche Ausnahmen zugelassen werden, die in dem Bebauungsplan nach Art und Umfang ausdrücklich vorgesehen sind.

Charakteristisch für die Ausnahme ist, dass die Gemeinde in ihrem Bebauungsplan bereits an eine solche Möglichkeit gedacht hat. Entweder hat sie eine Ausnahme ausdrücklich normiert („ausnahmsweise zulässig sind..."). Oder sie verweist, wie in unserem obigen Beispiel eines Muster-Bebauungsplans, lediglich auf die entsprechende Vorschrift der BauNVO.

Wenn sie zum Beispiel in ihrem Bebauungsplan bestimmt: „Das Baugebiet wird als reines Wohngebiet im Sinne des § 3 BauNVO festgesetzt.“, so hat sie damit automatisch die Ausnahmemöglichkeit in diesem Falle des § 3 Absatz 3 BauNVO normiert. Hinsichtlich der Art der baulichen Nutzung hat nämlich bereits der Gesetz- beziehungsweise Verordnungsgeber die Notwendigkeit gesehen, trotz oder wegen der Typisierung der Baugebiete Ausnahmen zuzulassen. Sämtliche Baugebietstypen der §§ 2 bis 9 BauNVO enthalten in ihrem jeweiligen Absatz 2 die Bestimmung, was in dem jeweiligen Baugebiet grundsätzlich zulässig ist, worauf also der Grundstückseigentümer einen Rechtsanspruch hat. Daneben aber nennen alle Vorschriften in ihrem jeweiligen Absatz 3 Vorhaben, die dort AUSNAHMSWEISE zugelassen werden KÖNNEN. So sind zum Beispiel im reinen Wohngebiet nach § 3 BauNVO Wohngebäude immer zulässig, § 3 Absatz 2 BauNVO. Außerdem können ausnahmsweise zugelassen werden nach § 3 Absatz 3 BauNVO Läden und nicht störende Handwerksbetriebe oder auch Anlagen für soziale und kulturelle Zwecke. Im allgemeinen Wohngebiet nach § 4 BauNVO sind grundsätzlich zulässig: Wohngebäude, die der Versorgung des Gebiets dienenden Läden, Schank- und Speisewirtschaften, die nicht störenden Handwerksbetriebe und wiederum Anlagen für kulturelle, soziale und andere Zwecke (§ 4 II BauNVO). Ausnahmsweise können nach § 4 Absatz 3 BauNVO zugelassen werden: Betriebe des Beherbergungsgewerbes, sonstige nicht störende Gewerbebetriebe, Anlagen für Verwaltungen, Gartenbaubetriebe und Tankstellen. Entsprechendes gilt für sämtliche anderen Baugebietsarten bis zum Industriegebiet, in dem grundsätzlich Gewerbebetriebe aller Art (§ 9 Absatz 2 BauNVO) zulässig sind; ausnahmsweise können zugelassen werden: Wohnungen für Aufsichts- und Bereitschaftspersonen oder Anlagen für gesundheitliche und sportliche Zwecke (§ 9 Absatz 3 BauNVO).

Ausnahmen im Bebauungsplan

Ein Bebauungsplan, wie der oben in Abbildung 2 abgedruckte, sieht als Art der baulichen Nutzung ein reines Wohngebiet vor. Der Eigentümer eines Grundstücks im Geltungsbereich dieses Bebauungsplans möchte dort einen kleinen Lebensmittelladen errichten. Die Gemeinde befürwortet dies, weil sonst in dem gesamten Wohngebiet keine Einkaufsmöglichkeit bestünde. Sie gibt deshalb ihre Zustimmung zur Erteilung einer Ausnahme für die beantragte Baugenehmigung.

Während in diesem reinen Wohngebiet ein Antrag auf Errichtung eines Wohngebäudes gemäß § 30 Absatz 1 BauGB in Verbindung mit § 3 Absatz 2 BauNVO genehmigt werden MUSS, liegt die Genehmigung eines solchen Ladens im ERMESSEN der Gemeinde beziehungsweise des

Landratsamtes. Nach § 3 Absatz 3 BauNVO KÖNNEN Läden und nicht störende Handwerksbetriebe, die zur Deckung des täglichen Bedarfs für die Bewohner des Gebiets dienen, sowie kleine Betriebe des Beherbergungsgewerbes zugelassen werden.

Wenn es – hier in § 31 Absatz 1 BauGB oder auch anderswo – im Gesetz heißt, dass etwas zugelassen werden KANN, so bedeutet dies selbstverständlich nicht, dass die Genehmigungsbehörde hier nach eigenem Gutdünken entscheiden darf. „Kann" heißt in der Rechtssprache „nach pflichtgemäßem Ermessen" oder wie es in § 40 VwVfG heißt: „Ist die Behörde ermächtigt, nach ihrem Ermessen zu handeln, hat sie ihr Ermessen entsprechend dem Zweck der Ermächtigung auszuüben und die gesetzlichen Grenzen des Ermessens einzuhalten." Schranken ergeben sich insbesondere aus dem Gleichbehandlungsgebot und aus dem Grundsatz der Verhältnismäßigkeit und des Übermaßverbotes.

Im Falle der Erteilung einer Ausnahme nach § 31 Absatz 1 BauGB haben die Gerichte inzwischen Vorgaben gemacht, die eine deutliche Stärkung der Stellung des Bauherrn bedeuten und im Grunde darauf hinauslaufen, dass dieser einen Anspruch auf Genehmigung besitzt. Auch die Ausnahme ist Bestandteil des Bebauungsplans. Liegen die Rechtsvoraussetzungen für die Gewährung einer Ausnahme vor, dann erfordert dieser Ausnahmekatalog der Baunutzungsverordnung (also jeweils Absatz 3 der §§ 2 bis 9 BauNVO), dass die Ausnahme gewährt wird – eine für die Praxis sehr bedeutsame Rechtsprechung wie etwa die des Verwaltungsgerichtshof München im Urteil vom 20.12.2012.

Dasselbe gilt für Ausnahmen im unbeplanten Innenbereich, weil § 31 Absatz 1 BauGB im Rahmen des § 34 Absatz 2 BauGB ebenso Anwendung findet wie im Geltungsbereich eines Bebauungsplans, wie die Rechtsprechung, unter anderem der Verwaltungsgerichtshof Mannheim im Beschluss vom 26.8.2009 oder der Verwaltungsgerichtshof München im Urteil vom 20.12.2012 deutlich gemacht haben.

Wird also zum Beispiel ein Gewerbegebiet festgesetzt, so sind dort auch Vergnügungsstätten zum Bestandteil des Bebauungsplans geworden. In diesem Zusammenhang hat der Verwaltungsgerichtshof München auf die „Auffangfunktion" eines faktischen Gewerbegebietes hingewiesen und festgestellt, dass insbesondere im ländlichen Raum die Gewerbegebiete oftmals die einzige Möglichkeit zur Unterbringung von Vergnügungsstätten wie Diskotheken oder Spielhallen sind.

Für § 31 Absatz 1 BauGB setzt die Rechtsprechung weiter voraus, dass das Vorhaben ausnahmefähig ist. Es darf also nicht gegen planungsrechtliche Vorschriften verstoßen, insbesondere nicht gegen § 15 Absatz 1 BauNVO. Danach sind zum Beispiel in einem Gewerbegebiet nicht-gewerbliche Nutzungen nur dann ausgeschlossen, wenn andernfalls dort eine „qualitativ ausgewogene, gewerbliche Nutzungsstruktur" wesentlich beeinträchtigt würde.

Bei der Frage nach der Ermessenshandhabung im Rahmen einer beantragten Ausnahme hat sich der Wind insbesondere durch die Rechtsprechung des Bundesverwaltungsgerichts und der Obergerichte zugunsten des Bauherrn gedreht: Gibt es keine städtebaulichen Gründe, die der Zulassung eines Vorhabens im Wege einer Ausnahme widersprechen könnten, bleibt für eine ablehnende Ermessensentscheidung kein Raum.

3. Befreiungen

§ 31 Absatz 2 BauGB

Von den Festsetzungen des Bebauungsplans kann befreit werden, wenn die Grundzüge der Planung nicht berührt werden und

1. *Gründe des Wohls der Allgemeinheit die Befreiung erfordern oder*
2. *die Abweichung städtebaulich vertretbar ist oder*
3. *die Durchführung des Bebauungsplans zu einer offenbar nicht beabsichtigten Härte würden würde*

und wenn die Abweichung auch unter Würdigung nachbarlicher Interessen mit den öffentlichen Belangen vereinbar ist.

Im Gegensatz zur Ausnahme ermöglicht die Befreiung Abweichungen von zunächst verbindlichen Festsetzungen des Bebauungsplanes. Allerdings sind an eine Befreiung seit jeher strenge Anforderungen zu stellen. Trotzdem muss die Möglichkeit einer Befreiung bestehen, weil jeder Bebauungsplan weitgehend abstrakt und generalisierend ist. Deshalb können einzelne Festsetzungen im Bebauungsplan den Besonderheiten des einzelnen Grundstücks oder Vorhabens zuweilen nicht gerecht werden.

Im Bereich eines Bebauungsplans würde dies dazu führen, dass jede auch nur geringfügige Abweichung von den Festsetzungen des Bebauungsplans entweder zu einer Ablehnung des Bauantrages führen oder zu einer Änderung des Bebauungsplans zwingen müsste. Deswegen sieht § 31 Absatz 2 BauGB die Möglichkeit der Erteilung einer Befreiung vor. Voraussetzung ist, dass durch diese die Grundzüge der Planung nicht berührt werden. Darüber hinaus muss diese Befreiung nicht nur mit den öffentlichen Belangen, sondern auch mit den nachbarlichen Interessen vereinbar sein.

Baugrenze verhindert Tiefgarage

In einer innerstädtischen Wohn- und Geschäftsstraße in M wollte ein Grundstückseigentümer ein Bürohaus mit einigen Wohnungen in den Obergeschossen errichten. Das Grundstück war zu klein, um auf ihm die notwendige Anzahl von Stellplätzen unterzubringen. Selbst eine Tiefgarage unter dem Baukörper hätte mehrgeschossig errichtet werden müssen und wäre deshalb zu teuer gekommen. Diese Grundstücke hatten aber einen verhältnismäßig großen Vorgarten. Der Bauwerber wollte deshalb die Tiefgarage auch unter dieser Vorgartenfläche errichten, die aber außerhalb der Baugrenze lag. Er verlangte deshalb die Erteilung einer Befreiung nach § 31 Absatz 2 Nummer 2 BauGB mit der Begründung, es sei vorrangiges Ziel der Städteplanung, die Stellplätze unterirdisch anzuordnen. Die Errichtung von Tiefgaragen sei das Gebot der Stunde. Die Tatsache, dass der Jahrzehnte zurückliegende Baulinienplan der Stadt die Vorgartenfläche außerhalb der Baugrenze vorsehe, weil damals natürlich noch nicht an die Möglichkeit der Errichtung von Tiefgaragen zu denken war, rechtfertige die beantragte Befreiung.

Dieser Fall gewinnt deshalb besondere Aktualität, weil das Bundesverwaltungsgericht die Befreiung abgelehnt hatte mit der Begründung, die Anwendung der Vorschrift setze einen atypischen Einzelfall voraus. Dies aber ist nach der jetzigen Fassung des Gesetzes nicht mehr notwendig. Vielmehr verlangt § 31 Absatz 2 BauGB als maßgebliche Voraussetzung, dass die Grundzüge der Planung nicht berührt werden. Die angestrebte Befreiung darf dem planerischen Grundkonzept nicht zuwiderlaufen. In unserem Fall heißt dies, dass die Stadt durch die Festsetzung der straßenseitigen Baugrenze – dies gilt erst recht für Baulinien – eine einheitliche Straßenfront sicherstellen wollte. Das Vortreten eines oberirdischen Baukörpers vor diese Baulinie oder Baugrenze würde also wohl den Grundzügen der Planung zuwiderlaufen, was von einer unterirdischen Tiefgarage, die sich auf das Stadtbild gar nicht auswirken kann, sicher nicht gesagt werden kann. Da § 31 Absatz 2 BauGB keinen atypischen Einzelfall mehr verlangt, ermöglicht das Gesetz jetzt die Erteilung von Befreiungen auch in mehreren vergleichbaren oder sogar gleich gelagerten Fällen.

Die Befreiung muss nicht nur mit den öffentlichen Belangen, sondern auch mit den nachbarlichen Interessen vereinbar sein. Darüber hinaus nennt § 31 Absatz 2 BauGB drei weitere Voraussetzungen, ohne die eine

Befreiung ebenfalls nicht denkbar ist: Nach § 31 Absatz 2 Nummer 1 BauGB müssen Gründe des Wohls der Allgemeinheit die Befreiung ERFORDERN. § 31 Absatz 2 Nummer 1 BauGB verlangt also faktisch eine zwingende Notwendigkeit für eine solche Befreiung im Hinblick auf das WOHL DER ALLGEMEINHEIT. Gründe des Wohls der Allgemeinheit liegen danach bei dringendem Wohnbedarf vor.

Die häufigste Möglichkeit für eine Befreiung findet sich in § 31 Absatz 2 Nummer 2 BauGB. Danach muss die beantragte Abweichung lediglich STÄDTEBAULICH VERTRETBAR sein. In der Praxis sind nur wenige Fälle denkbar, in denen die oben dargestellte Grundvoraussetzung, dass die Grundzüge der Planung nicht berührt werden dürfen, nicht gleichzeitig die städtebauliche Vertretbarkeit indiziert. Allerdings ist durchaus denkbar, dass die Überschreitung einer Baugrenze die Grundzüge der Planung nicht berührt, aber genau an der gewünschten Stelle städtebaulich nicht vertretbar ist, zum Beispiel wenn die Gebäude dadurch zu nahe aneinander rücken.

Schließlich sieht § 31 Absatz 2 Nummer 3 BauGB die Möglichkeit einer Befreiung für den Fall vor, dass die Durchführung des Bebauungsplans zu einer offenbar NICHT BEABSICHTIGTEN HÄRTE führen würde. Hier dachte der Gesetzgeber an Fälle, in denen der Bebauungsplan nicht berücksichtigt hat und vielleicht auch nicht berücksichtigen konnte, dass ein Grundstück eine Hanglage besitzt, einen unglücklichen Zuschnitt oder Ähnliches. Dadurch kann im Einzelfall für den Grundstückseigentümer eine Härte entstehen, die „offenbar nicht beabsichtigt", nämlich vom Bebauungsplangeber nicht erkannt worden war. Selbstverständlich stellen wirtschaftliche Gründe, insbesondere also eine erhoffte bessere Rentabilität für den Fall der Befreiung, keine „unbeabsichtigte Härte" dar.

Darüber hinaus verlangt § 31 Absatz 2 BauGB, dass die Befreiung mit den nachbarlichen Interessen und den öffentlichen Belangen vereinbar sein muss. Insbesondere die Berücksichtigung der Interessen der Nachbarn wird uns noch näher beschäftigen. Die Vereinbarkeit mit den öffentlichen Belangen bedeutet, dass die im Bebauungsplan zum Ausdruck gekommene städtebauliche Ordnung erhalten bleiben muss. Die Befreiung muss also nach wie vor mit der vom Bebauungsplan angestrebten städtebaulichen Entwicklung zu vereinbaren sein.

In unserem obigen Beispiel mit der außerhalb der Baugrenzen geplanten Tiefgarage bedeutet dies, dass das Grundstück eben nur in einem solchen Umfang bebaut werden darf, wie auch Stellplätze innerhalb der Baugrenzen geschaffen werden können. Diese Stellplatzfrage gewinnt gerade bei Ersatzbauten eine besondere Bedeutung. Oftmals existieren Gebäude unter Verstoß gegen bauordnungsrechtliche Vorschriften, genießen aber Bestandsschutz. Werden anstelle dieses Altbestandes neue Gebäude errichtet, steht deren Genehmigung oftmals im Widerspruch zu bauordnungsrechtlichen Vorschriften wie dem Nachweis ausreichender Stellplätze, der Einhaltung notwendiger Abstandsflächen etc. Auch dies ist nicht als unbillige Härte anzusehen und deshalb kein Grund für die Erteilung einer Befreiung. Auch die eingeschränkte wirtschaftliche Ausnutzbarkeit aufgrund bauordnungsrechtlicher Vorschriften rechtfertigt die Erteilung einer Befreiung nicht; dasselbe gilt für die Schwierigkeiten einer Bebauung eines zu kleinen Grundstücks, für den höheren Kostenaufwand oder den Ausfall an Mieteinkünften.

Welche Umstände als öffentliche Belange im Sinne von § 31 Absatz 2 BauGB eine Befreiung ausschließen, lässt sich nicht generell beantworten. Darunter fällt in erster Linie die Absicht der Gemeinde, einen Bebauungsplan zu ändern, wobei maßgeblich auf den Stand der Planung abzustellen ist. Um eine Befreiung generell auszuschließen, müssen die Planungen zumindest hinreichend konkret sein.

Auch die Erteilung einer Befreiung steht im pflichtgemäßen Ermessen der Baugenehmigungsbehörde. Allerdings wurde in der Rechtsprechung die Formulierung geprägt, dass für die Ausübung dieses Ermessens nur wenig Raum besteht, wenn die Voraussetzungen für die Erteilung einer Befreiung gegeben sind. Erforderlich für eine negative Ermessensentscheidung ist, dass der Befreiung gewichtige Interessen entgegenstehen. Dagegen sieht die Rechtsprechung unter anderem das Verwaltungsgericht München im Urteil vom 28.2.2011 unter Hinweis auf Entscheidungen des Bundesverwaltungsgerichts inzwischen sogar einen Rechtsanspruch auf Erteilung einer Befreiung, wenn die Grundzüge der Planung nicht berührt werden.

Ausschließlich um Wohnbauvorhaben zu erleichtern, hat der Gesetzgeber inzwischen die Sondervorschrift des § 31 Absatz 3 BauGB geschaffen, befristet bis Ende 2026.

4. Die Zulässigkeit von Vorhaben während der Planaufstellung (§ 33 BauGB)

Bei dieser Vorschrift handelt es sich um einen Ausnahmetatbestand beziehungsweise eine Ergänzung des § 30 BauGB: ENTWEDER ist das Grundstück überhaupt noch nicht bebaubar, weil weder die Voraussetzungen des § 30 noch des § 34 oder § 35 BauGB vorliegen; das Bebauungsplanverfahren nach § 30 BauGB läuft aber bereits. ODER die Gemeinde hat beschlossen, das bestehende Baurecht, sei es nach § 30 BauGB, sei es nach § 34 oder § 35 BauGB, durch eine Bebauungsplanänderung abzuwandeln.

Die Baugenehmigung drängt
Im Westen der Stadt P ist ein Mischgebiet ausgewiesen. Der Grundstückseigentümer beabsichtigt, dort einen großflächigen Einzelhandelsbetrieb zu errichten. Um die Zweifel hinsichtlich der Genehmigungsfähigkeit im Hinblick auf § 11 Absatz 3 Nummer 2 BauNVO auszuräumen, beschließt die Stadt P, dieses Mischgebiet in ein Sondergebiet umzuwandeln. Sie erlässt eine entsprechende Bebauungsplanänderung als Satzung. Im Genehmigungsverfahren haben die Behörden geringfügige Änderungswünsche mit der Folge, dass sich die Genehmigung und Bekanntmachung des Bebauungsplans noch auf Monate hinaus verzögern wird. Im Übrigen aber sind sich alle Beteiligten und Behörden darüber einig, dass diese Bebauungsplanänderung demnächst bestandskräftig werden wird.

Um in dieser Situation den Bauwerber nun nicht Monate warten zu lassen, bis die Bebauungsplanänderung Bestandskraft erlangt und er dann endlich einen Rechtsanspruch auf Genehmigung seines Supermarktes nach § 30 Absatz 1 BauGB erhält, gibt § 33 BauGB die Möglichkeit, bereits im Vorgriff auf den zukünftigen Bebauungsplan die danach zugelassene Nutzung zu genehmigen. Da sämtliche Voraussetzungen des § 33 BauGB erfüllt sind, namentlich die öffentliche Auslegung durchgeführt und die Träger öffentlicher Belange beteiligt worden sind, das Vorhaben offenkundig auch den künftigen Festsetzungen des Bebauungsplans nicht entgegensteht, das notwendige Anerkenntnis des Antragstellers vorliegt und die Erschließung gesichert ist, erhält unser Grundstückseigentümer in P die ersehnte Genehmigung.

Liegen die Voraussetzungen des § 33 Absatz 1 BauGB, also die formelle Planreife nach Nummer 1 beziehungsweise die materielle Planreife nach Nummer 2 vor, hat der Bauherr einen Rechtsanspruch auf Genehmigung seines Vorhabens. Dagegen liegt die Erteilung einer Genehmigung im Ermessen der Behörde in den Fällen des § 33 Absatz 2 und Absatz 3 BauGB, also in den Fällen des § 4a Absatz 3 1 BauGB oder in dem Falle, dass ein Verfahren nach § 13 BauGB durchgeführt wird.

VI. Die Zulässigkeit von Vorhaben innerhalb der im Zusammenhang bebauten Ortsteile – § 34 BauGB

Auszug aus § 34 BauGB

(1) Innerhalb der im Zusammenhang bebauten Ortsteile ist ein Vorhaben zulässig, wenn es sich nach Art und Maß der baulichen Nutzung, der Bauweise und der Grundstücksfläche, die überbaut werden soll, in die Eigenart der näheren Umgebung einfügt und die Erschließung gesichert ist. Die Anforderungen an gesunde Wohn- und Arbeitsverhältnisse müssen gewahrt bleiben; das Ortsbild darf nicht beeinträchtigt werden.

(2) Entspricht die Eigenart der näheren Umgebung einem der Baugebiete, die in der aufgrund des § 9a erlassenen Verordnung bezeichnet sind, beurteilt sich die Zulässigkeit des Vorhabens nach seiner Art allein danach, ob es nach der Verordnung in dem Baugebiet allgemein zulässig wäre; auf die nach der Verordnung ausnahmsweise zulässigen Vorhaben ist § 31 Absatz 1, im Übrigen ist § 31 Absatz 2 entsprechend anzuwenden. (...)

1. Der im Zusammenhang bebaute Ortsteil

Wenn § 34 BauGB die Zulässigkeit von Bauvorhaben INNERHALB DER IM ZUSAMMENHANG BEBAUTEN ORTSTEILE regelt, so ist dabei in erster Linie an noch unbebaute Grundstücke gedacht, die innerhalb des „Burgfriedens" liegen. Den einfachsten Fall bildet hier die sog. Baulücke innerhalb einer durchgehend bebauten Straße. Drei Problembereiche sind es, die die Gerichte immer wieder beschäftigen und oftmals zu einem bösen Erwachen solcher Grundstückseigentümer führen, die ein Grundstück vermeintlich günstig erworben haben.

Zum einen ist der im Zusammenhang bebaute Ortsteil nach § 34 BauGB abzugrenzen von der Splittersiedlung. Dabei handelt es sich um kleinere Ansiedlungen wie zum Beispiel Weiler, die die rechtlichen Anforderungen an einen Ortsteil nicht erfüllen. „Ortsteil" ist ein Bebauungskomplex nur, wenn er nach der Zahl der vorhandenen Bauten ein gewisses Gewicht besitzt und auch Ausdruck einer organischen Siedlungsstruktur ist. Die Zahl der vorhandenen Bauten ist dabei nicht generell festzulegen. Im Einzelfall kann ein Bestand von nur sechs Häusern ausreichen. Nach Auffassung des Oberverwaltungsgericht Bremen stellen sieben zweigeschossige Wohngebäude noch keinen Ortsteil dar. Dagegen hat der

Verwaltungsgerichtshof Baden-Württemberg dies für fünf Wohnhäuser und fünf landwirtschaftliche Nebengebäude beziehungsweise zehn Wohnhäuser bejaht.

Der andere Problemkreis erwächst aus der Tatsache, dass die „Baulücke" im Einzelfall mehrere Grundstücke umfassen kann und womöglich zu einem Bereich wird, der eigenständige Prägung und eigenständiges Gewicht erhält.

Ein berühmtes Beispiel mag dies verdeutlichen: Im Jahre 1840 wurde inmitten der bayerischen Landeshauptstadt München der berühmte „Englische Garten" angelegt. Dieser Park liegt selbstverständlich innerhalb eines im Zusammenhang bebauten Ortsteils der Stadt München. Gleichwohl käme niemand auf die Idee, dort ein Wohnhaus errichten zu wollen mit der Begründung, es handele sich um ein Vorhaben innerhalb des im Zusammenhang bebauten Ortsteils nach § 34 BauGB.

Die Frage stellt sich also, wie groß die nach § 34 BauGB bebaubare „Baulücke" sein darf, um nicht, wie der Englische Garten, eine eigenständige Qualität als unbebaubarer Bereich zu erlangen.

Schließlich erhebt sich die schwierige Frage, welche Grundstücke am Ortsrand noch zum unbeplanten Innenbereich zählen und damit nach § 34 I BauGB grundsätzlich bebaubar sind, und welche Grundstücke bereits dem Außenbereich zuzurechnen sind, der nach § 35 BauGB und der hierzu ergangenen Rechtsprechung grundsätzlich von Bebauung freizuhalten ist. Hier entscheidet, wie wir noch sehen werden, oftmals schon ein Weg, ein Bach oder eine Geländekante darüber, ob es sich um ein wertvolles Baugrundstück oder nur um landwirtschaftlichen Grund handelt.

Die Rechtsprechung hat immer wieder versucht, Grundsätze für diese Abgrenzung zwischen Innen- und Außenbereich aufzustellen. So heißt es etwa in der Entscheidung des Bundesverwaltungsgerichts vom 14.11.1991: „Wo die Grenze eines im Zusammenhang bebauten Ortsteils und damit die Grenze zwischen Innen- und Außenbereich verläuft, lässt sich nicht unter Anwendung von geographisch-mathematischen Maßstäben bestimmen, sondern bedarf einer Beurteilung aufgrund einer ‚echten Wertung und Bewertung des konkreten Sachverhalts'". Ob ein unbebautes Grundstück, das sich einem Bebauungszusammenhang anschließt, diesen Zusammenhang fortsetzt oder ihn unterbricht, hängt davon ab, inwieweit nach der maßgeblichen Betrachtungsweise der „Verkehrsauffassung" die aufeinander folgende Bebauung trotz der vorhandenen Baulücke den Eindruck der Geschlossenheit beziehungsweise der Zusammengehörigkeit vermittelt. Dabei lässt sich nichts allgemein Gültiges darüber sagen, wie sich namentlich die Größe eines solchen unbebauten Grundstücks auf die Anwendbarkeit des § 34 BauGB auswirkt. Zwar findet die Möglichkeit, eine den Bebauungszusammenhang wahrende Baulücke anzunehmen, auch in dessen Größe eine obere Grenze, jedoch lässt sich eine absolute Zahl als Grenzwert insoweit nicht angeben. Der Verwaltungsgerichtshof Mannheim allerdings hat in seinem Urteil vom 8.7.1986 einmal konkrete Zahlen genannt, mit denen sich auch in der Praxis arbeiten lässt: Als noch zum Bebauungszusammenhang gehörig hat er zum Beispiel Bereiche mit einer Ausdehnung von 50, 60 und 90 m angesehen und einen solchen Bebauungszusammenhang selbst bei einer Ausdehnung von 130 m noch in Betracht gezogen. In jedem Fall könne bei einer Ausdehnung von zwei bis drei Bauplätzen noch von einer Baulücke gesprochen werden.

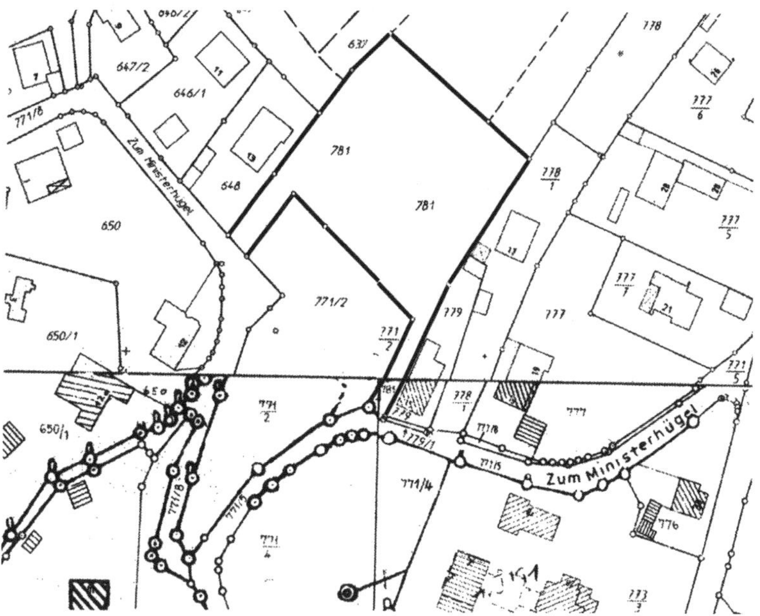

Abbildung 4 Bebauungszusammenhang

Maßstab bildend, um ein Gebiet als ortsteilprägend anzusehen, sind Bauwerke, die dem ständigen Aufenthalt von Menschen dienen. Dazu gehören aber auch – wie unter anderem das Bundesverwaltungsgericht am 18.6.1997 entschieden hat - landwirtschaftlichen oder erwerbsgärtnerischen Zwecken dienende Betriebsgebäude.

In der Praxis helfen diese theoretischen Ausführungen der höchstrichterlichen Rechtsprechung aber wenig. Hier muss man die Theorie anhand von Plänen, aber auch einer Inaugenscheinnahme an Ort und Stelle in praktische Ergebnisse umsetzen, wie dies die Verwaltungsgerichte der ersten und auch zweiten Instanz tun. Vor allem sind Unterscheidungen zwischen Innen- und Außenbereich, zwischen Ortsteil und Splittersiedlung, zwischen Einfügen und Nicht-Einfügen so auf den jeweiligen Fall zugeschnitten, dass gegen die Entscheidungen in den meisten Fällen eine Revision gar nicht statthaft ist. Hier sind keine grundsätzlichen Rechtsfragen zu klären, sondern Einzelfälle zu lösen. Im Folgenden soll deshalb versucht werden, die strittigen Rechtsfragen anhand von Beispielen und Lageplänen zu verdeutlichen.

Das Grundstück am Ministerhügel

In P am Starnberger See erwarb ein Fabrikant aus Norddeutschland ein wunderschön gelegenes Grundstück mit Blick auf den Starnberger See. Wie der als Abbildung 4 abgedruckte Lageplan zeigt, liegt dieses Grundstück mit der Flur-Nummer 781 inmitten des im Zusammenhang bebauten Ortsteiles von P. Gleichwohl lehnten Gemeinde und Landratsamt eine Bebauung dieses Grundstücks mit einem Einfamilienhaus ab. Verwaltungsgericht und Verwaltungsgerichtshof bestätigten diese Auffassung mit der Begründung: Dieses Grundstück schließe zwar sowohl im Westen wie im Osten an dichte Bebauung an. Gleichwohl sei es nicht Bestandteil und geprägt von dieser Bebauung. Es sei vielmehr Teil eines von Norden nach Süden verlaufenden Grüngürtels. Die topographischen Verhältnisse ließen es nicht zu, das Grundstück als Innenbereichsvorhaben anzusehen. Sicherlich lässt sich dieser Gedankengang anhand des Lageplanes in Abbildung 4 nachvollziehen (red. Anmerkung: Hervorhebung des Grundstücks nicht im Original).

Die Frage, wann ein unbebautes Grundstück noch durch anschließende und umliegende Bebauung geprägt ist, stellt sich selbstverständlich und erst recht auch am Ortsende, dort wo der bebaute Ortsbereich irgendwo aufhört und in die freie Landschaft, also den Außenbereich, übergeht. Als Beispiel sei hier der nachfolgende Fall genannt.

Abbildung 5 Bebauungszusammenhang

Das Grundstück am Ortsrand

R ist Eigentümer des Grundstücks Flur-Nummer 136 (siehe Abbildung 5), das dadurch gekennzeichnet ist, dass sich sowohl nach Süden wie nach Westen unbebaute, also Außenbereichsflächen anschließen. Die Besonderheit liegt aber darin, dass das Grundstück ca. 3 m höher liegt als die westlich angrenzenden Wiesen, und von diesen auch noch durch einen Bach getrennt ist. Da im Süden der Weiher liegt und dann Wald folgt, ist der südliche Teil des Grundstücks Flur-Nummer 136 die einzige Fläche, die hier noch für eine Bebauung ansteht.

Während das Verwaltungsgericht den südlichen Teil des Grundstücks Flur-Nummer 136 außerhalb des Bebauungszusammenhangs sah, verurteilte der Verwaltungsgerichtshof Gemeinde und Landratsamt, den Bau eines weiteren Hauses auf dem nördlichen Teil dieses Grundstücks zu genehmigen. Topographische Gegebenheiten, hier also der Bach und die Geländestufe, in anderen Fällen ein Fluss oder eine Straße, führen dazu, dass unbebaute, an das letzte Grundstück des Bebauungszusammenhangs anschließende Flächen noch zum Innenbereich zu zählen sind, wie die Verwaltungsgerichte inzwischen übereinstimmend judizieren, seit dem genannten Beschluss des Bundesverwaltungsgerichts vom 18.6.1997.

Grundsätzlich endet der unbeplante Innenbereich aber mit der letzten Bebauung, wie das Bundesverwaltungsgericht neuerlich am 8.10.2015 entschieden hat. Dabei haben auch beseitigte Anlagen noch eine prägende Wirkung, worauf der Verwaltungsgerichtshof Mannheim in seinem Beschluss vom 29.3.2017 neuerlich hingewiesen hat. Auf die Grundstücksgrenzen kommt es dagegen nicht an. Maßgeblich sind dabei entgegen weitverbreiteter Auffassung nicht nur Wohngebäude. Den Bebauungszusammenhang definieren auch andere Hauptgebäude, zum Beispiel Scheunen oder Ställe, wenn sie zum Hofverbund gehören.

In Verbindung mit der Definition des im Zusammenhang bebauten Ortsteiles hat das Bundesverwaltungsgericht auch den Begriff des „Außenbereichs im Innenbereich“ geprägt.

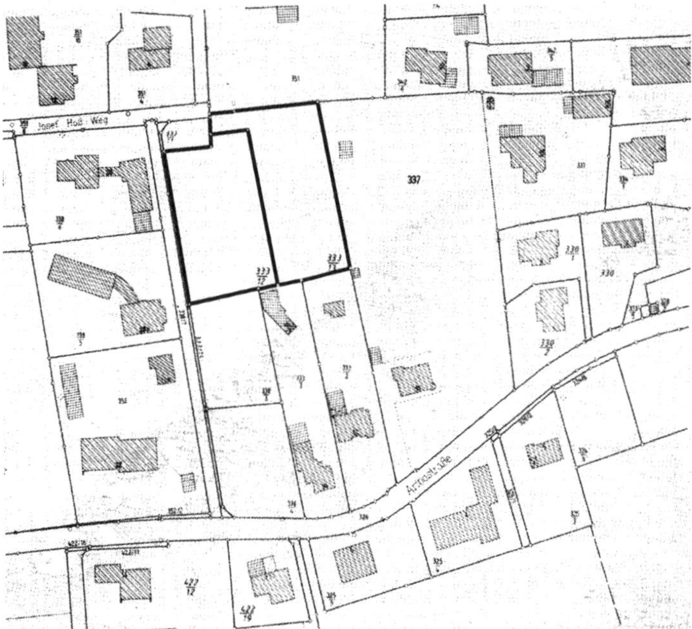

Abbildung 6 Außenbereich im Innenbereich

Außenbereich im Innenbereich
B ist Eigentümer der Grundstücke Flur-Nummer 333/12 und 333/13. Auch hier haben wir den Lageplan abgedruckt, um zu zeigen, dass das Grundstück inmitten einer geschlossenen Bebauung liegt und ohne Zweifel eine Baulücke darstellen würde, wenn es nicht mit dem benachbarten unbebauten Grundstück Flur-Nummer 337 zusammen gesehen werden müsste (red. Anmerkung: Hervorhebung der Grundstücksgrenzen nicht im Original).

Der „Außenbereich im Innenbereich" verursacht immer wieder Probleme, schon wegen seiner auf den ersten Blick gegebenen Widersprüchlichkeit in sich. Von Bedeutung ist die Frage zum einen im Rahmen des § 34 BauGB. Obwohl ein Grundstück innerhalb des Ortsbereiches liegt, kann es doch für sich genommen so groß sein, dass es von der umliegenden Bebauung nicht mehr geprägt wird. Entscheidend ist, ob das Grundstück von der umliegenden Bebauung als Baugrundstück GEPRÄGT wird, oder ob es eine eigenständige Prägung als Grünfläche besitzt.

So hatte zum Beispiel in einem vom Verwaltungsgerichtshof Mannheim entschiedenen Fall die von Wohnbebauung eingeschlossene Freifläche eine Größe von sieben bis neun Bauplätzen und etwas weniger als 10.000 m². Die Freifläche – so der Verwaltungsgerichtshof – wird damit in den Möglichkeiten ihrer Bebauung von der bereits vorhandenen Bebauung nicht mehr geprägt, sondern ist einer von der Umgebung unabhängigen städtebaulichen Entwicklung fähig. Die Anwendung des § 34 Absatz 1 BauGB scheidet in einem solchen Fall aus.

Diese Beurteilung des Bebauungszusammenhangs kann nur aufgrund tatsächlicher Feststellungen vor Ort erfolgen. Das Verwaltungsgericht etwa, das eine solche Beurteilung aufgrund einer Ortseinsicht vornimmt, kann die grundbuchmäßigen Grenzen nicht erkennen. Hieraus folgt, dass für die Beurteilung im Rahmen des § 34 BauGB nicht die rechtliche Abgrenzung nach dem Grundbuch entscheidend ist, sondern die tatsächliche Abgrenzung in der Natur. Deshalb kann auch der Flächennutzungsplan denknotwendig keine Aussagekraft für die Frage des Bebauungszusammenhanges haben, eben weil sich die Abgrenzung allein aus der vorhandenen Bebauung ableitet.

2. Der Begriff des Einfügens und die Rahmenrechtsprechung des Bundesverwaltungsgerichts

§ 34 BauGB verlangt für die Zulässigkeit eines Vorhabens im unbeplanten Innenbereich nicht nur, dass es sich um einen im Zusammenhang bebauten Ortsteil handelt. Das geplante Vorhaben muss sich auch IN DIE EIGENART DER NÄHEREN UMGEBUNG EINFÜGEN. Was dieses „Einfügen" in § 34 BauGB bedeutet, hat das Bundesverwaltungsgericht in einer Grundsatzentscheidung vom 26.5.1978 (BauR 1978, 276) bis heute verbindlich festgelegt: „Ein Vorhaben, das sich innerhalb des aus seiner Umgebung hervorgehenden Rahmens hält, fügt sich in der Regel seiner Umgebung ein." Die nähere Umgebung ist dabei der unmittelbar angrenzende Bereich, insbesondere der Straßenzug, in dem sich das zur Bebauung vorgesehene Grundstück befindet. Auch diese Beurteilung hängt wieder vom Einzelfall ab. Der Verwaltungsgerichtshof München hat in seinem Urteil vom 9.10.1989 hinsichtlich der Art der Nutzung einen Umgriff von ca. 200 m als Umgebung angesehen und deutlich darauf hingewiesen, dass die Beurteilung nicht auf das Quartier des Straßengevierts beschränkt ist, in dem sich das Baugrundstück befindet. Zur näheren Umgebung gehört auch die Bebauung auf der gegenüberliegenden Straßenseite. Nur wenn diese trennende Wirkung hat, entweder weil sie wie im Falle einer mehrspurigen Straße eine Zäsur darstellt oder wenn die Bebauung auf der anderen Straßenseite eine ganz andere Qualität hat, gilt etwas anderes. Zur näheren Umgebung kann auch eine Bebauung in der Nachbarschaft gehören, die aufgrund eines Bebauungsplanes entstanden ist, wie das Bundesverwaltungsgericht mit Beschluss vom 24.11.2009 entschieden hat.

In welcher Hinsicht sich das Vorhaben einfügen muss, beschreibt ebenfalls § 34 BauGB. Danach ist ein Vorhaben nur zulässig, wenn es sich

- nach der Art der baulichen Nutzung,
- nach dem Maß der baulichen Nutzung,
- nach der Bauweise und der überbauten Grundstücksfläche

in die Eigenart der näheren Umgebung einfügt, die Anforderungen an gesunde Wohn- und Arbeitsverhältnisse wahrt und das Ortsbild nicht beeinträchtigt. Weder das Einfügen im Sinne des § 34 Absatz 1 BauGB noch das Verunstaltungsverbot bedeuten eine starre Festlegung auf dem vorgegebenen Rahmen; sie zwingen nicht zur Uniformität und sollen erst recht nicht den individuellen Ideenreichtum blockieren. Von einer Beeinträchtigung des Ortsbildes im Sinne von § 34 Absatz 1 Satz 2 BauGB kann überhaupt nur bei herausragender Prägung des Ortsbereiches insgesamt ausgegangen werden.

3. Einfügen nach der Art der baulichen Nutzung

Zur Verdeutlichung dieses Tatbestandsmerkmales soll folgender Fall dienen:

Möbelhaus und Supermarkt

W ist Eigentümer eines großen Möbelgeschäftes mit knapp 1200 m² Geschossfläche. Da die Verkaufsfläche über 800 m² liegt, handelt es sich um einen großflächigen Einzelhandelsbetrieb im Sinne der Rechtsprechung des Bundesverwaltungsgerichts.

Diesen großflächigen Einzelhandelsbetrieb für Möbel möchte er in einen solchen zum Verkauf von Lebensmitteln umwandeln. Die untere Bauaufsichtsbehörde lehnt die beantragte Genehmigung ab mit der Begründung, das Vorhaben liege zwar im Innenbereich, füge sich aber nach der Art der baulichen Nutzung nicht in die umliegende Bebauung ein. Auf die Klage des Grundstückseigentümers hin führt das Verwaltungsgericht Regensburg auch in diesem Falle wieder einen Ortstermin durch, um festzustellen, durch welche Nutzungsarten die Umgebung geprägt ist. Die Ermittlungen vor Ort ergeben, dass dort so gut wie alles existiert, was sich an baulichen Nutzungen denken lässt, vom Einfamilienhaus bis zum Einkaufszentrum, von der Tankstelle bis zum Bürohaus. Insbesondere existieren im näheren Umkreis neben dem Einkaufszentrum ein Fachmarkt für Elektroartikel und ein großflächiger Lebensmittelmarkt. Das Verwaltungsgericht Regensburg verpflichtete deshalb das Landratsamt, die beantragte Baugenehmigung zu erteilen, mit der Begründung: „Das Vorhaben der Kläger hält sich innerhalb des vorgegebenen Rahmens. Der Rahmen wird geprägt von einer Mischung aus gewerblicher Nutzung nach § 8 BauNVO (Gewerbegebiet) und solcher nach § 11 Absatz 3 BauNVO (Sondergebiet), abgesehen von der Wohnbebauung. Deshalb passt sich das Vorhaben als gewerbliche Nutzung zwanglos ein“, wie das Verwaltungsgericht Regensburg im Urteil vom 29.9.1987 festgestellt hat.

Im Zusammenhang mit der Beurteilung des Einfügens nach der Art der baulichen Nutzung bedarf es eines Blickes auf § 34 II BauGB: Entspricht die Eigenart der näheren Umgebung einem der Baugebiete, die in der Baunutzungsverordnung bezeichnet sind, so beurteilt sich die Zulässigkeit des Vorhabens nach seiner ART ALLEIN danach, ob es nach der Verordnung in dem Baugebiet allgemein zulässig wäre. Hierzu folgender Beispielsfall:

Umbau einer Lagerhalle

Im Ortskern von P besaß W eine inzwischen ungenutzte Lagerhalle. Diese Lagerhalle wollte er zu einem nichtgroßflächigen Einzelhandelsbetrieb (also unter 800 m² Verkaufsfläche) umbauen. Im Rahmen der Klage, die W gegen die Ablehnung des Bauvorhabens erhoben hatte, führte das Verwaltungsgericht an Ort und Stelle einen Augenschein durch und stellte dabei fest, dass sich das Grundstück in einem Gebiet befand, das eindeutig als Mischgebiet im Sinne des § 6 der Baunutzungsverordnung zu qualifizieren war: In der Umgebung des Grundstücks existierten gleichermaßen Wohnhäuser und Gewerbebetriebe. Neben den Wohnhäusern befanden sich die in einem solchen Ortskern üblicherweise existierenden Läden, Gaststätten, das Rathaus, einige Handwerksbetriebe und zwei Arztpraxen.

Nach § 34 Absatz 1 BauGB fügt sich nur ein, was sich innerhalb des vorgegebenen Rahmens hält: ein Wohnhaus, wenn in der näheren Umgebung Wohnhäuser stehen, eine Gastwirtschaft, wenn in der Nachbarschaft bereits eine existiert. Danach wäre der Lebensmittelmarkt nicht zulässig, weil er kein Vorbild in der Umgebung findet. § 34 Absatz 2 BauGB erweitert dieses Spektrum, aber NUR, soweit es um die ART der baulichen Nutzung geht. Entspricht die Eigenart der näheren Umgebung einem der Baugebiete der Baunutzungsverordnung, wie wir sie oben kennen gelernt haben, so ist hinsichtlich der Art der baulichen Nutzung jedes Vorhaben zu genehmigen, das nach den Bestimmungen der Baunutzungsverordnung in einem solchen Gebiet zulässig ist. Entspricht also beispielsweise die Eigenart der näheren Umgebung einem allgemeinen Wohngebiet nach § 4 BauNVO, so ist dort nach § 4 Absatz 2 Nummer 2 BauNVO auch eine Gastwirtschaft zulässig, obwohl sich eine solche in der näheren Umgebung (noch) gar nicht findet. Entspricht die nähere Umgebung einem Mischgebiet im Sinne des § 6 BauNVO, so ist dort auch ein reines Bürogebäude nach § 6 Absatz 2 Nummer 2 BauNVO zulässig, selbst wenn bis dato ein solches in der Nachbarschaft nicht existiert. In unserem Fall entsprach die Umgebung typischerweise einem der in der BauNVO bezeichneten Baugebiete, nämlich einem Mischgebiet nach § 6 BauNVO. Gemäß § 34 Absatz 2 BauGB beurteilte sich deshalb die Zulässigkeit des beantragten Lebensmittelmarktes ALLEIN NACH § 6 BAUNVO. Nach § 6 Absatz 2 Nummer 3 BauNVO sind in einem solchen Mischgebiet auch Einzelhandelsbetriebe und damit der genannte Lebensmittelmarkt zulässig, nach neuester Rechtsprechung ggf. sogar in einem allgemeinen Wohngebiet (so zum Beispiel das Oberverwaltungsgericht Bautzen im Beschluss vom 30.8.2004).

TIPP
§ 34 Absatz 2 BauGB erweitert also die Zulässigkeit von Vorhaben hinsichtlich der Art der baulichen Nutzung. Soweit es aber um das Maß der baulichen Nutzung geht, richtet sich die Zulässigkeit wieder allein nach § 34 Absatz 1 BauGB.

4. Einfügen nach dem Maß der baulichen Nutzung
Ob sich ein Vorhaben auch nach dem Maß der baulichen Nutzung einfügt und damit nach § 34 Absatz 1 BauGB zulässig ist, richtet sich hingegen immer nur nach dieser Vorschrift und damit wiederum nach dem Grundsatzurteil des Bundesverwaltungsgerichts vom 26.5.1978. Auch hinsichtlich des Maßes der baulichen Nutzung fügt sich also ein Bauvorhaben ein, das sich innerhalb des aus seiner Umgebung hervorgehenden Rahmens hält.

Einfügen nach dem Maß der baulichen Nutzung
In B wollte Herr O sein bestehendes kleines Wohnhaus abreißen und dort ein größeres Gebäude errichten, in dem er auch sein Büro unterbringen konnte. Das Grundstück lag in der Bahnhofstraße, die auf beiden Seiten durchgehend bebaut war. Hinsichtlich der Art der baulichen Nutzung bestand also kein Zweifel an der Zulässigkeit eines solchen Wohngebäudes mit einigen Büroräumen für den Eigentümer (vergleiche § 4 BauNVO in Verbindung mit § 13 BauNVO). Gemeinde und Landratsamt widersetzten sich lediglich hinsichtlich der Größe des Bauvorhabens. Auf die Klage des Grundstückseigentümers hin ermittelte das Verwaltungsgericht München auch hier wieder den vorgegebenen Rahmen, unter Bezugnahme auf das nach wie vor maßgebende Urteil des Bundesverwaltungsgerichts vom 26.5.1978.

Das Bundesverwaltungsgericht schreibt in dem Urteil vom 26.5.1978:
Sind in der als Maßstab beachtlichen Umgebung die Grundstücke mindestens zu einem Viertel, höchstens aber zur Hälfte bebaut, so reicht im Maß der Bebauung der Rahmen von einer Grundflächenzahl 0,25 bis zur Grundflächenzahl 0,5. Haben die Häuser in der als Maßstab beachtlichen Umgebung zwei, drei oder vier Vollgeschosse, so schließt der Rahmen in dieser Richtung zwei BIS vier Vollgeschosse ein. Liegen die bebauten Flächen jeweils an der Straße oder bis zu 12 m von ihr entfernt, so ist damit in Bezug auf die überbaubaren Grundstücksflächen der Rahmen gegeben, usw.

In diesem Falle ist darauf hinzuweisen, dass es nach der neueren Rechtsprechung des Bundesverwaltungsgerichtes beim Merkmal des Einfügens in die Umgebung in erster Linie auf solche Maße ankommt, die nach außen wahrnehmbar in Erscheinung treten (also zum Beispiel Länge, Breite und Tiefe), während die relativen Maßstäbe, zu denen insbesondere die Grundflächen- und die Geschossflächenzahl rechnen, vielfach nur eine untergeordnete oder gar keine Bedeutung haben, insbesondere bei unterschiedlich großen Grundstücken. Allerdings ist nach der Rechtsprechung auch das Verhältnis von bebauter Fläche zur verbleibenden Grünfläche von Bedeutung, wie das Bundesverwaltungsgericht im Beschluss vom 3.4.2014 und der Verwaltungsgerichtshof München im Urteil vom 12.12.2013 entschieden haben. Ähnlich verhält es sich mit dem nachträglichen Dachgeschossausbau, der immer wieder Gegenstand von Prozessen ist, je nachdem, ob Gemeinde und Landratsamt für oder gegen diese einfache Vermehrung von Wohnraum sind. Im Rahmen des Einfügens nach § 34 Absatz 1 BauGB kann der Dachgeschossausbau jedenfalls über das Maß der baulichen Nutzung nicht verhindert werden. Für das Einfügen nach dem Maß der baulichen Nutzung in § 34 BauGB ist es sogar unerheblich, ob das Dachgeschoss durch den Ausbau zu einer Wohnung zu einem Vollgeschoss wird (zum Begriff des Vollgeschosses vergleiche § 20 Absatz 3 1 BauNVO in Verbindung mit den entsprechenden Bestimmungen in den Länderbauordnungen – zum Beispiel § 2 Absatz 4 SächsBO). Ein solcher Dachgeschossausbau fügt sich auch dann in die Eigenart der näheren Umgebung ein und ist damit nach § 34 Absatz 1 BauGB zulässig, wenn in der Nachbarschaft nur Gebäude mit einer geringeren Anzahl von Vollgeschossen vorhanden sind. Auch die Anzahl der Wohnungen ist kein Kriterium für das Maß der baulichen Nutzung im Rahmen des § 34 BauGB.

5. Einfügen nach der Bauweise und der Grundstücksfläche

Wenn § 34 BauGB ein Einfügen auch nach der BAUWEISE verlangt, so meint er hier in erster Linie die Unterscheidung zwischen der offenen und der geschlossenen Bauweise (vergleiche § 22 BauNVO). Sind also in der als Maßstab beachtlichen Umgebung die Grundstücke im Wesentlichen mit seitlichem Grenzabstand als Einzelhäuser, Doppelhäuser oder Hausgruppen und mit einer Länge von höchstens 50 m bebaut (§ 22 Absatz 2 BauNVO), so fügt sich eben auch nur ein Vorhaben ein, das sich an diese vorgegebene offene Bauweise hält. Herrscht dagegen die geschlossene Bauweise nach § 22 Absatz 3 BauNVO vor, sind auch die neuen Gebäude ohne seitlichen Grenzabstand zu errichten.

Problematisch ist das Einfügen hinsichtlich der GRUNDSTÜCKSFLÄCHE, die überbaut werden soll. Einige Gerichte berücksichtigen hier nicht nur die Stellung der vorhandenen Nachbargebäude, sondern auch deren Länge und Breite, so etwa der Verwaltungsgerichtshof München im Urteil vom 26.7.1991. Dies darf aber natürlich nicht zu einer sklavischen Anpassung an das Vorhandene führen. „Einfügen" bedeutet nach dem oben zitierten Grundsatzurteil des Bundesverwaltungsgerichts vom 26.5.1978 nicht Anpassung, sondern Harmonie. Verhindert werden soll lediglich, dass diese Harmonie durch Fremdkörper gestört wird. Deshalb kann ein geplantes Vorhaben auch etwas größer werden als die bis dahin in der Nachbarschaft vorhandenen Gebäude.

6. Zulässigkeit ohne Einfügen

„Einfügen“ soll und darf nach der Rechtsprechung des Bundesverwaltungsgerichts also nicht zu Gleichmacherei führen. Deshalb hat das Bundesverwaltungsgericht in der oben zitierten Entscheidung vom 26.5.1987 festgestellt, dass es nicht ausgeschlossen ist, dass sich ein Bauwerk auch mit einer niedrigeren Geschossflächenzahl als in der maßgebenden Umgebung oder mit einem zusätzlichen halben Geschoss in seine Umgebung einfügt. Das Erfordernis des Einfügens hindert nicht schlechthin daran, den vorgegebenen Rahmen zu überschreiten. Dies darf nur nicht in einer Weise geschehen, die zu einer Störung oder Belastung der Umgebung führen könnte, also, wie das Bundesverwaltungsgericht in seiner für juristische Laien nicht immer verständlichen Diktion ausführt, zu „bodenrechtlich beachtlichen und erst noch ausgleichsbedürftigen Spannungen“. So kann zum Beispiel ein Bauvorhaben zulässig sein, auch wenn es von seinem Volumen her den vorgegebenen Rahmen überschreitet. Auch solche Vorhaben können sich dennoch in diese Umgebung einfügen. Das Erfordernis des Einfügens schließt nicht aus, etwas zu verwirklichen, was es in der Umgebung bisher nicht gibt.

Eine weitere Abweichung von dem Erfordernis des Einfügens bringt die neue Vorschrift des § 34 Absatz 3a BauGB, und zwar in Fällen der Erweiterung, der Änderung, der Nutzungsänderung oder auch der Erneuerung eines zulässigerweise errichteten Gewerbe- oder Handwerksbetriebes, gemäß § 246 Absatz 8 BauGB auch zum Zwecke der Unterbringung von Flüchtlingen oder Asylbegehrenden. Ein typischer Fall: Eine Spenglerei braucht eine neue Werkshalle, um konkurrenzfähig zu bleiben. Solche alteingesessenen Betriebe sollen also nicht vertrieben werden, nur weil sie nicht mehr in das städtebauliche Gefüge passen, zum Beispiel weil in der Umgebung vermehrt Wohnbebauung entstanden ist. Genehmigungsvoraussetzung ist, dass die Änderung, aber auch die Erweiterung oder sogar Erneuerung des Betriebes städtebaulich vertretbar und unter Würdigung nachbarlicher Interessen mit den öffentlichen Belangen vereinbar ist, wie es im Gesetz heißt. Inzwischen wurde diese Vorschrift erweitert auf vorhandene bauliche Anlagen zu Wohnzwecken. Damit können solche Vorhaben, wenn sie städtebaulich vertretbar sind, zugelassen werden, auch wenn die Gebäudehülle nicht nur unwesentlich verändert oder sogar erweitert wird. Auf diese Weise kann sogar das Maß der in der näheren Umgebung vorhandenen Bebauung überschritten werden. Seit 2017 ist sogar eine nochmalige Erweiterung dieser Vorschrift in Kraft: § 34 Absatz 3a BauGB erlaubt jetzt die Umnutzung von Gewerbebetrieben in Wohngebäuden und sogar den Neubau von Wohngebäuden anstelle alter Gewerbe- und Wohnbauten.

Den gegenteiligen Weg ist der Gesetzgeber mit dem § 34 Absatz 3 BauGB gegangen. Nach dieser Vorschrift können Einzelhandelsbetriebe unzulässig sein, obwohl sie sich in die Eigenart der näheren Umgebung einfügen, nämlich dann, wenn von dem Vorhaben schädliche Auswirkungen auf zentrale Versorgungsbereiche in der Gemeinde oder in anderen Gemeinden zu erwarten sind. Die Anwendung dieser Vorschrift macht große Probleme, nicht nur der Praxis, sondern auch der Rechtsprechung. Deshalb muss hier auf die einschlägigen Kommentare verwiesen werden.

7. Die Unzulässigkeit zulässiger Vorhaben – Das Gebot der Rücksichtnahme

Im Rahmen des § 34 BauGB sind aber auch Fälle denkbar, in denen sich ein Vorhaben etwa nach der Art der baulichen Nutzung in die Umgebung einfügt und dennoch IM EINZELFALL insbesondere wegen der von ihm ausgehenden Störungen und Belästigung der Eigenart des Baugebietes widerspricht. Die Paradebeispiele hierfür sind die landwirtschaftlichen Betriebe einerseits, die Gaststätten andererseits und schließlich die störenden Gewerbebetriebe.

Der Schweinemastbetrieb

In einem kleinen Dorf in Niederbayern existieren seit Jahrzehnten Wohnhäuser und landwirtschaftliche Betriebe nebeneinander. Da mit der Aufzucht von Rindern nichts mehr verdient wird, will einer der Landwirte auf Schweinezucht umstellen. Schweinezucht- und Schweinemastbetriebe erzeugen bekanntermaßen aber einen penetranten Geruch, der in der unmittelbaren Nachbarschaft zu unzumutbaren Beeinträchtigungen führt. Da die nächsten Wohnhäuser zwischen 20 und 100 m entfernt liegen, entscheidet der Verwaltungsgerichtshof München in seinem Urteil vom 26.9.1991 gegen den Landwirt: Zwar handele es sich um ein typisches Dorfgebiet im Sinne des § 5 BauNVO. Dort seien landwirtschaftliche Betriebe gemäß § 34 Absatz 2 BauGB in Verbindung mit § 5 Absatz 2 Nummer 1 BauNVO grundsätzlich zulässig. Die Besonderheiten des Einzelfalles und das Gebot der Rücksichtnahme auf die teilweise nur 20 m entfernten Wohnhäuser aber ließen hier eine Umstellung auf Schweinemast nicht zu.

Ein Vorhaben muss sich also nicht nur in die nähere Umgebung einfügen; es muss auch Rücksicht nehmen auf die in seiner nächsten Umgebung vorhandene Bebauung. Dieses RÜCKSICHTNAHMEGEBOT geht in dem

Begriff des Einfügens auf und ist Bestandteil des § 34 Absatz 1 BauGB, wie das Bundesverwaltungsgericht schon 1981 und als Grundlage für die weitere Rechtsprechung judiziert hat.

Diese Rechtsprechung zum Gebot der Rücksichtnahme ist inzwischen Legion geworden. So ist zum Beispiel ein Tennisplatz neben einer reinen Wohnbebauung in der Regel wegen Verletzung des Rücksichtnahmegebotes gegenüber den Eigentümern der angrenzenden Wohngrundstücke unzulässig. Ein Betätigungsfeld für Juristen sind hier auch die sogenannten Gemengelagen, also die Bereiche, in denen Wohnnutzung neben gewerblicher, industrieller oder landwirtschaftlicher Nutzung besteht. Für diese Fälle hat die Rechtsprechung eine GEGENSEITIGE Pflicht zur Rücksichtnahme statuiert, das heißt, die Wohnnutzung muss mehr an Immissionen hinnehmen als außerhalb solcher Gemengelagen, während auf der anderen Seite die gewerbliche Nutzung nur in einem geringeren Umfang als etwa in reinen Gewerbe- oder Industriegebieten emittieren darf. Hier führt die Pflicht zur GEGENSEITIGEN Rücksichtnahme zur Bildung einer Art Mittelwert – auch dieses Urteil des Bundesverwaltungsgerichts vom 12.12.1975 ist ein Meilenstein in der Rechtsprechung. Auch die – tatsächliche oder plangegebene – Vorbelastung durch bereits vorhandene Betriebe, Sportanlagen unter anderem, ist zu berücksichtigen.

Selbst die üblichen und normalerweise ganz harmlosen Gaststätten beschäftigen mehr und mehr die Gerichte, wie der nachstehende Fall zeigt:

Die Dorfgaststätte wird „in“

In einem kleinen Dorf in der Nähe des Starnberger Sees existierte seit Jahrhunderten eine kleine Dorfgaststätte mit einem der für Bayern berühmten Biergärten. Diese Dorfgaststätte wurde eines Tages ausgebaut und zu einem Treffpunkt der Schickeria gemacht. Ab sofort saßen nicht mehr die 50 Dorfbewohner im Biergarten, sondern 500 und mehr Ausflügler und Touristen. An Schlaf war fortan für die Nachbarschaft nicht mehr zu denken.

Was die Beurteilung dieser Rechtslage und die Auseinandersetzung zwischen Nachbarn und Gastwirt erschwerte, war die Tatsache, dass nach § 34 Absatz 2 BauGB in Verbindung mit § 5 BauNVO in dem Dorfgebiet Wohnhäuser und Gaststätten selbstverständlich nebeneinander zulässig waren. Im konkreten Einzelfall aber führte die Nutzung der Gaststätte zu Beeinträchtigungen der Nachbarschaft, die nicht mehr hinnehmbar waren. Auf der einen Seite musste zwar der Verwaltungsgerichtshof München die Klage des Nachbarn abweisen, der eine Nutzungsuntersagung für die Gaststätte verlangt hatte, weil eben im Dorfgebiet Gaststätten neben Wohnnutzung grundsätzlich zulässig sind (§ 5 BauNVO). Auf der anderen Seite aber ließ sich über das Gebot der Rücksichtnahme und mit Hilfe des Gaststättengesetzes und der Sperrzeitverordnung erreichen, dass der Betrieb der Gaststätte vom räumlichen wie vom zeitlichen Umfang her eingeschränkt und damit wenigstens ein halbwegs erträgliches Nebeneinander der Gaststätte und des Wohnens wieder möglich wurde.

Dass es sich dabei um keinen Einzelfall handelt, zeigen die vielen Fälle der Auseinandersetzungen im Zusammenhang mit Gaststätten, Diskotheken, Biergärten etc. Alle diese Einrichtungen sind vom Grundsatz her nach § 34 Absatz 1 beziehungsweise Absatz 2 BauGB in Verbindung mit der BauNVO zulässig, weil in nahezu allen Gebieten der Baunutzungsverordnung Gaststätten neben Wohnhäusern zulässig sind, auch und insbesondere in allgemeinen Wohngebieten, in Dorf- und Mischgebieten. Gewinnt eine solche Gaststätte aber plötzlich aus irgendwelchen Gründen einen untypischen Zulauf, kann nur noch das Gebot der Rücksichtnahme helfen, wieder zu einem verträglichen Zusammenleben zu finden. Auch mit dem Nebeneinander von Asylbewerberheimen neben Wohngebäuden und vor allem mit Gewerbebetrieben in der Nähe von Wohnsiedlungen hat sich die Rechtsprechung im Rahmen des Gebots der Rücksichtnahme ständig befassen müssen.

Dieses Gebot der Rücksichtnahme hat in § 15 BauNVO sogar einen gesetzlichen Niederschlag gefunden.

Auszug aus § 15 BauNVO

Die in den §§ 2 bis 14 aufgeführten baulichen und sonstigen Anlagen sind im Einzelfall unzulässig, wenn sie nach Anzahl, Lage, Umfang oder Zweckbestimmung der Eigenart des Baugebiets widersprechen. Sie sind auch unzulässig, wenn von ihnen Belästigungen oder Störungen ausgehen können, die nach der Eigenart des Baugebiets im Baugebiet selbst oder in dessen Umgebung unzumutbar sind, oder wenn sie solchen Belästigungen oder Störungen ausgesetzt werden. (...)

Diese Bestimmung gilt unmittelbar nur für Bebauungsplangebiete, also im Rahmen der Zulässigkeit von Bauvorhaben nach § 30 BauGB. Die Vorschrift ist aber zugleich Ausdruck des Gebotes der Rücksichtnahme, das Bestandteil des Einfügens in § 34 BauGB ist (Bundesverwaltungsgericht im Urteil vom 5.8.1983). Sie nennt die Gründe, die IM EINZELFALL einem Bauvorhaben entgegengehalten werden können, obwohl es eigentlich nach §§ 30 oder 34 BauGB zulässig wäre.

Dabei haben wir uns in diesem Abschnitt nur mit der Verpflichtung DER BEHÖRDE befasst, im Rahmen der Erteilung einer Baugenehmigung auch das Gebot der Rücksichtnahme zu beachten. Von noch größerer Bedeutung ist das Gebot der Rücksichtnahme im Bereich des Nachbarrechts. Deshalb widmen wir dieser Problematik ein eigenes Kapitel (siehe 5. Kapitel).

8. Zulässigkeit aufgrund städtebaulicher Satzungen
§ 34 Absatz 4 und Absatz 5 BauGB geben der Gemeinde die Möglichkeit, die Grenzen des im Zusammenhang bebauten Ortsteiles durch Satzung festzulegen. Im Geltungsbereich dieser Satzungen beurteilt sich die Zulässigkeit von Vorhaben dann nach § 34 Absatz 1 BauGB, selbst wenn die Grundstücke wie etwa im Fall des § 34 Absatz 4 Nummer 2 BauGB nach wie vor im Außenbereich liegen. Damit werden also auch Grundstücke bebaubar, die etwa wegen ihrer Lage am Ortsrand oder in einer Splittersiedlung im Außenbereich ohne Einbeziehung in eine solche Satzung nicht bebaubar wären, wie wir oben gesehen haben.

Mit der KLARSTELLUNGSSATZUNG nach § 34 Absatz 4 Satz 1 Nummer 1 BauGB kann die Gemeinde durch Satzung die Grenzen für im Zusammenhang bebaute Ortsteile festlegen. Eine solche Satzung hat aber lediglich deklaratorischen Charakter; ihre praktische Bedeutung folgt erst aus der Verknüpfung mit der Einbeziehungssatzung in Nummer 3.

Interessanter ist schon die ENTWICKLUNGSSATZUNG nach § 34 Absatz 4 Satz 1 Nummer 2 BauGB, mit der die Gemeinde Splittersiedlungen im Außenbereich als im Zusammenhang bebaute Ortsteile festlegen kann. Wir haben oben gesehen, dass die Bebauung einer solchen Splittersiedlung nach § 34 Absatz 1 BauGB – von Ausnahmen abgesehen – ausgeschlossen ist, weil es sich nicht mehr um einen Ortsteil im Sinne dieser Vorschrift handelt. Gerade die kleineren Weiler mit sechs bis zwölf Häusern, die nach der Rechtsprechung auf der Grenze zum Ortsteil liegen, stellen einen gewissen Bebauungszusammenhang dar. Auch dort ist es oftmals aus Planungsgründen durchaus sinnvoll, dass Lücken geschlossen und vereinzelte Gebäude auch noch am Rande dieser Splittersiedlung errichtet werden. Auch dieses Satzungsrecht folgt aus der Planungshoheit der Gemeinde und gibt ihr damit die Möglichkeit, eine weitere Bebauung nach § 34 BauGB zu eröffnen, obwohl nach der strengen Rechtsprechung hier eine weiter nicht bebaubare Splittersiedlung vorläge. Voraussetzung aber ist, dass diese Flächen im Flächennutzungsplan als Bauflächen dargestellt sind. Da eine solche Darstellung im Flächennutzungsplan oftmals bereits an den Widerständen der übergeordneten Behörden scheitert, hat auch diese Vorschrift wenig praktische Bedeutung.

Ziel und Zweck der ERGÄNZUNGSSATZUNG nach § 34 Absatz 4 Satz 1 Nummer 3 BauGB (auch Einbeziehungssatzung, früher Ortsabrundungssatzung genannt) ist es, einzelne Außenbereichsflächen zur „Abrundung" des unbebauten Innenbereiches in diesen einzubeziehen mit der Folge, dass diese Grundstücke in Zukunft nach § 34 BauGB bebaut werden können. Die Zulässigkeit der Bebauung richtet sich in Zukunft also nach § 34 Absatz 1 BauGB. Diese Einbeziehung einzelner Außenbereichsflächen in den Innenbereich durch eine entsprechende Ergänzungssatzung der Gemeinde kann aber nicht nach freiem Gutdünken erfolgen. Schon der Gesetzgeber bestimmt in § 34 Absatz 5 BauGB, dass die Satzung mit einer geordneten städtebaulichen Entwicklung vereinbar sein muss. Darüber hinaus verlangt die Rechtsprechung, dass die Einbeziehung einzelner Außenbereichsflächen in den Geltungsbereich einer Satzung, mit der die Gemeinde die Grenzen für im Zusammenhang bebaute Ortsteile festlegt, sowohl hinsichtlich der Qualität wie hinsichtlich der Quantität dem Ortsteil angepasst sein muss, der ergänzt und maßvoll erweitert werden soll. Zwar verlangt der Gesetzgeber nicht mehr nur eine Abrundung, also eine Begradigung oder Vereinfachung der Grenzlinie zwischen Innen- und Außenbereich. Einbezogen werden können zukünftig auch Außenbereichsflächen, also nicht nur einzelne Grundstücke, unter der Voraussetzung, dass die einbezogenen Flächen durch die bauliche Nutzung des angrenzenden Bereichs „entsprechend geprägt" sind. Allerdings muss sich nach der Rechtsprechung, etwa des Oberverwaltungsgerichts Münster im Urteil vom 2.12.2002 die mögliche bauliche Entwicklung des Satzungsbereiches im Wesentlichen an der Nutzung des benachbarten Innenbereichs orientieren. Wenn die Gemeinde aber umfangreiche Festsetzungen nach § 9 BauGB beabsichtigt, muss sie einen Bebauungsplan aufstellen. Eine Beschränkung auf Wohnnutzung ist nicht mehr Voraussetzung. Sind in der Nachbarschaft Gewerbegrundstücke vorhanden, prägen diese eben auch die neu hinzukommenden Grundstücke dahin, dass dort wieder gewerbliche Nutzung zulässig ist. Die Satzungen müssen selbstverständlich mit einer geordneten städtebaulichen Entwicklung vereinbar sein. Außerdem erfordert die Aufstellung einer solchen Satzung, wie beim Bebauungsplan eine gerechte Abwägung der öffentlichen und privaten Belange. In ihnen können auch einzelne Festsetzungen nach § 9 Absatz 1, Absatz 2 und Absatz 4 BauGB getroffen werden, also zum Beispiel bezüglich der

Gebäudegröße, der Art der Nutzung etc. Auch für die Ergänzungssatzung gilt die naturschutzrechtliche Eingriffsregelung (siehe oben Abschnitt IV Ziffer 3). Darüber hinaus müssen nach § 34 Absatz 5 BauGB diese Satzungen nach den Vorschriften des Bebauungsplanverfahrens erlassen werden, wenn auch im vereinfachten Verfahren nach § 13 BauGB. Damit ist gewährleistet, dass den betroffenen Bürgern Gelegenheit zur Stellungnahme gegeben und die berührten Träger öffentlicher Belange beteiligt werden. Diese Vorschriften bieten die Gewähr dafür, dass nur dort Bauland ausgewiesen wird, wo dies im Einklang steht mit den aus der Sicht des Städtebaus maßgeblichen Belangen. Um eine Hand voll Grundstücke baureif zu machen, bedarf es nicht des komplizierten Bebauungsplanverfahrens. Mit den Satzungen nach § 34 Absatz 4 BauGB kann die Gemeinde verhältnismäßig einfach und in kürzerer Zeit Bauland schaffen, ohne den komplizierten und lange dauernden Weg über den Bebauungsplan gehen zu müssen, auch deshalb, weil für die Satzungen nach § 34 Absatz 4 BauGB keine Umweltprüfung vorgeschrieben ist.

Die Ergänzungssatzung bedarf der Genehmigung nur in den Fällen, in denen sie nicht aus dem Flächennutzungsplan entwickelt worden ist (außer in den Ländern, die von der Ermächtigung des § 246 Absatz 1a BauGB Gebrauch gemacht und die Anzeigepflicht für diese Satzungen normiert haben).

VII. Die Zulässigkeit von Vorhaben im Außenbereich – § 35 BauGB

Neben der Lage eines Grundstückes im Geltungsbereich eines Bebauungsplanes oder im unbeplanten Innenbereich kennt das BauGB noch einen dritten Bereich und damit einen weiteren Grundpfeiler der bauplanungsrechtlichen Zulässigkeit: Den Außenbereich, dessen bauplanungsrechtliche Zulässigkeit sich nach § 35 BauGB beurteilt. Nach der Rechtsprechung ist Außenbereich das Gebiet außerhalb des Geltungsbereiches eines Bebauungsplans und außerhalb der im Zusammenhang bebauten Ortsteile. Das BauGB definiert also den Begriff des Außenbereichs nicht positiv durch bestimmte Merkmale, sondern negativ in der Weise, dass zum Außenbereich alle Grundstücke gehören, die nicht von §§ 30 und 34 BauGB erfasst werden. Damit ist gleichzeitig ausgeschlossen, dass es Grundstücke gibt, die nicht unter §§ 30, 34 oder 35 BauGB fallen. Außenbereich ist nicht nur die freie Landschaft; hierzu können auch Bereiche innerhalb des Ortsgebietes zählen, die nicht mehr durch die umliegende Bebauung geprägt sind und deshalb einen eigenständigen Charakter, eben als „Außenbereich im Innenbereich", besitzen, wie wir oben gesehen haben. Die Zulässigkeit von Vorhaben im Außenbereich ist in § 35 BauGB geregelt. Diese Vorschrift unterscheidet im Wesentlichen drei Gruppen von Vorhaben:

- die sogenannten privilegierten Vorhaben nach § 35 Absatz 1 BauGB
- die sonstigen Vorhaben nach § 35 Absatz 2 BauGB und
- die Sondertatbestände des § 35 Absatz 4 BauGB.

1. Die sogenannten privilegierten Vorhaben nach § 35 Absatz 1 BauGB
§ 35 Absatz 1 BauGB enthält einen Katalog sog. privilegierter Vorhaben. An erster Stelle stehen land- oder forstwirtschaftliche Betriebe (Nummer 1) sowie Gartenbaubetriebe (Nummer 2).

Die Tatsache, dass es zu dieser Vorschrift eine Unzahl verwaltungsgerichtlicher Urteile gibt und sich auch das Bundesverwaltungsgericht immer wieder mit dieser Vorschrift befassen muss, hat zwei Gründe: Einerseits ist es natürlich besonders reizvoll, sich sein Domizil in der freien Landschaft, möglichst exponiert und mit weitem Blick, zu bauen. Zum anderen sind landwirtschaftliche Grundstücke am Ortsrand um ein Vielfaches billiger als die eigentlichen Baugrundstücke im Ortsbereich. Immer wieder versuchen Grundstückseigentümer deshalb, den Beweis anzutreten, dass sie Landwirte sind und deshalb einen Anspruch auf Errichtung eines privilegierten Vorhabens im Außenbereich besitzen. Die typische Fallkonstellation sieht wie folgt aus:

Die Pferdezucht des Chefarztes
Der Chefarzt eines Sanatoriums war ein ebenso leidenschaftlicher wie erfolgreicher Pferdezüchter. Nachdem seine Stallungen im Ortsbereich zu klein wurden, wollte er weitab vom Ort inmitten seiner landwirtschaftlichen Grundstücke neue Stallungen errichten, einschließlich eines herrschaftlichen Wohnhauses.

Dieser Fall wirft sämtliche Fragen auf, die im Zusammenhang mit dem Privilegierungstatbestand des § 35 Absatz 1 Nummer 1 BauGB zu prüfen sind:

An erster Stelle steht die Frage, ob auch eine Pferdezucht ein landwirtschaftlicher Betrieb sein kann. Diese Frage ist zwischenzeitlich vom Gesetzgeber entschieden worden: § 201 BauGB bestimmt, dass nicht nur die Pferdezucht, sondern auch das Einstellen von Pferden dann Landwirtschaft im Sinne des BauGB ist, wenn sie „auf überwiegend eigener

Futtergrundlage“ erfolgt. Zum Zweiten stellte sich die Frage, ob es sich bei einem solchen Vorhaben um einen landwirtschaftlichen BETRIEB handelt. Dieser Begriff wurde von der Rechtsprechung immer enger gesehen, um zu verhindern, dass sich jemand einige Wiesen pachtet, um damit als landwirtschaftlicher Betrieb sein Einfamilienhaus in der freien Landschaft errichten zu können.

Ein landwirtschaftlicher BETRIEB im Sinne des § 35 Absatz 1 Nummer 1 BauGB verlangt eine nachhaltige Bewirtschaftung und ein auf Dauer gedachtes und auf Dauer lebensfähiges Unternehmen. Dies schließt aber eine landwirtschaftliche Nebenerwerbsstelle als landwirtschaftlichen Betrieb nicht aus, wie zum Beispiel der Verwaltungsgerichtshof Mannheim mit Urteil vom 6.7.2001 entschieden hat. Indizielle Bedeutung für die Annahme der Dauerhaftigkeit und Nachhaltigkeit eines landwirtschaftlichen Betriebes hat dabei vor allem die MÖGLICHKEIT der Gewinnerzielung. Der privilegierte landwirtschaftliche Betrieb muss nach Art und Umfang geeignet sein, wirtschaftlich, d. h. mit Gewinnerzielungsabsicht, geführt zu werden. Das bedeutet jedoch nicht, dass stets und in allen Fällen die Betriebseigenschaft und damit die Privilegierung zu verneinen ist, wenn (bisher) ein Gewinn nicht erzielt und auch in absehbarer Zeit (noch) nicht zu erzielen ist. Die Gewinnerzielung ist eben nur ein Indiz. Andere Indizien für die Nachhaltigkeit der Bewirtschaftung und damit für die Betriebseigenschaft können neben und anstelle der Gewinnerzielung die Größe der landwirtschaftlichen Nutzfläche, der Bestand an Tieren und Maschinen, vor allem aber auch die Frage sein, ob die Landwirtschaft schon seit längerem besteht.

An all diesen Voraussetzungen krankte das Vorhaben des Chefarztes: Allein die Zinslast für das mit Millionenaufwand zu erstellende Betriebs- und Wohngebäude schließt die Möglichkeit der Gewinnerzielung aus, obwohl der Chefarzt als Pferdezüchter und beim Verkauf seiner Fohlen teilweise fünfstellige Beträge erzielte. Demgegenüber musste einem langjährigen und erfolgreichen Schafzüchter die Baugenehmigung für ein kleines Wohnhaus mit angeschlossenen Stallungen erteilt werden, weil er den Nachweis führen konnte, dass der Gewinn aus dieser Nebenerwerbs-Schafzucht genauso hoch war wie seine Einkünfte als hauptberuflicher Lokomotivführer.

Das zweite maßgebliche Hindernis auf dem Weg zur Genehmigung eines privilegierten Vorhabens liegt in dem Tatbestandsmerkmal des DIENENS. Dass eine Schafzucht auf eigenen Wiesen Landwirtschaft ist, lässt sich selbstverständlich gar nicht bestreiten. Eine solche Schafzucht verlangt aber nur in den seltensten Fällen die Errichtung eines Wohnhauses;

normalerweise genügt ein Unterstand oder eine Stallung. Um den Schafen einmal am Tage zusätzliches Futter zu geben, um Fischteiche angemessen versorgen zu können oder um eine nebenberuflich betriebene Imkerei mit sogar 120 Völkern betreiben zu können, bedarf es keines Wohnhauses an Ort und Stelle. Hier fehlt es an der Voraussetzung des Dienens. Im Übrigen zeigt sich die Rechtsprechung etwas widersprüchlich: Einerseits hat das Bundesverwaltungsgericht auch ein Wohnhaus für einen forstwirtschaftlichen Betrieb zugelassen und die Auffassung des Landratsamtes zurückgewiesen, der Betrieb könne ohne nennenswerte Nachteile auch von einem im Innenbereich gelegenen Gebäude aus bewirtschaftet werden. Und nach Oberveraltungsgericht Schleswig darf ein Landwirt sein Betriebsleiterwohnhaus auch dann im Außenbereich errichten, wenn sich der Betrieb auch ohne dieses Wohnhaus sachgemäß bewirtschaften ließe. Andererseits halten der Verwaltungsgerichtshof Mannheim und der Verwaltungsgerichtshof München im Urteil vom 20.7.2005 es nicht für erforderlich, dass ein Landwirt, der Feldfrüchte, also Kartoffeln, Getreide und Ähnliches erzeugt, ein neues Wohnhaus im Außenbereich neben seinen Betriebsgebäuden errichtet. Aber wird hier das Tatbestandsmerkmal des „Dienens“ nicht entgegen dem Willen des Gesetzgebers verschärft?!

Aus dem weiteren Katalog des § 35 Absatz 1 BauGB ist von einiger Bedeutung noch die Nummer 3. Nach dieser Vorschrift sind Vorhaben zulässig, die einem ortsgebundenen gewerblichen Betrieb dienen. In diesem Zusammenhang musste das Bundesverwaltungsgericht sich gleich mehrfach mit der Frage befassen, ob die Errichtung einer Transportbetonanlage im Außenbereich unter diese Vorschrift fällt. Der Betreiber einer Kiesgrube bei A. hatte dort im Laufe der Jahre ein größeres Quetschwerk errichtet und wollte in diese Kiesgrube jetzt auch noch eine Transportbetonanlage stellen. Er begründete dies damit, dass die wesentlichen Zuschlagstoffe, vom Zement abgesehen, alle in dieser Kiesgrube vorhanden waren, und damit ein Fall des § 35 Absatz 1 Nummer 3 BauGB vorliege. Das Bundesverwaltungsgericht hat dies verneint. Die Transportbetonanlage diene nicht einem ORTSGEBUNDENEN gewerblichen Betrieb. Hierzu zählen nur solche, die darauf angewiesen sind, an Ort und Stelle errichtet zu werden. Dies gilt vor allem für Abgrabungen zur Gewinnung von Gestein, Sand und Torf. Dagegen sind Transportbetonanlagen ebenso wenig wie Sägewerke ortsgebunden. Sie können und sollen sogar in Gewerbe- und vor allem Industriegebieten errichtet werden.

Unter die privilegierten Vorhaben des § 35 Absatz 1 Nummer 4 BauGB schließlich fallen in erster Linie die auf den Außenbereich angewiesenen

Sportanlagen wie Skilifte, aber auch Berg- und Jagdhütten. Daneben sind Anlagen zulässig, die wegen ihrer besonderen Zweckbestimmung, besonders aber wegen ihrer nachteiligen Wirkung auf die Umgebung, nur im Außenbereich ausgeführt werden sollen. Hierzu zählen vor allem Schweinemastbetriebe und Tierkörperbeseitigungsanlagen. Auch hier muss aber die Untersuchung im konkreten Fall ergeben, ob die Anlagen wirklich darauf angewiesen sind, im Außenbereich errichtet zu werden, oder ob nicht vielleicht doch im Innenbereich eine Möglichkeit besteht, sie ohne Beeinträchtigung der Umgebung zu errichten.

Besonderes Gewicht legt die Rechtsprechung dabei auf das Tatbestandsmerkmal „SOLLEN". Aus diesem Grunde zählen zum Beispiel Golfplätze nicht zu den privilegierten Vorhaben: Selbstverständlich können Golfplätze nur im Außenbereich gebaut werden; dies bedeutet aber nicht automatisch, dass sie dort errichtet werden SOLLEN. „Nicht jedes Vorhaben, das sinnvoll nur im Außenbereich verwirklicht werden kann, ist allein schon deshalb nach § 35 Absatz 1 Nummer 4 BauGB bevorzugt zuzulassen. Das Merkmal des ‚Sollens' in dieser Vorschrift erfordert vielmehr eine zusätzliche Bewertung. (...) Dieser Zweckbestimmung widerspräche eine Auslegung des § 35 I Nummer 4 BauGB, individuelle Erholungs- und Freizeitwünsche einzelner oder bestimmter Gruppen zu bevorzugen.", hat das Bundesverwaltungsgericht am 9.10 und 29.11.1991 entschieden. Auch bei einem Golfplatz handelt es sich also um ein sonstiges Vorhaben im Sinne des § 35 Absatz 2 BauGB, das sich mit allen öffentlichen Belangen des § 35 Absatz 3 BauGB auseinandersetzen muss. Von Rechts wegen ist deshalb auch ein Golfplatz nur über einen – auch: vorhabenbezogenen – Bebauungsplan und damit nach § 30 BauGB zulässig. Schließlich zählen zu den privilegierten Vorhaben auch solche, die der gartenbaulichen Erzeugung dienen (§ 35 Absatz 1 Nummer 2 BauGB), sowie Anlagen, die der Erforschung, Entwicklung oder Nutzung der Wind- oder Wasserenergie dienen (§ 35 Absatz 1 Nummer 6 BauGB), der Kernenergie (Nummer 7), der Solarenergie (Nummer 8).

2. Sonstige Vorhaben nach § 35 Absatz 2 BauGB

Die Vorschrift des § 35 Absatz 2 BauGB hat ein eigenartiges Schicksal. Nach ihrem Wortlaut sind nämlich auch sonstige Vorhaben im Einzelfall zulässig, wenn ihre Ausführung oder Benutzung öffentliche Belange nicht beeinträchtigt. Hierzu hat das Bundesverwaltungsgericht entschieden, dass auf die Zulassung eines solchen Vorhabens durchaus ein Rechtsanspruch bestehen kann. Dennoch ist die Zulässigkeit derartiger Vorhaben die absolute Ausnahme. Alle Verwaltungsgerichte betonen immer wieder, dass der Außenbereich grundsätzlich von jeglicher Bebauung freizuhalten ist. Es ist nicht schwer, wenigstens einen der in § 35 Absatz 3

BauGB genannten öffentlichen Belange zu finden, die durch ein solches Bauvorhaben beeinträchtigt werden: Entweder widerspricht es den Darstellungen des Flächennutzungsplanes oder es beeinträchtigt die natürliche Eigenart der Landschaft; entweder ist die Entstehung einer Splittersiedlung zu befürchten oder deren Verfestigung oder Erweiterung, wenn schon einige Gebäude vorhanden sind. Spätestens mit der Einführung des Gebotes, dass mit Grund und Boden, den natürlichen Lebensgrundlagen des Menschen, sparsam und schonend umgegangen werden muss (§ 1a Absatz 2 BauGB), ist die Tür zur Errichtung sonstiger Vorhaben im Außenbereich endgültig zugeworfen.

Eine, wenn nicht DIE Ausnahme zeigt der folgende Fall:

Baulücke und Splittersiedlung
Die Firma A wollte in einem kleinen Ort in Niederbayern zwei Doppelhäuser errichten. In dem Weiler existierten einige landwirtschaftliche Betriebe um eine Kapelle herum und einige Wohnhäuser, die im Laufe der Jahre im Wesentlichen als Austragshäuser entstanden waren.

Bei dieser Konstellation ist, wie wir oben (Seite 68) gesehen haben, fraglich, ob bereits ein Ortsteil im Sinne des § 34 BauGB vorliegt. Liegt eine Splittersiedlung vor, so ist die Auffüllung einer „Baulücke“ dann unzulässig und eine Verfestigung im Sinne des § 35 Absatz 3 1 Nummer 7 BauGB zu befürchten, wenn diese Baulückenschließung einer geordneten Siedlungsstruktur zuwiderläuft und damit städtebaulich unerwünscht ist. Das Hinzutreten weiterer Gebäude zu einer Splittersiedlung stellt aber nicht stets eine weitere Zersiedlung dar. Ausnahmsweise ist die Verfestigung nicht negativ zu beurteilen, wenn die Splittersiedlung ein gewisses Gewicht hat und sich das Vorhaben der vorhandenen Bebauung deutlich unterordnet, wie das Bundesverwaltungsgericht am 10.11.2010 entschieden hat. Das typische Beispiel ist die Schließung einer Baulücke in einer Splittersiedlung.

3. Die Sondertatbestände des § 35 Absatz 4 BauGB
Die immer restriktivere Rechtsprechung des Bundesverwaltungsgerichts zu § 35 Absatz 2 BauGB rief den Gesetzgeber auf den Plan. Dieser schuf in Absatz 4 des § 35 BauGB eine – immer größer werdende – Zahl von Ausnahmetatbeständen, die auch in der Praxis immer größere Bedeutung gewinnen, zuletzt durch § 246 Absatz 9 BauGB zur Unterbringung von Flüchtlingen oder Asylbegehrenden auch im Außenbereich.

Zu diesen Ausnahmetatbeständen zählt an erster Stelle die UMWANDLUNG VON LANDWIRTSCHAFTLICHEN GEBÄUDEN IN WOHN- UND GEWERBEGEBÄUDE, aber auch zu gewerblichen Zwecken.

Das Bauernhaus als Kfz-Werkstatt

E kauft ein landwirtschaftliches Anwesen zu dem Zweck, das Wohnhaus zukünftig selbst zu nutzen, den Stall zu einer kleinen Kfz-Werkstatt auszubauen und die Scheune als Lager- und Abstellfläche. Nachdem der alte Bauer verstorben war, war die Bäuerin zu ihren Kindern in die Stadt gezogen. Die landwirtschaftlichen Flächen hatte sie langfristig verpachtet, die Hofstelle selbst an E verkauft.

In langen Gesprächen, die sein Architekt und der beigezogene Anwalt mit dem Landratsamt führten, konnte dieses davon überzeugt werden, dass es sich hier genau um den Fall handelt, den § 35 Absatz 4 Nummer 1 BauGB im Auge hat: In einer Vielzahl von Fällen sind Landwirtskinder heute nicht mehr gewillt, das entbehrungsreiche Bauernleben fortzuführen. In vielen Fällen sind auch die Betriebe viel zu klein, um noch einen Gewinn zu erwirtschaften. Ohne die Möglichkeit des § 35 Absatz 4 Nummer 1 BauGB würden diese Häuser verfallen. Darüber hinaus stellt der Verkauf noch eine (letzte) Erwerbsmöglichkeit für den Bauern dar. Deshalb lässt der Gesetzgeber die Umwandlung dieser landwirtschaftlichen Gebäude zu, auch dann, wenn der ursprüngliche land- oder forstwirtschaftliche Betrieb vollständig aufgegeben worden ist, wie das Oberverwaltungsgericht Koblenz mit Urteil vom 27.2.2018 entschieden hat. Die Voraussetzungen für diese Umwandlung hat der Gesetzgeber in den Buchstaben a bis g neu normiert und im Einzelnen aufgelistet. Die Änderung der bisherigen Nutzung der Gebäude muss einer zweckmäßigen Verwendung erhaltenswerter Bausubstanz dienen und die äußere Gestalt des Gebäudes im Wesentlichen beibehalten. Dazu hat der Verwaltungsgerichtshof München im Urteil vom 5.2.2007 entschieden, dass mit einer Nutzungsänderung eines solchen ehemals landwirtschaftlichen Gebäudes durchaus erhebliche bauliche Änderungen im Gebäudeinneren verbunden sein dürfen. Entscheidend war bisher, dass von den Gebäudeteilen, die die äußere Gestalt bestimmen, zumindest wesentliche Teile erhalten bleiben müssen. Im Klartext hieß dies, dass insbesondere Außenwände und Dach in ihrer ursprünglichen Gestalt fortbestehen müssen, was selbstverständlich nicht ausschließt, dass zum Beispiel das Dach neu gedeckt oder Außenwandteile erneuert werden. Seit der Novelle des BauGB 2013 besteht darüber hinaus sogar die Möglichkeit, einen maroden Altbau durch einen Neubau zu ersetzen, § 35 Absatz 4 Satz 2 BauGB. Die weiteren Voraussetzungen des Absatz 4 Nummer 1 müssen aber nach wie vor erfüllt sein, also zum Beispiel, dass das

Gebäude vor mehr als sieben Jahren zulässigerweise errichtet wurde, und die Aufgabe der bisherigen Nutzung nicht länger als sieben Jahre zurückliegt. Allerdings wurden die Länder ermächtigt, diese 7-Jahres-Frist auszusetzen, wovon mehrere Bundesländer, wie zum Beispiel Bayern und Baden-Württemberg, Gebrauch gemacht haben. Unter diesen Voraussetzungen dürfen alle Gebäude, die im räumlich-funktionalen Zusammenhang mit der Hofstelle stehen, umgewandelt werden, in unserem Fall also das Wohnhaus ebenso wie die übrigen Nebengebäude. Wahlweise dürfen hier neben den bisher bereits zulässigen Wohnungen (neben der Betriebswohnung selbst also ggf. auch noch die Austragswohnung) weitere fünf Wohnungen gebaut werden, maximal also sieben. In den Nebengebäuden dürfen gewerbliche Nutzungen untergebracht werden, die allerdings, so der Obersatz des Absatz 4, „außenbereichsverträglich" sein müssen. Denkbar sind also wohl kleinere Handwerks- und sonstige Gewerbebetriebe, die sich in der Hofstelle so unterbringen lassen, dass sie die besondere Situierung im Außenbereich nicht völlig zerstören. Größere Produktionsbetriebe dagegen dürften unzulässig bleiben. Auch hier bleibt abzuwarten, was die Rechtsprechung unter „außenbereichsverträglich" versteht. Selbstverständlich scheidet nach dieser Umwandlung die Errichtung eines neuen landwirtschaftlichen Betriebes aus, wozu sich der aufgebende Landwirt ausdrücklich verpflichten muss.

Während § 35 Absatz 4 Nummer 1 BauGB die Nutzungsänderung ermöglicht, gestattet die Nummer 5 die ERWEITERUNG VON ZULÄSSIGERWEISE ERRICHTETEN WOHNGEBÄUDEN, und zwar auf höchstens zwei Wohnungen. Voraussetzung ist allerdings, dass die Erweiterung zum einen im Verhältnis zum vorhandenen Wohngebäude, zum anderen unter Berücksichtigung der Wohnbedürfnisse angemessen ist. Außerdem darf das Gebäude nur vom bisherigen Eigentümer oder seiner Familie genutzt werden.

Was die Angemessenheit des Flächenverhältnisses anbelangt, so lässt die Vorschrift zwar auch die Vergrößerung eines bestehenden Wohngebäudes zu, was aber dort seine Grenze findet, wo diese quantitative Vergrößerung in eine qualitative Veränderung des Gebäudes umschlägt. Der vom Gesetzgeber gedachte Hauptanwendungsfall ist beispielsweise die Schaffung einer Einliegerwohnung, wie das Bundesverwaltungsgericht mit Urteil vom 19.2.2004 entschieden hat. Im Übrigen muss auch eine quantitative Erweiterung des Gebäudes angemessen sein. Maßgeblich ist hierfür eine objektive Bewertung der jeweiligen familiären Wohnbedürfnisse was sich, wie das Bundesverwaltungsgericht am

31.1.2019 entschieden hat, nicht einheitlich bestimmen lässt. Angemessen für ein Familienheim mit einer Wohnung sind 130 m².

Strittig ist, ob die Ziffern 1 und 5 des § 35 Absatz 4 BauGB im Kontext gelesen werden dürfen, ob also mit anderen Worten der Erwerber eines solchen Gebäudes dieses erst einige Jahre als Wohnhaus nutzen muss, um es dann auch angemessen erweitern zu können. Wenn bei Bezug des Hauses die Größe seiner Familie bereits eine Erweiterung notwendig machte, lassen die Behörden dies richtigerweise bereits vor Bezug, also zusammen mit der Nutzungsänderung, zu.

Neben diesen in der Praxis vorrangigen Ausnahmetatbeständen des § 35 Absatz 4 BauGB ist noch hinzuweisen auf die Möglichkeit der NEUERRICHTUNG EINES GLEICHARTIGEN WOHNGEBÄUDES (Nummer 2), eines durch Brand oder andere außergewöhnliche Ereignisse zerstörten Gebäudes (Nummer 3) und der Änderung oder Nutzungsänderung von das Bild der Kulturlandschaft prägenden Gebäuden (Nummer 4).

Teurer Umbau anstelle von billigem Neubau
A erwirbt im Außenbereich ein Wohnhaus, das vor dem Krieg als Ferienhaus entstanden und im Laufe der Jahrzehnte zu einem Wohnhaus umgenutzt und auch umgebaut wurde. Als er das erworbene Anwesen renovieren und umbauen will, stellt der Architekt fest, dass das Haus keine Fundamente nach heutigen Maßstäben besitzt und die Wände durch aufsteigende Nässe massiv geschädigt sind. Die verschiedenen Anbauten setzten sich unterschiedlich mit der Folge, dass Risse entstanden. Selbstverständlich fehlten Wärme- und Schallisolierungen nach heutigem Standard, und der Dachstuhl musste ebenfalls erneuert werden, von der Erneuerung der Türen, Fenster etc. ganz abgesehen. Die Kosten für Umbau und Renovierung würden die Kosten eines Neubaus erheblich übersteigen.

Gleichwohl lehnt das Landratsamt die Genehmigung eines Ersatzbaus nach § 35 Absatz 4 Nummer 2 BauGB ab: Zwar sei das Gebäude zulässigerweise errichtet worden; auch genüge es seit der letzten Gesetzesänderung, dass das vorhandene Gebäude Missstände oder Mängel aufweist. Kernpunkt der Vorschrift aber sei die Privilegierung desjenigen, der ein solches Gebäude seit langem selbst bewohnt oder geerbt habe.

In der Tat wollte der Gesetzgeber verhindern, dass solche Wohngebäude im Außenbereich aufgekauft, abgerissen und in Form von Luxusvillen weiterverkauft werden. Der Gesetzgeber hat hier quasi einen Familienbonus geschaffen: Abgerissen und neu gebaut werden dürfen nur Gebäude, die seit längerer Zeit vom Eigentümer (oder Erblasser) selbst genutzt wurden; darüber hinaus müssen Tatsachen die Annahme rechtfertigen, dass das neu errichtete Gebäude auch in Zukunft nur für den Eigenbedarf des bisherigen Eigentümers oder seiner Familie genutzt wird.

Von praktischer Bedeutung ist schließlich die TEILPRIVILEGIERUNG GEWERBLICHER BETRIEBE IM AUSSENBEREICH.

Betonwerk im Außenbereich
Die Firma K betreibt seit Jahrzehnten im Außenbereich ein Werk zur Herstellung von Fertigbetonteilen. Dieses Werk bedarf dringend der Modernisierung. Die alten Anlagen zur Herstellung des Betons müssen erneuert werden. Außerdem muss die Halle vergrößert, insbesondere erhöht werden, um die zunehmend größeren Betonfertigteile in der Halle gießen und mit großen Krananlagen ins Freie transportieren zu können.

Nach § 35 Absatz 1 Nummer 6 BauGB fällt unter diese Privilegierung auch die bauliche Erweiterung eines zulässigerweise errichteten gewerblichen Betriebs, wenn die Erweiterung im Verhältnis zum vorhandenen Gebäude und Betrieb angemessen ist. Auch für diese Betriebe hat der Gesetzgeber einen besonderen Notstand gesehen. Im Außenbereich existiert eine Reihe von gewerblichen Betrieben, die dort teilweise sogar typisch sind. Als Beispiel hierfür sind Sägewerke und Zimmereien, aber auch Gastwirtschaften zu nennen. Alle drei fallen, wie wir oben gesehen haben, nicht unter die Privilegierungstatbestände des § 35 Absatz 1 BauGB, weil sie durchaus auch an anderer Stelle des Gemeindegebietes denkbar sind, die Gasthäuser in allen Gebietsarten, Sägewerke und Zimmereien in Gewerbe- und Industriegebieten. Auch solche Betriebe aber haben einen erheblichen Modernisierungs- und Erweiterungsbedarf: Das Sägewerk braucht womöglich eine zusätzliche Halle, weil auch dort immer mehr und immer größere Maschinen eingesetzt werden. Die Gastwirtschaft braucht schon nach dem Gaststättenbaurecht und der Arbeitsstättenverordnung immer mehr und größere Personalräume, sanitäre Anlagen etc. Da diese Erweiterungen oftmals nicht vom Bestandsschutz gedeckt sind, hat der Gesetzgeber eine Möglichkeit geschaffen, gleichwohl den erwähnten Bedürfnissen Rechnung zu tragen. Voraussetzung ist allerdings, dass die Erweiterung wieder im Verhältnis zum vorhandenen Gebäude angemessen ist, aber auch, dass die Betriebsstruktur eine solche Erweiterung erfordert wie die Gerichte, unter anderem das Bundesverwaltungsgericht am 17.2.2011 entschieden hat. Allerdings darf der Inhaber nicht mit wiederholten Betriebserweiterungen das Ziel verfolgen, ein Gesamtvorhaben in Teilakte zu zerlegen und zeitlich gestaffelt auszuführen. Außerdem begünstigt § 35 Absatz 4 Satz 1 Nummer 6

BauGB nur Erweiterungen gewerblicher Betriebe, zu denen auch Kapazitätserweiterungen gehören können, nicht jedoch strukturelle Umgestaltungen. Beispielsweise darf aus einem Handwerksbetrieb kein industrieller Fertigungsbetrieb werden.

Wenn wir in diesem Abschnitt immer wieder von Teilprivilegierung gesprochen haben, dann deshalb, weil die genannten Änderungen, Nutzungsänderungen und Erweiterungen aufgrund des § 35 Absatz 4 BauGB nicht schlechthin zulässig sind. Nach Satz 1 dieser Vorschrift kann solchen Vorhaben lediglich nicht entgegengehalten werden, dass sie Darstellungen des Flächennutzungsplanes oder eines Landschaftsplanes widersprechen, die natürliche Eigenart der Landschaft beeinträchtigen oder die Entstehung, Verfestigung oder Erweiterung einer Splittersiedlung befürchten lassen.

Die anderen in § 35 Absatz 3 BauGB genannten öffentlichen Belange aber können dem Vorhaben im Einzelfall durchaus entgegengehalten werden. Hierzu zählt insbesondere die fehlende Erschließung, die uns im nachfolgenden Abschnitt VIII auf Seite 97 eingehend beschäftigen wird.

4. Die Außenbereichssatzung – § 35 Absatz 6 BauGB

Nach dieser Vorschrift kann die Gemeinde für bebaute Bereiche im Außenbereich, die nicht überwiegend landwirtschaftlich geprägt sind und in denen eine Wohnbebauung von einigem Gewicht vorhanden ist, durch Satzung bestimmen, dass geplanten Wohnbauvorhaben wesentliche öffentliche Belange nach § 35 Absatz 3 BauGB nicht entgegengehalten werden können. Diese Satzung belässt also im Unterschied zu den oben dargestellten Satzungen die erfassten Flächen im Außenbereich, erleichtert aber die Zulässigkeit von Bauvorhaben nach § 35 Absatz 2 BauGB. Eine solche Außenbereichssatzung setzt zum einen voraus, dass im Satzungsgebiet überhaupt Bebauung vorhanden ist, zum anderen, dass eine Wohnbebauung von einigem Gewicht vorhanden ist. Das Bundesverwaltungsgericht hat dies bejaht für einen Siedlungssplitter im Außenbereich, der aus fünf Wohngebäuden und einem Handelsbetrieb bestand. Dies stellt nach Bundesverwaltungsgericht vom 13.7.2006 einen deutlichen Siedlungsansatz dar.

In den Satzungsbereich können sogar kleinere Handwerks- und Gewerbebetriebe einbezogen werden. Außerdem können in dieser Satzung nähere Bestimmungen über die Zulässigkeit oder Unzulässigkeit bestimmter Nutzungen getroffen werden. Selbstverständlich muss auch diese Satzung mit einer geordneten städtebaulichen Entwicklung vereinbar sein.

Auch das Verfahren zum Erlass dieser Außenbereichssatzung richtet sich nach § 13 BauGB. Vor ihrem Erlass muss also vor allem den betroffenen Bürgern und Trägern berührter öffentlicher Belange Gelegenheit zur Stellungnahme gegeben werden. Auch diese Satzung bedarf keiner Genehmigung mehr.

VIII. Die Sicherung der Erschließung

Die Bebaubarkeit eines Grundstücks hängt nicht nur von der planungsrechtlichen Situation ab, die wir in diesem Kapitel kennen gelernt haben. Ein Grundstück ist baulich erst dann nutzbar, wenn es an das öffentliche Straßennetz angebunden ist, wenn es im jeweils notwendigen Umfang mit Strom und Wasser versorgt, aber auch entwässert werden kann. Auch wenn oder gerade weil dieses Erfordernis so selbstverständlich ist, nennt es das Baugesetzbuch in allen Bestimmungen über die Zulässigkeit von Bauvorhaben. Sowohl nach § 30 BauGB als auch nach §§ 33, 34 und 35 BauGB ist ein Bauvorhaben nur zulässig, wenn „die Erschließung gesichert ist". Diese bauplanungsrechtliche Forderung findet ihre Ergänzung in den Länderbauordnungen, wie wir im nächsten Kapitel noch sehen werden. So dürfen Gebäude nur errichtet werden, wenn das Grundstück in angemessener Breite an einer befahrbaren öffentlichen Verkehrsfläche liegt oder wenigstens eine gesicherte Zufahrt zu dieser öffentlichen Verkehrsfläche hat, vergleiche zum Beispiel § 4 Absatz 1 LBO BW/SächsBO.

Gebäude mit Aufenthaltsräumen dürfen nur errichtet werden, wenn die Versorgung mit Trinkwasser dauernd gesichert ist. Nach Artikel 4 Absatz 1 BayBO dürfen bauliche Anlagen nur errichtet werden, wenn die einwandfreie Beseitigung der Abwässer und Niederschlagswässer dauernd gesichert ist. Trotz dieser – fast selbstverständlichen – Forderung, dass ein Grundstück zum Beispiel ohne Anbindung an das öffentliche Wegenetz nicht bebaut werden soll, müssen sich die Gerichte ständig mit dieser Problematik auseinandersetzen. Wieder steckt der Teufel im Detail.

Die scheinbar vorhandene Erschließungsstraße.
H erwirbt in einer Gemeinde am Chiemsee ein Grundstück an der Ahornstraße. Diese Straße ist circa 4 m breit, geteert und beidseitig durchgehend bebaut. Gemeinde und Landratsamt verweigern die Erteilung der Baugenehmigung, weil H ein Sechsfamilienhaus errichten

will, während auf den Nachbargrundstücken maximal vier Wohnungen in einem Haus vorhanden sind. H ruft das Verwaltungsgericht an, das keinen Zweifel daran lässt, dass es im Rahmen des § 34 BauGB gleichgültig ist, ob in dem Haus, wenn es sich nach seiner Kubatur in die umliegende Bebauung einfügt, nun vier oder sechs Wohneinheiten geschaffen werden (siehe oben Seite 79). Gleichwohl kann das Verwaltungsgericht der Klage nicht stattgeben, weil es feststellt, dass die Ahornstraße zwar ausreichend breit und geteert ist und seit Jahren der Erschließung dieses Baugebietes dient. Ein schmaler Streifen dieser Straße steht aber nach wie vor im Privateigentum (ohne dass sich die Eigentümerin hierfür interessiert hätte); außerdem ist die Straße bislang nicht als öffentliche Straße von der Gemeinde gewidmet worden.

TIPP
Bauherr und Architekt sind deshalb gut beraten, mit als erstes durch Einblick in das Wegebestandsverzeichnis zu klären, ob die Zufahrtsstraße eine öffentlich gewidmete Straße ist.

Dieser Fall soll sozusagen als Einführung zeigen, dass die tatsächliche Existenz einer Straße und deren rechtliche Voraussetzungen im Sinne der gesicherten Erschließung durchaus auseinanderfallen können.

Dies beginnt schon bei den unterschiedlichen Anforderungen an die Erschließung nach dem jeweiligen Baugebiet. Im Geltungsbereich eines Bebauungsplans beantwortet sich die Frage, ob die Erschließung gesichert ist, allein nach dessen Festsetzungen. Dagegen genügt für ein Grundstück im Außenbereich die ausreichende Erschließung, § 35 Absatz 1 BauGB. Im unbeplanten Innenbereich (§ 34 BauGB) schließlich sind nur solche Vorhaben zulässig, die sich mit der vorhandenen Erschließung abfinden können. Das Erfordernis einer (ausreichenden) Erschließung ist deshalb in der Praxis in erster Linie eine Frage nach Qualität und Quantität der Erschließungsanlagen, wie die nachfolgenden Fälle zeigen.

Das Gewerbegebiet ohne ausreichende Straßenanbindung
Die Gemeinde F wies etwas außerhalb des Ortsgebietes ein Gewerbegebiet aus. Dieses Gewerbegebiet war durch eine schmale Ortsstraße mit dem Ortszentrum verbunden. Die Ortsstraße sollte schon seit langem ausgebaut werden. Eine Einigung mit den Angrenzern konnte aber nicht erreicht werden. Die Gemeinde bezog daraufhin diese Ortsstraße nicht in den Bebauungsplan mit ein, sondern verabschiedete lediglich den Bebauungsplan für das Gewerbegebiet selbst. Aufgrund dieses Bebauungsplans wurde die Genehmigung zur Errichtung eines Zimmereibetriebes erteilt. Gegen diese Baugenehmigung legte der Nachbar, dessen Grundstück an die vorgenannte Ortsstraße anstieß, Widerspruch ein. Der Verwaltungsgerichtshof bestätigte im gerichtlichen Verfahren die Rechtswidrigkeit der erteilten Baugenehmigung mit der Begründung: „Nach dem Ergebnis der Beweisaufnahme ist das Vorhaben an der

vorgesehenen Stelle nicht genehmigungsfähig, weil auf der Ortsstraße ein gefahrloser Begegnungsverkehr (nicht einmal für Pkw) unmöglich ist und das geplante gewerbliche Vorhaben über diesen Weg nicht ordnungsgemäß erschlossen werden kann." (Verwaltungsgerichtshof München, Urteil vom 28.4.1992 – Az. 1 B 91.2098 unter Hinweis auf die Empfehlungen für die Anlage von Erschließungsstraßen der Forschungsgesellschaft für Straßen- und Verkehrswesen).

Das durch Bebauungsplan ausgewiesene Gewerbegebiet war zwar an das öffentliche Wegenetz angebunden. Die zur Erschließung konkret notwendige Straße aber war qualitativ nicht ausreichend, um als Erschließungsstraße zu genügen. Vielmehr wäre es notwendig gewesen, die Straße zu verbreitern. Weil sich die Bebauung auf dem streitgegenständlichen Grundstück mit der vorhandenen Erschließung nicht abfinden konnte, fehlte es an einer gesicherten Erschließung, wie sie die Rechtsprechung definiert.

Einer besonderen Erwähnung bedürfen die sog. Hammer- oder Hinterliegergrundstücke, die in der Praxis gar nicht selten vorkommen. Während das Hinterliegergrundstück nur über ein anderes erreichbar ist, reicht das Hammergrundstück (wie der Name sehr bezeichnend sagt) wenigstens noch mit einem schmalen Streifen („Stiel") bis an die öffentliche Straße. Ob und wann hier auch bauordnungsrechtlich von einer gesicherten Zufahrt gesprochen werden kann, richtet sich, wie schon gesagt, nach den Bestimmungen der Länderbauordnungen. Beim Hammergrundstück stellt sich die Frage, ob der zur öffentlichen Straße ragende „Hammerstiel" noch eine angemessene Breite hat (Artikel 4 Absatz 1 Ziffer 2 BayBO). Das Hinterliegergrundstück muss wenigstens eine rechtlich gesicherte Zufahrt zur öffentlichen Verkehrsfläche besitzen, und auch diese in angemessener Breite (§ 4 Absatz 1 LBO BW/ SächsBO). Während für Einfamilienhaus-Grundstücke etwa ein Zufahrtsweg von 3 m ausreicht, genügt dies für Gewerbegrundstücke nicht, vor allem wenn dort nicht nur Lkw verkehren, sondern sich diese auch begegnen. Daneben müssen alle Zufahrten ausreichend breit und befahrbar sein, um insbesondere Feuerwehr, Krankenfahrzeugen und Müllabfuhr eine problemlose Anfahrt zu ermöglichen. Bei Wohnwegen schließlich kann auf die Befahrbarkeit ganz verzichtet werden, wenn keine Bedenken wegen des Brandschutzes bestehen (Artikel 4 Absatz 2 Ziffer 1 BayBO).

Von einer öffentlich-rechtlich gesicherten Zufahrt kann nur gesprochen werden, wenn eine solche Sicherung auch zugunsten der öffentlichen

Hand besteht. Üblicherweise erfolgt diese Sicherung im Wege der Baulast (§ 71 LBO BW/§ 83 SächsBO).

Wie bereits angedeutet, sind die Anforderungen an die Erschließung von Grundstücken im Außenbereich etwas geringer. § 35 Absatz 1 BauGB verlangt lediglich, dass die ausreichende Erschließung vorhanden sein muss. Speziell für die Erreichbarkeit landwirtschaftlicher Betriebe genügt hier regelmäßig ein geschotterter Weg ohne Teerbelag. Allerdings hat das Bundesverwaltungsgericht selbst für einen Ersatzbau gemäß § 35 Absatz 4 Nummer 3 BauGB keine zusätzliche Erleichterung zugestanden, wie der nachfolgende Fall zeigt.

Das abgebrannte Wohnhaus
A war Eigentümer eines seit Jahrzehnten bestehenden Wohngebäudes im Außenbereich. Dieses Gebäude brannte 1985 vollständig ab. A beantragte daraufhin, ihm die Genehmigung zur Errichtung eines Ersatzgebäudes nach § 35 Absatz 4 Nummer 3 BauGB zu erteilen. Erreichbar war das Grundstück nur über einen Privatweg.

Das Bundesverwaltungsgericht versagte in seinem Urteil vom 31.10.1990 die Genehmigung. Es bezweifelte nicht das Vorliegen der Voraussetzungen des § 35 Absatz 4 Nummer 3 BauGB, wies aber darauf hin, dass auch nach § 35 BauGB ein Vorhaben im Außenbereich nur zulässig sei, wenn die ausreichende Erschließung gesichert ist. Dieses Erfordernis trete zu allen weiteren Voraussetzungen hinzu, ganz gleich, ob es sich um ein privilegiertes Vorhaben nach Absatz 1, ein teilprivilegiertes Vorhaben nach Absatz 4 oder ein sonstiges Vorhaben nach Absatz 2 handele. Hinsichtlich der Sicherung einer ausreichenden Erschließung von Ersatzbauten enthalte selbst § 35 Absatz 4 BauGB keine Erleichterungen. Auch Vorhaben im Außenbereich seien wegemäßig nur dann erschlossen, wenn ein öffentlicher Weg vorhanden sei. Die Tatsache, dass in der Vergangenheit das Gebäude wegen seines Bestandsschutzes auch über den Privatweg angefahren werden konnte, ändere nichts daran, dass die Erteilung einer neuen Genehmigung zur Wiedererrichtung am Fehlen eines öffentlichen Weges und damit einer ausreichenden Erschließung scheitern müsse.

Die Herstellung der Erschließungsanlagen ist zwar eine Aufgabe der Gemeinde (§ 123 Absatz 1 BauGB). Der einzelne Grundstückseigentümer hat aber keinen Rechtsanspruch auf Herstellung dieser Erschließungsanlagen (§ 123 Absatz 3 BauGB). Einen Rechtsanspruch des Grundstückseigentümers gegen die Gemeinde auf Herstellung einer Straße hat die Rechtsprechung nur in seltenen Ausnahmefällen bejaht, zum Beispiel wenn der Eigentümer in einem Bebauungsplangebiet aufgrund einer Baugenehmigung nach § 30 Absatz 1 BauGB sein Wohnhaus errichtet, während die Gemeinde den Bau der notwendigen Straße wegen angeblich fehlender Finanzmittel verweigert. Der Bauherr stand also mit einem bezugsfertigen Wohnhaus da, das mit Fahrzeugen nicht erreichbar war.

Grundsätzlich muss sich der Grundstückseigentümer mit dem Erschließungszustand abfinden, den er vorfindet. Die Erschließungsanlagen, besonders die Straße, die Wasserleitung und der Kanal, müssen bei Erteilung der Baugenehmigung noch nicht fertig gestellt sein. Es müssen aber die Voraussetzungen vorliegen, die erwarten lassen, dass die Anlagen bis zur Fertigstellung des Vorhabens funktionsgerecht benutzbar sein werden (§ 123 Absatz 2 BauGB). Der Grundstückseigentümer kann allerdings mit der Gemeinde einen Erschließungsvertrag nach § 11 Absatz 1 Nummer 1 BauGB abschließen (siehe nachstehend 5. Kapitel Abschnitt V Ziffer 2).

Die weiteren Fragen des Erschließungs- und des Erschließungsbeitragsrechts sind nicht Gegenstand dieses Buches. Die Materie ist im sechsten Teil des Baugesetzbuches kodifiziert, bezüglich der leitungsgebundenen Erschließungsanlagen für Wasser und Abwasser jedoch in den Kommunalabgabengesetzen der Länder. Dort finden sich die Antworten auf die Fragen, wer diese Anlagen herstellen muss, wann sie herzustellen sind und von wem und unter welchen Voraussetzungen sie bezahlt werden müssen. Ein besonderes Problem bei der straßenmäßigen Erschließung bilden die sog. Fernwirkungen, vor allem bei der Errichtung größerer Wohnanlagen und verkehrsintensiver Gewerbebetriebe. Besonders Einkaufszentren und großflächige Einzelhandelsbetriebe können die Straßen und speziell die Kreuzungsbereiche erheblich belasten.

Die überlastete Kreuzung
In einer Großstadt in Rheinland-Pfalz will die Firma C einen Bau- und Hobbymarkt errichten. Das Grundstück liegt in einem Mischgebiet an einer vierspurigen Straße, die kurz hinter dem Baugrundstück eine Ringstraße kreuzt. Die Stadt F versagt die beantragte Baugenehmigung mit der Begründung, der erhebliche Zu- und Abfahrtsverkehr zu den mehr als 250 Parkplätzen, besonders am Freitagnachmittag oder Samstagvormittag, würde den Verkehr im Kreuzungsbereich zusammenbrechen lassen.

Auch in diesem Fall bestanden hinsichtlich der Erschließung im eigentlichen Sinne nicht die geringsten Zweifel: Das Grundstück lag in ausreichender Frontlänge unmittelbar an einer öffentlichen Straße. Die Besonderheit lag aber darin, dass nach den eingeholten Verkehrsgutachten tatsächlich die Wahrscheinlichkeit bestand, dass sich sowohl die auf den Parkplatz einfahrenden wie die zur Kreuzung ausfahrenden Fahrzeuge in beide Richtungen zurückstauten und damit im Kreuzungsbereich zur Stoßzeit ein Verkehrschaos verursachen würden. Deshalb verlangt die Rechtsprechung unter der Überschrift einer gesicherten Erschließung in solchen Fällen, das Vorhaben dürfe nicht dazu führen, dass die Sicherheit und Leichtigkeit des Verkehrs ohne zusätzliche Erschließungsmaßnahmen wie Verbreiterung der Straße oder Schaffung von Abbiegespuren nicht mehr gewährleistet sei.

Was für die verkehrsmäßige Erschließung gilt, gilt entsprechend auch für die Abwasserbeseitigung. Diese ist so einzurichten, dass eine Beeinträchtigung des Wohls der Allgemeinheit ausgeschlossen ist. Deshalb setzt eine ordnungsgemäße Abwasserbeseitigung in der Regel den Anschluss an die öffentliche Kanalisation voraus.

In der Praxis allerdings fehlt in vielen, besonders in kleineren Gemeinden, eine solche öffentliche Kanalisation mit der entsprechenden Kläranlage. Deshalb besteht stattdessen die Möglichkeit, die Abwässer in Form einer sogenannten Drei-Kammer-Ausfaulgrube vorzuklären und anschließend entweder in einen Vorfluter einzuleiten, in den Untergrund versickern zu lassen oder auf dem Grundstück zu verrieseln. Diese Möglichkeit muss aber von den Wasserbehörden geprüft und nach den bundes- und landesrechtlichen Wassergesetzen genehmigt werden. Dabei kann es etwa sein, dass kein Vorfluter in der Nähe existiert, der Untergrund für eine Versickerung nicht geeignet oder das Grundstück für eine Verrieselung zu klein ist. In diesen Fällen ist es durchaus möglich, dass das Bauvorhaben zwar planungsrechtlich zulässig ist, aber an dem Erfordernis der gesicherten (abwassermäßigen) Erschließung scheitert.

Das Bauordnungsrecht

Während das Bauplanungsrecht Bundesrecht ist, fällt das Bauordnungsrecht in die Zuständigkeit der Länder. Die 16 Landesbauordnungen regeln die Zuständigkeit der Behörden und den Ablauf der Genehmigungsverfahren. In die Zuständigkeit der Länder fallen auch die technischen Vorschriften, und die bauordnungsrechtliche Seite der Erschließung, wozu auch der Stellplatznachweis gehört, vor allem aber das Abstandsflächenrecht.

3. Das Bauordnungsrecht

I. Der Begriff des Vorhabens

Neben dem materiell-rechtlichen Fragen müssen wir uns mit dem Genehmigungsverfahren beschäftigen: Für welche Vorhaben brauche ich eine Genehmigung, für welche nicht? Welche Bauvorhaben müssen nur angezeigt werden, und für welche muss ein umfangreiches Genehmigungsverfahren durchgeführt werden?

Vom Grundsatz her bedarf nicht nur die Errichtung, sondern auch die Änderung und die Nutzungsänderung baulicher Anlagen der Baugenehmigung. Ebenso gelten die bauplanungsrechtlichen Vorschriften der §§ 30 ff. BauGB nicht nur für Vorhaben, die die Errichtung von baulichen Anlagen zum Inhalt haben, sondern auch für deren Änderung oder Nutzungsänderung, § 29 Absatz 1 BauGB, ja sogar für Aufschüttungen und Abgrabungen, insbesondere für die Anlage von Lagerplätzen.

Errichtung einer Pkw-Verkaufsfläche
R ist Eigentümer eines Grundstücks, auf dem er eine Kfz-Werkstatt betreibt. Das Grundstück liegt im Geltungsbereich eines Bebauungsplans. Dieser sieht für den westlichen Teil des Grundstücks, dort, wo der Kfz-Betrieb steht, ein Gewerbegebiet vor. Der östliche Teil des Grundstücks liegt außerhalb der Baugrenzen und damit außerhalb des bebaubaren Bereiches. Diese Fläche nutzt R, der neben seiner Werkstatt noch einen Handel mit gebrauchten Pkw betreibt, zunehmend als Abstell- und Verkaufsfläche für Pkw. Zu diesem Zweck hat er die Fläche nach und nach befestigt und geteert. Eines Tages erreicht R ein Schreiben des zuständigen Landratsamtes. In diesem wird er darauf hingewiesen, dass er seinen Gebrauchtwagenhandel auf der östlichen Grundstückshälfte sofort einstellen und die Fläche wieder in den ursprünglichen Zustand versetzen und rekultivieren müsse.

R, dem dieses Schreiben des Landratsamtes völlig unverständlich ist, muss sich belehren lassen, dass es durchaus der Rechtslage entspricht. Die vorgenommene Aufschüttung und anschließende Teerung ist nicht genehmigungsfrei, weil sie mehr als 500 m^2 Grundfläche ausmacht (Artikel 57 Absatz 1 Nummer 9 BayBO; Anhang zu § 50 LBO BW Nummer 11e). Für die Anlage dieses Lagerplatzes braucht R also eine Baugenehmigung, die er nicht besitzt. Reicht er jetzt nachträglich einen Bauantrag ein, so kann dieser nicht genehmigt werden, weil das Vorhaben nach § 30 BauGB nicht zulässig ist. Der betreffende Teil des Grundstücks liegt nämlich außerhalb der Baugrenzen und auch § 14 BauNVO greift hier nicht. Als sonstiges Vorhaben im Außenbereich stehen ihm die in § 35 Absatz 3 BauGB genannten öffentlichen Belange entgegen. Insbesondere widerspricht das Vorhaben den Darstellungen des Flächennutzungsplanes und beeinträchtigt Belange des Naturschutzes sowie die natürliche Eigenart der Landschaft.

Nicht nur solche künstlich geschaffenen Abstell- und Verkaufsplätze gelten als bauliche Anlagen und müssen deshalb vor ihrer Errichtung genehmigt werden; dasselbe gilt auch für

- Aufschüttungen und Abgrabungen (also zum Beispiel Kies-, Sand- und Lehmgruben),
- Lagerplätze, Abstellplätze und Ausstellungsplätze,
- Camping-Plätze, Wochenendplätze, Zeltplätze, Spiel und Sportflächen,
- Gerüste.

Genehmigungspflichtig sind auch ÄNDERUNGEN IN DER ART DER NUTZUNG eines Gebäudes, selbst wenn dort nicht eine einzige Wand versetzt wird. So entstand in dem nachstehend geschilderten Fall der Ärger allein deshalb, weil der Eigentümer dieses Hauses einige Räume in Zukunft nicht mehr als Wohnräume, sondern freiberuflich nutzen wollte.

Die Nutzungsänderung
S ist Architekt und Eigentümer eines sehr großen, dreigeschossigen Wohnhauses in B. Nachdem seine Kinder aus dem Haus sind, will er sein Büro in dieses Wohnhaus verlegen, und zwar in die ersten beiden Stockwerke, während er nur noch das dritte bewohnen will. Er beantragt beim zuständigen Landratsamt, ihm diese Nutzungsänderung der Wohnräume in den unteren beiden Stockwerken in Büroräume zu genehmigen. Das Landratsamt versagt die Genehmigung mit der Begründung, das Gebäude liege in einem reinen Wohngebiet nach § 30 BauGB in Verbindung mit § 3 BauNVO. Auch § 13 BauNVO finde keine Anwendung.

Nach § 3 BauNVO ist ein solches Bürogebäude in einem reinen Wohngebiet unzulässig. Es zählt weder zu den nach § 3 BauNVO in einem derartigen Gebiet allgemein oder ausnahmsweise zulässigen Vorhaben, noch ist es gemäß § 13 BauNVO zulässig. Diese Vorschrift ermöglicht es nur, in reinen und allgemeinen Wohngebieten EINZELNE Räume oder Wohnungen freiberuflich oder in ähnlicher Weise zu nutzen. Der Charakter des Gebäudes als Wohnhaus muss dabei jedoch gewahrt bleiben. Dies bedeutet, dass die Bürofläche nicht mehr als 50 % der Gesamtfläche ausmachen darf und das Gebäude darf nicht mehr Büros aufweisen als die halbe Anzahl an Wohnungen.

Ebenso problematisch ist die Nutzungsänderung bei Handelsbetrieben. So hat das Bundesverwaltungsgericht die Änderung eines Großhandels- in einen Einzelhandelsbetrieb als genehmigungspflichtige Nutzungsänderung angesehen. Dagegen stellt nach dieser Entscheidung die Sortimentsänderung selbst noch keine genehmigungspflichtige Nutzungsänderung dar. Als Nutzungsänderung anzusehen ist aber immer die Umwandlung eines Ladens in eine Vergnügungsstätte oder einer Gaststätte in eine Spielhalle. Auch die Umwandlung von Betriebswohnungen in allgemeine, frei verfügbare Wohnungen stellt eine Nutzungsänderung dar. Auf welch schmalem Grat man sich hier bewegt, zeigt die Vorschrift des Artikel 57 Absatz 4 Nummer 1 BayBO: Unter Umständen liegt zwar eine Nutzungsänderung vor; diese bedarf nur dann keiner Baugenehmigung, wenn für die neue Nutzung keine anderen öffentlich-rechtlichen Vorschriften gelten als für die bisherige. Dies dürfte nur selten der Fall sein. Denn solche öffentlich-rechtlichen Vorschriften sind sämtliche Bestimmungen des Bauordnungsrechts, aber auch die des Bauplanungsrechts:

Das Hotel wird zum Altenheim

A war Eigentümer eines Hotels, idyllisch außerhalb der Ortschaft im Außenbereich liegend. Dieses Hotel wollte er in Zukunft als Altersheim weiterführen. Irgendwelche Umbaumaßnahmen waren dazu nicht notwendig. Gleichwohl untersagte das zuständige Landratsamt die Nutzungsänderung.

Das Bundesverwaltungsgericht bestätigte in letzter Instanz die Richtigkeit dieser Entscheidung mit seinem Urteil vom 25.3.1988. Der Übergang von einer Hotel- zu einer Altersheimnutzung sei ein genehmigungspflichtiges Vorhaben, weil diese Nutzungsänderung allein im Hinblick auf die andersartigen Bedürfnisse insbesondere alter und behinderter Menschen neue städtebauliche Probleme aufwerfen könne. Auch ohne dass das bestehende Gebäude in seinem baulichen Zustand irgendwie verändert werden müsse, falle allein die Änderung in der Nutzung der bestehenden Anlage unter §§ 29 ff. BauGB.

Was für diese Umwandlung eines Hotels in ein Altenheim gilt, gilt auch für die Umwandlung von Wohnungen in Büros oder von Großhandelsgeschäften in Einzelhandelsbetriebe. Gerade diese Entscheidungen des

Bundesverwaltungsgerichts vom 3.2.1984 machen deutlich, wie weit der Begriff der Nutzungsänderung reicht, insbesondere, dass Nutzungsänderungen überhaupt nichts zu tun haben mit irgendwelchen baulichen Maßnahmen. Trotzdem beziehungsweise deshalb ist im Rahmen der Nutzungsänderung auch das Bauplanungsrecht entscheidend zu berücksichtigen.

II. Bauaufsichtsbehörden und Verwaltungsverfahren – Zuständigkeit

Auch wenn der Behördenaufbau in den einzelnen Bundesländern unterschiedlich ist: Zuständig für die Erteilung einer Baugenehmigung ist überall die „untere Bauaufsichtsbehörde“, Artikel 53 Absatz 1 BayBO, in Baden-Württemberg untere Baurechtsbehörde genannt, § 48 Absatz 1 LBO BW. Untere Bauaufsichts- beziehungsweise Baurechtsbehörden sind die Landkreise, kreisfreien Städte und großen Kreisstädte, unter besonderen Voraussetzungen auch Verwaltungsgemeinschaften. Untere Bauaufsichts- beziehungsweise Baurechtsbehörde – und darauf kann nicht oft genug hingewiesen werden – sind also NICHT die kreisangehörigen Gemeinden.

TIPP
Oft ist die gut gemeinte Empfehlung eines Bürgermeisters, ein Grundstück zu kaufen, weil es „ohne Zweifel“ bebaut werden könne, baurechtlich ohne Bedeutung.

Eine rechtsverbindliche Zusage kann nur von der zuständigen Genehmigungsbehörde ergehen, und auch dort wiederum nur vom zuständigen juristischen Staatsbeamten. Leider sind die Fälle Legion, in denen jemand auf die Empfehlung eines freundlichen Bürgermeisters hin sechsstellige Summen für ein Baugrundstück ausgegeben hat, das sich hinterher im Genehmigungsverfahren als nicht oder jedenfalls nicht in der gewünschten Weise bebaubar herausstellte.

Da die Aufgaben der Bauaufsichtsbehörden Staatsaufgaben sind, finden auf den Verfahrensablauf auch noch die Verwaltungsverfahrensgesetze des Bundes (VwVfG) und der Länder Anwendung. Kontrolliert werden die unteren Bauaufsichtsbehörden von den oberen beziehungsweise höheren Bauaufsichtsbehörden. Dabei ist dieser Behördenaufbau in den verschiedenen Ländern unterschiedlich. In Baden-Württemberg oder Hessen zum Beispiel obliegt diese Dienstaufsicht und damit das Weisungsrecht dem Regierungspräsidium, in Bayern den Bezirksregierungen, in Sachsen der Landesdirektion. Thüringen hat diese Aufgabe auf ein gemeinsames Landesverwaltungsamt mit drei Außenstellen übertragen. Diese Behörden sind vor allem auch zuständig für die Genehmigung von Flächennutzungs- und Bebauungsplänen, soweit einzelne Bundesländer dies nicht wieder auf die unteren Bauaufsichtsbehörden delegiert haben. Außerdem werden wir diese höhere Bauaufsichtsbehörde noch im Widerspruchsverfahren gegen die Erteilung oder Nicht-Erteilung einer Baugenehmigung kennen lernen. Über diesen wiederum steht als oberste Bauaufsichtsbehörde der für das Bauordnungsrecht des Landes zuständige Minister (in den Ländern Saarland und Schleswig-Holstein sowie in Bremen, Berlin, Brandenburg und Hamburg ist der betreffende Behördenaufbau nur zweistufig).

III. Genehmigungsfreie, genehmigungsbedürftige und anzeigepflichtige Vorhaben

Wer ein Grundstück bebauen will, bedarf einer Baugenehmigung. Dies ist, wie wir gesehen haben, eine Folge des Artikel 14 Absatz 1 GG. Inhalt und Schranken der Baufreiheit müssen durch die Gesetze eingegrenzt und näher bestimmt werden. Auch und gerade das Bauen ist mit so weitreichenden Folgen für den Einzelnen und die Allgemeinheit, für unsere Städte und Landschaften verbunden, dass eine präventive Kontrolle des Bauens bislang für zwingend notwendig erachtet wurde.

In ihrem Bemühen, die Aufsichtsbehörden zu entlasten und das Baugenehmigungsverfahren (angeblich) bürgerfreundlicher zu gestalten, haben die Länder zum einen den Katalog der genehmigungs- beziehungsweise verfahrensfreien Vorhaben erweitert. Zum anderen haben sie inzwischen für bestimmte Vorhaben das Anzeige- oder Kenntnisgabe- beziehungsweise Freistellungsverfahren eingeführt. Baden-Württemberg hat deshalb eine Wahlmöglichkeit zwischen Kenntnisgabeverfahren und Erteilung einer Baugenehmigung geschaffen, § 51 Absatz 5 LBO BW. Schließlich haben die Länder das Prüfprogramm für die meisten genehmigungspflichtigen Vorhaben massiv eingeschränkt, indem sie das vereinfachte Genehmigungsverfahren geschaffen haben.

1. Genehmigungs-/verfahrensfreie Vorhaben

Früher waren so gut wie alle Bauvorhaben, sowohl die Errichtung wie die Änderung oder Nutzungsänderung, genehmigungspflichtig. Die Genehmigungsfreiheit beschränkte sich auf (mehr oder weniger) unbedeutende bauliche Anlagen. Diese verfahrensfreien Bauvorhaben sind im Einzelnen aufgeführt und detailliert beschrieben, in Baden-Württemberg zum Beispiel in einer mehrseitigen Anlage zu § 50 LBO, in Bayern in Artikel 57 BayBO, in Sachsen in § 61 SächsBO. Dabei darf nicht übersehen werden, dass auch verfahrensfreie Vorhaben nicht gegen die bauplanungs- und bauordnungsrechtlichen Bestimmungen im Übrigen verstoßen dürfen. So bedarf zum Beispiel die Errichtung kleinerer Gebäude ohne Aufenthaltsräume keiner Genehmigung. Gleichwohl läuft der Grundstückseigentümer Gefahr, dieses wieder abreißen zu müssen, wenn es unter Verstoß gegen die Abstandsflächenvorschriften errichtet worden ist. Trotzdem wird der Katalog der Vorhaben, die nicht nur ohne Genehmigung, sondern sogar ohne vorherige Anzeige errichtet werden dürfen, immer umfangreicher und umfasst zum Beispiel Grenzgaragen bis 50 m², nicht im Außenbereich gelegene Gebäude ohne Feuerungsanlagen bis 75 m³ und anderes mehr, vergleiche Artikel 57 BayBO.

Die Grenzgarage des Nachbarn
Als A aus seinem vierwöchigen Sommerurlaub zurückkehrt, reibt er sich verwundert die Augen. Unmittelbar an der Grundstücksgrenze hat sein Nachbar ein Gebäude erstellt, das mit seiner Länge von 8 m und einer Firsthöhe von 5 m eine erhebliche Beeinträchtigung der Sonneneinstrahlung und damit der Belichtung seines kleinen Gartens bedeutet. A rennt sofort zum Landratsamt, wo er erfährt, dass sein Nachbar für dieses Gebäude in der Tat keine Baugenehmigung benötigt, weil es sämtliche Voraussetzungen des Artikel 57 Absatz 1 Satz 1b in Verbindung mit Artikel 6 Absatz 9 Satz 1 BayBO erfüllt. Selbst gegen die Höhe ist nichts einzuwenden, weil die BayBO lediglich die Wandhöhe auf 3 m im Mittel begrenzt, darüber aber ein Dach mit einer Neigung bis zu 70 Grad zulässt.

Allerdings dürfen in diesem Dach keine Aufenthaltsräume untergebracht werden, sonst wird die Garage sogar insgesamt rechtswidrig und müsste abgerissen werden.

TIPP
Die Tatsache, dass eine solche Grenzgarage verfahrensfrei erstellt werden darf, heißt aber nicht automatisch, dass sie auch materiell-rechtlich zulässig ist.

Vor allem muss die planungsrechtliche Zulässigkeit geprüft werden, also zum Beispiel die Vorgaben des § 23 BauNVO.

Keiner Baugenehmigung bedürfen seit jeher Instandsetzungs- und Instandhaltungsarbeiten . Dazu gehört aber nur die Wiederherstellung schadhafter Bauteile oder das Beseitigen von Mängeln oder Schäden. In dem Augenblick, in dem durch diese Maßnahmen das Gebäude, insbesondere seine Statik, verändert wird, bedarf es einer Baugenehmigung, so zum Beispiel beim Beseitigen tragender Wände.

2. Das Kenntnisgabe-, Anzeige- beziehungsweise Freistellungsverfahren

Dieses Verfahren ist in zwei Spielarten anzutreffen: Entweder findet – wie zum Beispiel in Bayern, Mecklenburg-Vorpommern, Nordrhein-Westfalen und Rheinland-Pfalz – überhaupt kein präventives bauaufsichtliches Verfahren mehr statt („Freistellungsverfahren"), oder es wird nur ein Anzeigeverfahren mit Untersagungsmöglichkeit durch die Bauaufsichtsbehörde durchgeführt, wie zum Beispiel in Sachsen, Thüringen, Brandenburg; in Baden-Württemberg Kenntnisgabeverfahren genannt.

Anders als bei den eben dargestellten verfahrensfreien Vorhaben müssen für die Bauvorhaben in diesem Abschnitt ordnungsgemäße Pläne erstellt, die Nachbarn beteiligt und die Gemeinden informiert werden. Zu diesem Zweck müssen die üblichen Bauvorlagen eingereicht werden, und zwar bei der Gemeinde, die diese insbesondere auf Vollständigkeit prüft und dann an die Baurechtsbehörde weiterleitet, wenn sie nicht selbst Genehmigungsbehörde ist. Die bautechnischen Nachweise über Standsicherheit, Schall-, Wärme- und baulichen Brandschutz müssen entweder, wie in Baden-Württemberg, mit den Bauvorlagen eingereicht oder, wie zum Beispiel in Sachsen und Bayern, spätestens bei Beginn der Bauausführung vorliegen (§ 66 SächsBO; Artikel 58 Absatz 3 BayBO).

Was entfällt, ist das (präventive) Prüfungsverfahren durch die Genehmigungsbehörde. Was hingegen nicht entfällt, ist die ständige Überprüfung des Bauvorhabens auf Übereinstimmung mit den bauplanungsrechtlichen Vorschriften, insbesondere also den Vorgaben des Bebauungsplans, und auf Einhaltung der bauordnungsrechtlichen Vorschriften, insbesondere also der Abstandsflächen zum Nachbarn. Stellt die Behörde während der Bauarbeiten oder natürlich erst recht nach Fertigstellung des Bauvorhabens Verstöße fest, kann sie den Bau einstellen, die Nutzung untersagen oder im Extremfall sogar den Abbruch verfügen (vergleiche dazu nachstehend Ziffer 3 und VI).

Mit der Ausführung des Bauvorhabens kann – wieder länderunterschiedlich – zwei, drei oder vier Wochen nach Eingang begonnen werden (§ 59 LBO BW; § 72 SächsBO; Artikel 58 BayBO).

In Bayern kann die Gemeinde verlangen, dass ein Genehmigungsverfahren durchgeführt wird, ohne dass sie dies begründen müsste (Artikel 64 Absatz 3 BayBO); in Baden-Württemberg oder Hessen dagegen kann der Bauherr wählen, ob er im Kenntnisgabeverfahren bauen oder doch lieber ein Baugenehmigungsverfahren durchführen will (§ 51 Absatz 6 LBO BW; § 56 Absatz 1 HBO).

Voraussetzung für die Durchführung dieses Freistellungs-/Kenntnisgabeverfahrens ist, dass das geplante Vorhaben im Geltungsbereich eines qualifizierten Bebauungsplans liegt und den Festsetzungen dieses Bebauungsplans nicht widerspricht.

Dagegen ist in den einzelnen Bundesländern ganz unterschiedlich geregelt, welche Vorhaben unter dieses Verfahren fallen: In Baden-Württemberg beispielsweise sind es alle Wohngebäude mit Ausnahme von Hochhäusern, landwirtschaftliche Betriebsgebäude, Stellplätze und Garagen für die Gebäude etc. (§ 51 LBO BW). In Bayern fallen unter die Genehmigungsfreistellung alle baulichen Anlagen, die keine Sonderbauten im Sinne des Artikel 2 Absatz 4 BayBO sind (Artikel 58 BayBO). Dazu gehören zum Beispiel mehrgeschossige Wohngebäude einschließlich Tiefgaragen. Macht man sich diese Größenordnung klar, bei denen sich der Staat aus der Verantwortung zieht und sie allein dem Bauherrn beziehungsweise dem Architekten überlässt, wird deutlich, welche Verantwortung und damit Haftung bei dem Architekten liegt, der solche Bauvorhaben plant. Hat der Bauherr die vollständigen Pläne vorgelegt, deren Eingang er sich von der Gemeinde hat bestätigen lassen, kann er innerhalb der im Gesetz genannten Frist mit den Bauarbeiten beginnen, zumeist nach Ablauf eines Monats. Baubehörden und Nachbarn können damit erst im Nachhinein gegen Verstöße gegen materielles Baurecht einschreiten, die Bauaufsichtsbehörden im Wege der Baueinstellung, der Nachbar, indem er beim Verwaltungsgericht gemäß § 123 VwGO eine Baueinstellung beantragt (siehe hierzu 6. Kapitel Abschnitt III).

3. Abbruch baulicher Anlagen

Beim Abbruch baulicher Anlagen wird das föderalistische System besonders deutlich. Offenbar bemüht sich im Augenblick jedes Bundesland um eine eigene Lösung. In Sachsen etwa ist der Abbruch baulicher Anlagen grundsätzlich genehmigungspflichtig, es sei denn, es handelt sich um Anlagen geringen Umfanges, deren Abbruch ebenso wie die Errichtung verfahrungsfrei sind (§ 61 Absatz 1, § 62 Absatz 3 in Verbindung mit § 61 I SächsBO). Baden-Württemberg unterscheidet zwischen genehmigungsfreien und anzeigepflichtigen Abbrüchen und unterstellt Letztere dem Kenntnisgabeverfahren des § 51 LBO. Bayern schließlich unterscheidet bei der Beseitigung von Anlagen zwischen Verfahrensfreiheit und Anzeigepflicht, abhängig von der Gebäudeklasse (siehe dazu Artikel 2 Absatz 3 BayBO), Artikel 57 Absatz 5 BayBO. Dementsprechend werden in unterschiedlichem Umfang Standsicherheitsnachweise erforderlich.

4. Das vereinfachte Genehmigungsverfahren

In ihrem Bemühen, die präventive Kontrolle im Baugenehmigungsverfahren immer weiter einzuschränken, haben die Länder das vereinfachte Genehmigungsverfahren geschaffen und den Umfang seines Anwendungsbereiches ständig erweitert mit der Folge, dass dieses vereinfachte Genehmigungsverfahren inzwischen auf alle Bauvorhaben Anwendung findet mit Ausnahme der Sonderbauten.

Im vereinfachten Baugenehmigungsverfahren (Artikel 59 BayBO; § 63 SächsBO; § 52 LBO BW) prüft die Bauaufsichtsbehörde NUR

- die Übereinstimmung mit den bauplanungsrechtlichen Vorschriften über die Zulässigkeit von Bauvorhaben nach den §§ 30 ff. BauGB sowie etwaigen örtlichen Bauvorschriften,
- Erlaubnisse nach anderen Gesetzen, die durch die Baugenehmigung ersetzt werden (zum Beispiel denkmalschutzrechtliche oder wasserrechtliche Erlaubnis; nicht zum Beispiel den Hochwasserschutz),
- beantragte Abweichungen im Sinne des Artikel 63 BayBO; § 67 SächsBO,
- die Einhaltung der Abstandsflächen, jedenfalls in den meisten Bundesländern. Auch die Bayerische Bauordnung hat das Abstandsflächenrecht wieder in das Prüfprogramm des vereinfachten Genehmigungsverfahrens aufgenommen. In Sachsen aber zum Beispiel werden die Abstandsflächen im vereinfachten Verfahren nicht geprüft, § 63 SächsBO.

Nicht mehr geprüft werden im vereinfachten Baugenehmigungsverfahren

- die Bestimmungen über Zugänge und Zufahrten oder
- die Vorschriften über Garagen und Stellplätze.

Außerdem muss die Einhaltung der Anforderungen an die Standsicherheit, den Brand-, Schall-, Wärme- und Erschütterungsschutz nachgewiesen werden: in Bayern nach Maßgabe der Artikel 62, 62a und 62b BayBO, in Sachsen gemäß § 66 SächsBO.

Dieses vereinfachte Baugenehmigungsverfahren findet auf alle Vorhaben Anwendung, die nicht bereits von der Genehmigungspflicht freigestellt sind, und die andererseits keine Sonderbauten darstellen. Diese Sonderbauten sind zum Beispiel in Artikel 2 Absatz 4 2 Nummer 1 bis 20 BayBO aufgelistet. Bei Wohngebäuden bis 22 m Fußbodenhöhe, bei Verkaufsstätten unter 800 m² Nutzfläche, bei Gaststätten bis zu 40 Plätzen und anderes mehr werden also wesentliche bauordnungsrechtliche Fragen nicht mehr geprüft, wozu in Sachsen das Abstandsflächenrecht gehört. Die Folge davon ist, dass die Baugenehmigung erteilt wird, obwohl Bauherr und Behörde bewusst ist, dass zum Beispiel die notwendigen Stellplätze nicht vorhanden sind, oder – wie in Sachsen – die Abstandsflächen nicht eingehalten werden. Der Bauherr bekommt also eigentlich eine Genehmigung, mit der er nicht viel anfangen kann, weil er damit rechnen muss, dass ihm wegen Verstoß gegen diese materiell-rechtlichen Vorschriften der Bau eingestellt oder die Nutzung untersagt wird.

Inzwischen haben nahezu alle Landesbauordnungen zur Beschleunigung sowie Förderung des Wohnungsbaus die GENEHMIGUNGSFIKTION eingeführt.

Diese Regelungen zur Genehmigungsfiktion finden aber nur bei Baugenehmigungen Anwendung, die im vereinfachten Verfahren beantragt werden. Die Genehmigungsfiktion greift nur für Bauanträge, die der Errichtung oder Änderung von Gebäuden, die ausschließlich oder überwiegend dem Wohnen dienen oder solche, die die Nutzungsänderung zur Schaffung von Wohnraum zum Gegenstand haben. Die Regelungen über diese Genehmigungsfiktionen sind in den einzelnen Ländern unterschiedlich. In Bayern zum Beispiel gilt eine Baugenehmigung als erteilt, wenn nicht innerhalb einer Frist von drei Monaten über den Bauantrag entschieden wurde. Dasselbe gilt in Thüringen und Sachsen-Anhalt, während in Baden-Württemberg eine Frist von zwei Monaten festgesetzt wurde. Bedauerlicherweise wurden die Regelungen zum Verfahrensablauf und zur Genehmigungsfiktion nicht nur in den einzelnen Bundesländern unterschiedlich normiert, sondern darüber hinaus auch noch kompliziert, weshalb auch an dieser Stelle wieder auf die einschlägigen Kommentare verwiesen werden muss.

5. Das „umfassende" Baugenehmigungsverfahren

Eine Präventivkontrolle in Form eines umfassenden Baugenehmigungsverfahrens, in dem alle bauplanungs- und bauordnungsrechtlichen Voraussetzungen geprüft werden, findet also nur noch für Sonderbauten statt. Diese sind in den Landesbauordnungen im Einzelnen aufgelistet, in Bayern etwa in Artikel 2 Absatz 5 BayBO, in Baden-Württemberg in § 38 Absatz 2 LBO BW. Dazu zählen vor allem Bauvorhaben mit hohen Anforderungen an den Brandschutz, also Gaststätten mit mehr als 40 Plätzen, Kindertagesstätten, Spielhallen und natürlich Hochhäuser. Nur bei diesen Sonderbauten also bekommt der Bauherr eine Baugenehmigung, die ihn absichert und die auch die Nachbarn einbezieht.

Die Baugenehmigung ist grundstücks- und nicht personenbezogen, das heißt, sie gilt auch für und gegen den Rechtsnachfolger des Bauherrn, also zum Beispiel für seine Erben, für einen späteren Erwerber des Grundstücks etc. (§ 58 Absatz 2 LBO BW).

Die Baugenehmigung wird „unbeschadet der privaten Rechte Dritter erteilt" (Artikel 68 Absatz 4 BayBO; § 58 Absatz 3 LBO BW). Wenn zum Beispiel am Grundstück des A. eine Grunddienstbarkeit zugunsten des Grundstücks B. eingetragen ist, wonach auf dem Grundstück A. nur ein eingeschossiges Gebäude oder dieses nur auf einem bestimmten Teil des Grundstücks errichtet werden darf, darf dies die Baugenehmigungsbehörde nicht interessieren.

Diese Fallkonstellation ist in der Praxis gar nicht selten. Die Behörde muss also auf einen entsprechenden Antrag hin auch ein zweigeschossiges Gebäude genehmigen, wenn die Voraussetzungen der §§ 30 ff. BauGB vorliegen. Es ist dann Sache des Eigentümers des Grundstücks B., gestützt auf seine im Grundbuch eingetragene Dienstbarkeit, den Nachbarn vor den Zivilgerichten zu verklagen, dass dieser von der Baugenehmigung keinen Gebrauch machen darf.

IV. Der Vorbescheid

Um eine Baugenehmigung zu erhalten, müssen ALLE für die Beurteilung des Bauvorhabens und die Bearbeitung des Bauantrages erforderlichen Unterlagen (Bauvorlagen) eingereicht werden. Dazu gehört nicht nur die Planung bis ins kleinste Detail, also bis zur Farbe der Dachpfannen und zur Fenstergröße, sondern auch die sehr teure Statik, der Freiflächengestaltungsplan, der Entwässerungsplan u. a. m. Geht es aber zunächst nur um die Frage, ob ein Grundstück überhaupt bebaut werden kann, ob also das Vorhaben bauplanungsrechtlich zulässig ist (zum Beispiel nach § 34 Absatz 1 BauGB), so ist die Frage der Dachneigung oder der Situierung der Garage noch völlig uninteressant. Die Bauordnungen sehen deshalb vor, dass VOR Einreichung des Bauantrages auf schriftlichen Antrag des Bauherrn zu einzelnen Fragen des Bauvorhabens ein schriftlicher Bescheid – VORBESCHEID – erteilt werden kann (zum Beispiel § 57 LBO BW; § 75 SächsBO; Artikel 71 BayBO).

Die Durchsetzungskraft des Vorbescheides
Die Firma E beabsichtigt, ein Grundstück in A zu erwerben und mit einem Lebensmittelmarkt zu bebauen. Um kein Risiko einzugehen, beantragt sie die Erteilung eines Vorbescheides, mit dem sie die bauplanungsrechtliche Zulässigkeit – nach § 30 oder nach § 34 BauGB – klärt (sogenannte Bebauungsgenehmigung). Da das Grundstück in einem durch Bebauungsplan ausgewiesenen Gewerbegebiet liegt, erteilt das Landratsamt die Genehmigung nach § 30 BauGB in Verbindung mit § 8 BauNVO. Daraufhin leitet die Gemeinde A ein Verfahren zur Änderung dieses Bebauungsplans ein, mit dem Ziel, gemäß § 1 Absatz 5 und Absatz 9 BauNVO die Errichtung von Einzelhandelsbetrieben im

betreffenden Gebiet auszuschließen. Die Firma E lässt sich durch dieses Verfahren aber nicht aus dem Konzept bringen und beantragt auf der Grundlage des genehmigten Vorbescheides die Erteilung der endgültigen Baugenehmigung. Das Landratsamt genehmigt am selben Tag die von der Gemeinde als Satzung beschlossene Änderung des Bebauungsplans und damit den Ausschluss von Einzelhandelsbetrieben im dortigen Gewerbegebiet, aber auch den Bauantrag der Firma E zum Bau ihres Lebensmittelmarktes.

So widersprüchlich dieses Verhalten auf den ersten Blick erscheint, so rechtmäßig ist es. Die Gemeinde A konnte in ihrem Bebauungsplan-Änderungsverfahren nachweisen, dass sie die wenigen noch unbebauten Grundstücke in diesem Gewerbegebiet dringend benötigte, um dort produzierendes Gewerbe, insbesondere einheimische Handwerksbetriebe, anzusiedeln. Diese Bebauungsplanänderung wirkt aber nur für die Zukunft, wie wir gesehen haben.

Demgegenüber hat die Firma E mit dem seinerzeit bestandskräftig genehmigten Vorbescheid eine Rechtsposition erhalten, die ihr nicht mehr – insbesondere nicht durch die Bebauungsplan-Änderung – genommen werden kann. Bei der Baugenehmigung war diese FORMELLE UND MATERIELLE BINDUNGSWIRKUNG seit jeher unstreitig. Wer eine bestandskräftige Baugenehmigung in Händen hat, darf hiervon Gebrauch machen, auch wenn sich die Rechtslage danach ändert. Für den Vorbescheid kann nichts anderes gelten, weil mit diesem über einzelne Fragen des Bauvorhabens verbindlich entschieden wird und damit diese Teile der Baugenehmigung vorweg bindend festgestellt werden. Trotzdem bedurfte es erst der grundlegenden Entscheidung des Bundesverwaltungsgerichts vom 3.2.1984, um endgültig zu klären, dass sich auch der Vorbescheid gegen Änderungen des Gesetzes ebenso wie gegen Änderungen des Bebauungsplans durchsetzt. Dies gilt auch bei Veränderungssperren, die genehmigte Vorhaben unberührt lassen, § 14 Absatz 3 BauGB. DER VORBESCHEID BINDET DAMIT DIE BEHÖRDE. Soweit der Vorbescheid Feststellungen trifft, ist hierüber im Zuge der Entscheidung über die Baugenehmigung nicht mehr zu befinden. Deshalb musste das Landratsamt die Baugenehmigung zur Errichtung des Einzelhandelsbetriebes erteilen, weil dessen Zulässigkeit mit dem Vorbescheid bereits verbindlich festgestellt worden war. Die Bebauungsplan-Änderung konnte diese Bindungswirkung des Vorbescheides nicht mehr rückgängig machen (dazu ausführlich Hauth BauR 2010, 32 ff.).

Mit dem Vorbescheid können einzelne Fragen zu dem beabsichtigten Bauvorhaben verbindlich geklärt werden. Dies kann in der Weise geschehen, dass im Vorbescheid gefragt wird, ob ein zweigeschossiges Gebäude auf dem Grundstück zulässig ist, ob das Gebäude ein Satteldach oder ein Walmdach erhalten muss, wie viele Stellplätze notwendig sind etc.

Darüber hinaus kann der Vorbescheid aber auch die gesamte planungsrechtliche Seite für die Zukunft verbindlich klären. Ein Vorbescheid, der die planungsrechtlichen Fragen zum Gegenstand hat, wird nach inzwischen übereinstimmender Diktion der Gerichte als BEBAUUNGSGENEHMIGUNG bezeichnet.

Ferner kann der Vorbescheid auch die wesentlichen bauordnungsrechtlichen Fragen abklären, also zum Beispiel die Frage der Situierung des Gebäudes, gerade im Hinblick auf die abstandsflächenrechtlichen Vorschriften. Es ist deshalb durchaus zu empfehlen, im Vorbescheidsantrag nicht nur einzelne Fragen zu stellen, sondern einen Lageplan mit dem eingezeichneten, vermassten Grundriss und vielleicht sogar einer vermassten Ansicht oder einem Schnitt einzureichen. Auf dieser Grundlage erhält der Bauwerber eine Bebauungsgenehmigung, die die wichtigsten, also vor allem bauplanungsrechtlichen Fragen klärt: die Frage, ob ein Grundstück überhaupt bebaubar ist, welche Art der baulichen Nutzung verwirklicht werden kann und wie groß das Gebäude werden darf. Ein solcher Vorbescheid bindet die Genehmigungsbehörde für das nachfolgende Baugenehmigungsverfahren und setzt sich gegen spätere Bebauungspläne oder Bebauungsplan-Änderungen der Gemeinde durch.

V. Geltungsdauer und Verlängerung von Baugenehmigung und Vorbescheid

Die Bindungswirkung der Baugenehmigung wie des Vorbescheides ist allerdings zeitlich befristet. Die Geltungsdauer von Baugenehmigung und Vorbescheid ist in den verschiedenen Länderbauordnungen unterschiedlich geregelt. Für den Vorbescheid beträgt sie in fast allen Bundesländern drei Jahre. Bei der Baugenehmigung schwankt die Geltungsdauer zwischen drei und vier Jahren. Sowohl Vorbescheid als auch Baugenehmigung können auf Antrag verlängert werden. Hier muss allerdings dem Irrtum entgegengetreten werden, dass diese Verlängerung quasi automatisch erfolgt.

Genehmigungsverlängerung oder Baubeginn

S hatte in München vor Jahren eine Baugenehmigung zur Errichtung eines großen Wohn- und Geschäftshauses am Hochufer der Isar erhalten. Diese Baugenehmigung war bereits einmal verlängert worden. Als S zum Glück bereits viele Wochen vor Auslaufen der verlängerten Baugenehmigung einen erneuten Verlängerungsantrag bei der Stadt einreichte, erfuhr er, dass diese beabsichtigte, die Baugenehmigung nicht oder jedenfalls nicht mehr im bisherigen Umfang zu verlängern. S beriet sich daraufhin mit seinem Anwalt, der ihm riet, den Beginn der Bauarbeiten vorzubereiten und jedenfalls den Baugrubenaushub auszuschreiben. Dies teilte er der Stadt mit: Entweder werde die Baugenehmigung verlängert, oder er werde jetzt mit den Bauarbeiten beginnen. Als die Stadt weiter zögerte, teilte er drei Tage vor Ablauf der Genehmigung den vorgesehenen Baubeginn mit und ließ die Bagger anrücken. Daraufhin verlängerte die Behörde die Baugenehmigung erneut. Die Baumaschinen konnten wieder abziehen.

Leider wissen viel zu wenige Bauherren und Architekten, dass die Verlängerung sowohl einer Baugenehmigung wie auch eines Vorbescheides keine Formsache ist oder quasi automatisch erfolgen muss. Vielmehr muss die Behörde die Genehmigungsfähigkeit neu prüfen.

HINWEIS
Die Verlängerung einer Genehmigung bedeutet in der Sache nichts anderes als deren Neuerteilung, wenn auch unter erleichterten Verfahrensbedingungen.

TIPP
Dem Bauwerber ist deshalb zu raten, vor Fristablauf des Vorbescheides einen vollständigen Bauantrag einzureichen, auf dessen Genehmigung er einen Anspruch hat oder auf der Grundlage einer erteilten Baugenehmigung mit dem Bau selbst zu beginnen.

Für die Verlängerung der Geltungsdauer einer Baugenehmigung gelten die gleichen materiellen Anforderungen wie für die erstmalige Erteilung. Vor allem bei einer Änderung der Sach- und Rechtslage kann der Verlängerungsantrag auch zu einer Ablehnung führen. Denkbar ist zum Beispiel eine Gesetzesänderung ebenso wie die Änderung eines bestehenden oder auch die erstmalige Aufstellung eines Bebauungsplans mit der Folge, dass ein ursprünglich genehmigungsfähiges und genehmigtes Vorhaben auf der Basis des inzwischen bestehenden Bebauungsplans nicht mehr verlängert werden kann. Aber auch eine geänderte Beurteilung der Denkmaleigenschaft eines Gebäudes, dessen Abbruch ursprünglich genehmigt war, oder auch die geänderte Beurteilung einer ursprünglich genehmigten Abweichung von den vorgeschriebenen Abstandsflächen haben schon dazu geführt, dass die Verlängerung einer Baugenehmigung oder eines Vorbescheides abgelehnt wurde. Dies wäre gerade in dem vorstehenden Fallbeispiel zu befürchten. Bei einem Verlängerungsantrag würde sich die Genehmigungsfähigkeit des Vorhabens jetzt nach dem geänderten Bebauungsplan beurteilen. Da dieser die Errichtung von Einzelhandelsbetrieben inzwischen ausschließt, darf ein solcher nicht mehr genehmigt und damit die seinerzeit erteilte Genehmigung nicht mehr verlängert werden, gleichgültig, ob es sich dabei um eine Baugenehmigung oder um einen Vorbescheid handelt.

Auch bezüglich der Fristen ist höchste Vorsicht geboten, zumal diese in allen Bundesländern unterschiedlich sind:

In Bayern beispielsweise gelten Baugenehmigungen gemäß Artikel 69 BayBO vier Jahre; die Bauausführung kann vier Jahre unterbrochen werden. Verlängert werden kann die Baugenehmigung um jeweils bis zu zwei Jahre, Artikel 69 Absatz 2 BayBO. Der Vorbescheid gilt hier drei Jahre und kann um jeweils bis zu zwei Jahre verlängert werden, Artikel 71 BayBO. In Sachsen oder Baden-Württemberg beträgt die Geltungsdauer der Baugenehmigung drei Jahre; die Bauausführung darf in Sachsen zwei, in Baden-Württemberg ein Jahr unterbrochen werden. Ähnliche Fristen gelten bezüglich des Vorbescheides.

Als Baubeginn zählen nur solche Arbeiten, die zur Ausführung des Vorhabens unmittelbar notwendig sind, insbesondere also der Baugrubenaushub, möglicherweise auch schon Planierungsarbeiten. Dagegen stellen lediglich vorbereitende Arbeiten, wie die Einrichtung der Baustelle oder die Erstellung des Schnurgerüstes, noch keinen unmittelbaren Ausführungsbeginn dar.

VI. Baueinstellung, Baubeseitigung und Nutzungsuntersagung

Was geschieht nun mit Gebäuden, die seit Jahrzehnten existieren, die die Voraussetzungen für einen Bestandsschutz im Rechtssinne aber nicht nachweisen können, und/oder die ohne Vorliegen einer Baugenehmigung aus- oder umgebaut wurden? In solchen Fällen räumen die Bauordnungen den Bauaufsichtsbehörden die Befugnis ein, gegen rechtswidrige Baumaßnahmen vorzugehen, und zwar bereits gegen die rechtswidrige Baumaßnahme selbst im Wege der Baueinstellung (§ 64 LBO BW; Artikel 75 BayBO) und gegen die vollendete Baumaßnahme durch Anordnung deren Beseitigung oder durch Untersagung der Benutzung (§ 80 SächsBO; Artikel 76 BayBO; § 65 LBO BW). Dementsprechend verfügte auch das hier zuständige Landratsamt die vollständige Beseitigung der zwischenzeitlich zum Wochenendhaus gewordenen Hütte. Im Verwaltungsprozess berief sich B. darauf, die Hütte stamme jedenfalls in ihrem ursprünglichen Zustand bereits vom Vater; nach 50 Jahren genieße sie Bestandsschutz. Dass dieses Argument nicht greift, haben wir im 1. Kapitel bereits gesehen. Damit aber ist die Beseitigung der Hütte noch nicht zwingend geboten. § 65 LBO BW (Artikel 76 BayBO) bestimmt nämlich, dass die teilweise oder vollständige Beseitigung der baulichen Anlage durch die Bauaufsichtsbehörde angeordnet werden KANN. Es handelt sich um einen sog. Ermessens-Tatbestand, den wir im Rahmen von Ausnahmen und Befreiungen bereits kennengelernt haben. In diesen Fällen ist die Behörde berechtigt, die entsprechende Anordnung zu treffen, aber nicht verpflichtet. Die Handhabung des Ermessens, auch und gerade bei der Anordnung der Beseitigung, muss vom Grundsatz der Verhältnismäßigkeit und der Gleichheit beherrscht sein. Für die Beseitigung illegaler baulicher Anlagen bedeutet dies allerdings, dass die Beseitigung in der Regel angeordnet werden muss. Es liegt regelmäßig im öffentlichen Interesse, gesetzwidrige Zustände zu beseitigen, also auch das entgegen den bauplanungs- und/oder bauordnungsrechtlichen Vorschriften erstellte Gebäude. Darüber hinaus ist an die Bezugsfälle zu denken, wenn es sich herumspricht, dass ein Landratsamt gegen solche Schwarzbauten nicht vorgeht. Gerade im Hinblick auf den Gleichheitssatz wäre es unerträglich, solche Gesetzesverstöße zu tolerieren.

Auf der anderen Seite aber kann der Grundsatz der Verhältnismäßigkeit im Rahmen der Ermessensausübung auch rechtfertigen oder sogar verlangen, auf die Anordnung der Beseitigung zu verzichten. Die Rechtsprechung hat nämlich immer wieder festgestellt, dass im Einzelfall die Beseitigungsanordnung ermessensfehlerhaft sein kann, wenn gegen die vorhandene rechtswidrige Anlage über einen längeren Zeitraum nicht vorgegangen wurde; ein Zeitraum von zehn oder zwanzig Jahren reicht hierfür aber noch nicht aus. Außerdem kann es gegen den Gleichheitssatz verstoßen, wenn gegen den einen „Schwarzbau" vorgegangen wird, gegen den anderen aber nicht.

Dieselben Überlegungen gelten auch für die NUTZUNGSUNTERSAGUNG. Ein häufiges Beispiel ist hier die Umwandlung von Wohnraum in Büroräume. In Großstädten wie München oder Berlin zum Beispiel verstößt dies gegen das Verbot der Zweckentfremdung von Wohnraum, was wir im 5. Kapitel noch ausführlich darstellen werden. Die Benutzung dieser Räume als Büroräume steht also im Widerspruch zu öffentlich-rechtlichen Vorschriften. Gemäß § 65 LBO BW (Artikel 76 Satz 2 BayBO) kann deshalb diese Nutzung untersagt werden. Die Nutzungsuntersagung entspricht auch regelmäßig dem pflichtgemäßen Ermessen der Bauaufsichtsbehörde. Gerade in den Großstädten besteht ein erhebliches öffentliches Interesse daran, den vorhandenen Wohnraum zu erhalten.

Selbstverständlich liegt es im Interesse der Allgemeinheit und damit der Bauaufsichtsbehörden, solche rechtswidrigen Zustände gar nicht erst entstehen zu lassen, rechtswidrige Baumaßnahmen also so früh wie möglich zu unterbinden. Hierzu dient die Möglichkeit der Baueinstellung. Wie streng dabei gerade auch die Rechtsprechung ist, zeigt der nachstehende Fall.

Baueinstellung trotz Bauplanänderung
In G errichtete der S ein Einfamilienhaus. Angeblich aufgrund eines Irrtums der Baufirma wurde die Außenwand 20 cm höher als genehmigt und die Fußpfette (das untere waagerechte Traggebälk) des Dachstuhles noch einmal 20 cm stärker als geplant. Der Nachbar, dem dieses Gebäude von Anfang an missfiel und der den Baufortschritt mit Argusaugen überwachte, rief sofort das Landratsamt an und veranlasste eine Nachmessung. Das Landratsamt stellte die planabweichende Erhöhung um insgesamt 40 cm fest – und den Bau daraufhin ein. Der Bauherr reichte noch am selben Tag einen sog. Tektur-Bauantrag ein und zog gegen die Baueinstellung vor Gericht mit der Begründung, dieser Tektur-Bauantrag könne und müsse genehmigt werden, weshalb die Baueinstellung ermessensfehlerhaft sei.

Der Verwaltungsgerichtshof München bestätigte diese Baueinstellung mit Beschluss vom 14.11.2001. Im Gegensatz zur Baubeseitigung sei für die Baueinstellung ohne Bedeutung, dass der Tektur-Bauantrag wohl genehmigt werden müsse, weil sich das Vorhaben auch mit dieser Erhöhung in die umliegende Bebauung nach § 34 Absatz 1 BauGB einfüge. Allein die formelle Illegalität, also das Fehlen der die planabweichende Bauausführung rechtfertigenden Tektur-Baugenehmigung, rechtfertige die Baueinstellung.

Besondere Bedeutung gewinnt die Baueinstellung bei genehmigungsfreigestellten Vorhaben. Die Behörde kann und muss also den Bau einstellen, wenn dieser zum Beispiel die Abstandsflächen nicht einhält. Dies ist eine Folge des Auseinanderfallens von formellem und materiellem Baurecht. Die Behörden müssen dafür sorgen, dass keine baurechtswidrigen Zustände entstehen, und deshalb die Bauvorhaben überwachen (§ 66 LBO BW; Artikel 77 BayBO), den Bau einstellen und ggf. sogar die Beseitigung verfügen, wenn das entstehende Gebäude gegen öffentlich-rechtliche Vorschriften verstößt.

VII. Das materielle Bauordnungsrecht

Die Bauordnungen der Länder enthalten nicht nur die eben dargestellten formellen Bestimmungen, also Verfahrensvorschriften. In den Bauordnungen findet sich auch eine Vielzahl von materiellen Vorschriften, also solchen, die im Interesse der öffentlichen Sicherheit und Ordnung liegen (früher: Baupolizeirecht). Dementsprechend finden sich in den Bauordnungen Vorschriften über die Höhe der Aufenthaltsräume ebenso wie über die Ausführung der Treppen und Treppenräume, über Aufzüge ebenso wie über Feuerungsanlagen. Abgesehen davon, dass diese Bestimmungen mehr aus technischer als aus juristischer Sicht interessant sind, würde die vollständige Darstellung den Rahmen dieser Darstellung sprengen. Einige dieser bauordnungsrechtlichen Bestimmungen aber sind von so grundsätzlicher Bedeutung, dass auf sie wenigstens kurz eingegangen werden soll. Dies gilt insbesondere für die Vorschriften über Zugänge und Zufahrten, über Stellplätze und Garagen, über Abstandsflächen und schließlich über die Baulast. Auch wenn die Vorschriften des Bauordnungsrechts grundsätzlich „nur" bestimmen, WIE ein Grundstück bebaut werden kann, äußerstenfalls also eine andere Art der Bauausführung oder Gestaltung notwendig machen, sind einzelne Vorschriften durchaus geeignet, die Bebauung eines Grundstücks überhaupt zu verhindern.

1. Zugänge und Zufahrten auf den Grundstücken

Diese Problematik haben wir im Rahmen der bauplanungsrechtlichen Erschließung bereits kennengelernt, ohne die ein Vorhaben nicht zulässig ist (2. Kapitel Abschnitt VIII). Die bauordnungsrechtlichen Vorschriften zum Beispiel in §§ 3 und 4 LBO BW oder in Artikel 4 BayBO, bekräftigen und ergänzen diese Notwendigkeit. Gebäude dürfen nur errichtet werden, wenn das Grundstück in angemessener Breite an einer befahrbaren öffentlichen Verkehrsfläche liegt oder wenn das Grundstück eine befahrbare, öffentlich-rechtlich gesicherte Zufahrt zu einer ebenfalls befahrbaren öffentlichen Verkehrsfläche hat (§ 4 Absatz 1 LBO BW beziehungsweise Artikel 4 Absatz 1 BayBO). Allerdings verzichtet die BayBO in Artikel 4 Absatz 2 (ähnlich § 4 LBO BW) inzwischen auf die Befahrbarkeit von Wohnwegen begrenzter Länge, wenn keine Bedenken wegen des Brandschutzes oder des Rettungsdienstes bestehen; die Widmung solcher Wohnwege ist nicht mehr erforderlich, wenn von diesem nur Wohngebäude der Gebäudeklassen 1 bis 3 erschlossen und die Benutzbarkeit öffentlich-rechtlich gesichert ist. Voraussetzung ist, dass das Vorhaben im Geltungsbereich eines qualifizierten oder vorhabenbezogenen Bebauungsplans oder im Bereich des § 34 BauGB liegt. Wann ein Wohnweg eine begrenzte Länge hat, wird von den Gerichten unterschiedlich beurteilt. Das Maximum liegt bei 70 bis 100 m.

Diese Vorschriften stellen zunächst eine Einschränkung der Bebaubarkeit dar, gleichzeitig aber auch eine Erleichterung. Auf der einen Seite unterstreichen sie die Tatsache, dass ein Grundstück nur und erst dann als Baugrundstück anzusehen ist, wenn es an einer befahrbaren öffentlichen Verkehrsfläche liegt und damit die Erschließung im Sinne der §§ 30 ff. BauGB gesichert ist. Auf der anderen Seite lassen sie einen Privatweg als Zufahrt (oder sogar nur Zugang) genügen, allerdings unter der Voraussetzung, dass dieser öffentlich-rechtlich gesichert ist. Allein die privatrechtliche Gestattung eines Grundstückseigentümers, den „hinterliegenden" Nachbarn über sein Grundstück gehen und fahren zu lassen, reicht nicht aus, auch wenn dieses Geh- und Fahrtrecht mit einer Grunddienstbarkeit im Grundbuch abgesichert ist. Die Begründung hierfür ist einfach: Die beiden Vertragspartner könnten dieses Recht ebenso einfach aufheben, wie sie es bestellt haben und damit dem Grundstück die Zufahrtsmöglichkeit wieder nehmen. Da diese Erreichbarkeit, insbesondere für Feuerwehr und Rettungsfahrzeuge, auch im öffentlichen Interesse liegt, ist die öffentlich-rechtliche Sicherung der Zufahrt Voraussetzung für die Bebaubarkeit des Grundstücks. Diese Sicherung erfolgt in Bayern in der Weise, dass zugunsten der Stadt oder des Freistaates eine beschränkt-persönliche Dienstbarkeit am Zufahrtsgrundstück eingetragen wird. Ohne deren Zustimmung kann dann das Geh- und Fahrtrecht nicht mehr beseitigt werden. Die anderen Bundesländer arbeiten hier mit Baulasten.

2. Baulasten und Baulastenverzeichnis

Alle Bundesländer mit Ausnahme von Bayern und Brandenburg kennen dieses Rechtsinstitut. Durch Erklärung GEGENÜBER DER BAUAUFSICHTSBEHÖRDE können Grundstückseigentümer solche öffentlich-rechtlichen Verpflichtungen, also etwa diejenige, den Nachbarn über das eigene Grundstück fahren zu lassen, übernehmen. Eine solche Baulast bedarf der Schriftform, muss öffentlich beglaubigt und im Baulastenverzeichnis eingetragen werden (vergleiche zum Beispiel § 71 LBO BW). Die Baulast geht nur durch schriftlichen Verzicht der Bauaufsichtsbehörde unter. Gegenstand einer solchen Baulast können die vielfältigsten Verpflichtungen sein, um ein ohne Bestellung einer solchen Baulast unzulässiges Vorhaben rechtmäßig werden zu lassen. Eine Baulast kann auch vom Bauwerber selbst und für das eigene Grundstück bestellt werden. Eine solche Möglichkeit sieht zum Beispiel § 35 Absatz 6 BauGB vor, etwa um sicherzustellen, dass nur der bisherige Eigentümer oder seine Familienangehörigen das neu errichtete Ersatz-Wohngebäude im Außenbereich bewohnen, § 35 Absatz 4 Nummer 2 BauGB. Vor allem im Bereich des Bauordnungsrechtes ist die Baulast geeignet, die Genehmigungsfähigkeit eines Bauvorhabens herbeizuführen: Hierzu gehört die Sicherung der Zufahrt über ein Privatgrundstück zur öffentlichen Straße ebenso wie die Übernahme von Abstandsflächen durch den Nachbarn (siehe dazu nachstehend Ziffer 4) und die Bereitstellung von Stellplätzen auf einem in der Nähe gelegenen Grundstück (siehe nachstehend Ziffer 3).

3. Stellplätze und Garagen

Um bebaubar zu sein, benötigt ein Grundstück nicht nur eine ausreichende Zufahrt; darüber hinaus müssen die Fahrzeuge auf dem Grundstück auch abgestellt werden können. Bauliche Anlagen dürfen deshalb nur errichtet werden, wenn für den zu erwartenden Zugangsverkehr Stellplätze oder Garagen in ausreichender Größe und Anzahl hergestellt werden können. Ihre Zahl und Größe richtet sich nach Art und Zahl der zu erwartenden Kraftfahrzeuge, der ständigen Benutzer wie der Besucher der Anlage (zum Beispiel Artikel 47 BayBO; § 37 LBO BW). Von entscheidender Bedeutung sind hier die Stellplatzverordnungen und Richtzahlen der Länder; aber auch die Kommunen gehen zunehmend dazu über, eigene Stellplatzrichtlinien zu erlassen.

TIPP
Auch hier wieder der Rat, vor Planungsbeginn bei der Gemeinde nachzufragen.

Diese Stellplätze und Garagen sind auf dem Baugrundstück selbst herzustellen oder allenfalls in zumutbarer Entfernung davon, dann aber nur auf einem Grundstück, „dessen Benutzung für diesen Zweck öffentlich-rechtlich gesichert wird" (§ 37 Absatz 4 LBO BW; Artikel 47 Absatz 3 BayBO). Ein Pachtvertrag allein genügt nicht. Hier kann wieder die Baulast helfen (ersatzweise eine beschränkt-persönliche Dienstbarkeit), wie der nachstehende Fall zeigt.

Baulast für fehlende Stellplätze

A ist Eigentümer eines Ladens in B. Diesen Laden möchte er zu einem Café umbauen. Hierfür benötigt er nach den vorgeschriebenen Richtzahlen zwei zusätzliche Stellplätze, die er auf dem Grundstück selbst nicht nachweisen kann. Er besitzt aber in einer Entfernung von ca. 50 m ein größeres Grundstück, auf dem Platz für die Anlage dieser zwei zusätzlichen Stellplätze ist. Gleichwohl verweigert die Stadt die beantragte Nutzungsänderung. Die Änderung der Nutzung selbst sei zwar nach § 34 BauGB genehmigungsfähig, weil sich das Grundstück in einem Mischgebiet befindet, in dem Läden ebenso zulässig sind wie Gaststätten und Cafés. Die Bereitstellung der zwei zusätzlichen Stellplätze auf dem 50 m entfernten Grundstück aber könne man nicht akzeptieren.

Auf seine Klage hin verpflichtete das Berufungsgericht die Stadt, die beantragte Genehmigung zur Nutzungsänderung zu erteilen. Das eine Grundstück liege noch in zumutbarer Entfernung von dem anderen. Außerdem stelle die Baulast in geeigneter Weise sicher, dass diese Stellplätze auf Dauer dem Baugrundstück zur Verfügung stünden.

Eine andere, in der Praxis häufige Möglichkeit, trotz fehlender Stellplätze zu bauen, eröffnet die Möglichkeit der Stellplatzablöse.

Der Neubau der V-Bank
Die V-Bank will in der Innenstadt von M eine neue Zweigstelle errichten. Nach den bauordnungsrechtlichen Vorschriften und den Stellplatzrichtlinien sind hierfür 30 Stellplätze nötig, die die V-Bank in zwei Tiefgarageneben unterbringen will. Die Stadt M erteilt die Baugenehmigung für das Gebäude, nicht aber für die Tiefgarage, und verlangt stattdessen 200.000 Euro Stellplatzablöse.

Rechtsgrundlage für diese Forderung ist Artikel 47 Absatz 3 BayBO (§ 37 LBO BW).

Ausgangspunkt ist zunächst einmal die in allen Landesbauordnungen vorgesehene Möglichkeit, fehlende Stellplätze durch Geldzahlung abzulösen. Dabei handelt es sich um eine durchaus positive Überlegung des Gesetzgebers. Wer auf seinem Grundstück Stellplätze in natura nicht herstellen kann, aber auch kein geeignetes Grundstück in der Nachbarschaft findet, auf dem er die fehlenden Stellplätze nachweisen kann, kann der Kommune anbieten, die Kosten für die Herstellung der vorgeschriebenen Stellplätze oder Garagen in angemessener Höhe zu übernehmen, und zwar aufgrund eines Vertrags zu den Sätzen, die die Kommune beschlossen hat.

Obwohl zum Beispiel der bayerische Gesetzgeber diese Möglichkeit in Artikel 47 Absatz 3 Nummer 3 BayBO ausdrücklich vorgesehen hat („die Stellplatzpflicht kann erfüllt werden durch Übernahme der Kosten für die Herstellung der notwendigen Stellplätze [Ablösungsvertrag]"), sieht die Rechtsprechung hierin keine Verpflichtung der Kommune, einen solchen Vertrag auch abzuschließen. Vielmehr liege diese Möglichkeit in ihrer freien Entscheidung. Damit aber wird den Kommunen eine Steuerungsmöglichkeit eröffnet, bei fehlenden Stellplätzen die eine Nutzung, insbesondere natürlich Wohnnutzung, durch Abschluss eines Ablösevertrags zu ermöglichen, die andere aber, insbesondere so ungeliebte Kinder wie Spielhallen, durch Verweigerung eines Ablösevertrags zu verhindern.

Dies gilt selbstverständlich dort nicht, wo die Landesgesetzgeber den Kommunen die Möglichkeit eröffnen, durch Stellplatzbeschränkungssatzungen den Bauherren zu hindern, die notwendigen Stellplätze, zum Beispiel in einer Tiefgarage, nachzuweisen. Vor allem die Großstädte setzen alles daran, den Verkehr und damit in erster Linie den Parkplatz suchenden Verkehr aus den Innenstädten herauszuhalten. Deshalb sollen die notwendigen Stellplätze für Neubauvorhaben dort gar nicht mehr in natura hergestellt, sondern abgelöst werden, damit mit diesem Geld die Städte entweder Parkhäuser am Rande der Innenstadt bauen oder auch ihr öffentliches Personennahverkehrsnetz ausbauen können. Diese städtebaulich vernünftigen Überlegungen dürfen dann aber nicht dazu missbraucht werden, außerhalb des Bauplanungsrechtes die eine Nutzung zu genehmigen und die andere zu verhindern. Stellplatzbeschränkungssatzungen geben deshalb einen Rechtsanspruch auf Abschluss eines Ablösungsvertrags. Bayern ist sogar noch einen Schritt weiter gegangen: Beschränkt die Kommune die Anzahl der notwendigen Stellplätze, zum Beispiel durch eine solche Stellplatzbeschränkungssatzung oder eine sonstige örtliche Bauvorschrift, so ist diese Zahl maßgeblich. Beschränkt also eine Stadt wie München die Anzahl der zu errichtenden Stellplätze auf die Hälfte der Zahl der notwendigen Stellplätze, die sie in ihren Stellplatzrichtlinien grundsätzlich vorgegeben hat, so muss auch keine Ablöse bezahlt werden für diese überschießende Hälfte an Stellplätzen, die nicht gebaut werden dürfen.

4. Die Abstandsflächen

Von besonderer Bedeutung für die Praxis sind die Regelungen über die Abstandsflächen. Mit diesem Begriff wird eine gedachte Fläche bezeichnet, die man sich – vereinfacht – als die nach außen geklappte Außenwand vorstellen kann. Ziel der Abstandsvorschriften sind eine ausreichende Belichtung und Belüftung des Gebäudes; außerdem soll damit wenigstens ein gewisser Mindestabstand zum Nachbargrundstück (Sozialabstand) eingehalten werden. Deshalb sehen alle Landesbauordnungen (jeweils in §/Artikel 6, in BW in § 5) vor, dass vor den Außenwänden von Gebäuden Abstandsflächen von oberirdischen baulichen Anlagen freizuhalten sind. Dazu zählen Gebäude ebenso wie andere bauliche Anlagen, wenn von diesen Wirkungen wie von Gebäuden ausgehen. Lärmschutzwände sind hierfür ein Paradebeispiel. Auch diese müssen also einen Abstand zum Nachbargrundstück einhalten, jedenfalls sie – so die gesetzliche Regelung in § 6 Absatz 1 Nummer 3 LBO BW – höher als 2,50 m sind und ihre Wandfläche mehr als 25 m^2 beträgt.

Zwar zielt der Zweck der Abstandsflächenregelung darauf ab, einen Abstand zwischen den Gebäuden einzuhalten. Gleichwohl bestimmen die § 6 beziehungsweise Artikel 6 (jeweils in Absatz 2), dass die Abstandsflächen auf dem Grundstück selbst liegen müssen. Die Abstandsflächen sind also nicht zum NachbarGEBÄUDE, sondern zum NachbarGRUNDSTÜCK einzuhalten. Lediglich zu öffentlichen Flächen dürfen sie bis zu deren Mitte reichen (jeweils §/Artikel 6 II). Besonders praktisch wird diese Regelung zur Straße hin. Dort darf also die Abstandsfläche über die Grundstücksgrenze hinaus bis zur Straßenmitte reichen.

Auch der zweite Grundsatz ist in allen Landesbauordnungen gleich geregelt, und zwar immer in Absatz 1: Eine Abstandsfläche ist nicht erforderlich vor den Außenwänden von Gebäuden, wenn diese nach planungsrechtlichen Vorschriften an die Grenze gebaut werden müssen oder dürfen. Die Vorschriften über die Bauweise (§ 22 BauNVO) sind solche planungsrechtlichen Vorgaben, vor allem aber die Bestimmung des § 23 BauNVO betreffend die überbaubare Grundstücksfläche durch Festsetzung von Baulinien und Baugrenzen. Die (roten) Baulinien in den alten Baulinienplänen zählen zu den gegenüber dem Abstandsflächenrecht vorrangigen planungsrechtlichen Vorschriften, wie der Verwaltungsgerichthof München mit Urteil vom 14.4.1994 entschieden hat.

Diese planungsrechtlichen Vorgaben folgen zunächst einmal aus Bebauungsplänen im Sinne des § 30 BauGB. Aber auch § 34 BauGB ist eine planungsrechtliche Vorschrift mit der Folge, dass sich die Frage nach offener oder geschlossener Bauweise nach dem Baubestand beurteilt, der in der näheren Umgebung tatsächlich vorhanden ist. Insoweit ist diese Regelung vom Ansatz her noch ganz einfach und verständlich: In der geschlossenen Bauweise, also vor allem in unseren Innenstädten, wo sich Gebäude an Gebäude reiht, darf die Baulücke (selbstverständlich) wieder von Grundstücksgrenze zu Grundstücksgrenze bebaut werden.

Was aber ist, wenn geschlossene und offene Bauweise abwechseln, oder wenn zwar geschlossene Bauweise vorherrscht, ausgerechnet auf dem Nachbargrundstück aber ein Gebäude mit Grenzabstand steht?

Abstandsflächen und Planungsrecht
Das Grundstück des A liegt in einem Gebiet mit ganz unregelmäßiger Bauweise, das heißt, dass aneinandergebaute Gebäude in geschlossener Bauweise ebenso häufig vorhanden sind wie einzeln stehende Häuser. Das Gebäude seines linken Nachbarn steht an der Grundstücksgrenze; sein eigenes und das rechte Nachbargrundstück sind unbebaut. A möchte, an das linke Gebäude anschließend, sein gesamtes Grundstück

bis zur rechten Grundstücksgrenze, also in geschlossener Bauweise, bebauen. Die Baubehörde verweigert die Genehmigung und verweist auf die einzeln stehende Villa auf dem übernächsten Grundstück, die einen Abstand zum Nachbargrundstück einhält.

Wechseln sich offene und geschlossene Bebauung in der maßgeblichen Umgebung ab, verweist die herrschende Meinung auf die Rahmenrechtsprechung des Bundesverwaltungsgerichts zu § 34 BauGB, die wir oben kennengelernt haben: Wenn der Rahmen der umliegenden Bebauung von der geschlossenen über die halb offene bis zur offenen Bauweise reiche, gebe Absatz I der Abstandsflächenvorschriften eben jedem Eigentümer die Wahlmöglichkeit, mit oder ohne seitlichen Grenzabstand zu bauen (so auch die amtliche Begründung zu Artikel 6 Absatz 1 BayBO). Die Gerichte übernehmen zunehmend diese Auffassung. Sind die vorhandenen Gebäude teils mit und teils ohne seitlichen Grenzabstand errichtet worden, fügt sich ein Neubau ohne seitlichen Grenzabstand ein und ist damit zulässig, wie zum Beispiel der Verwaltungsgerichts München in seinem Urteil vom 29.4.2003 entschieden hat.

Die Tiefe der Abstandsfläche – also die Frage, welchen Abstand ein Gebäude, das in einem Gebiet mit offener Bauweise errichtet werden soll, zum Nachbargrundstück einhalten muss – bemisst sich nach dessen Wandhöhe; diese wird von der Geländeoberfläche bis zum Schnittpunkt der Wand mit der Dachhaut (!) oder bis zum oberen Abschluss der Wand gemessen. Da das Abstandsflächenrecht Landesrecht ist, finden sich in den Landesbauordnungen unterschiedliche Vorgaben zur Berechnung dieser Abstandsfläche. Allerdings haben alle Bundesländer – inzwischen auch Bayern – die Regelabstandsflächentiefe (früher 1 H) reduziert, in den meisten Bundesländern, so jetzt auch in Bayern auf 0,4 H. in Brandenburg und Niedersachsen etwa gilt aber 0,5 H. Außerdem sind die Mindestabstandsflächentiefen in den einzelnen Bundesländern unterschiedlich geregelt. In Baden-Württemberg und Hessen beträgt sie 2,5 m, in allen anderen Bundesländern 3,0 m. Diese Mindestabstandsfläche kann nicht unterschritten werden, auch nicht durch Erteilung von Abweichungen (siehe dazu nachstehend Ziffer 5). Sozusagen „im Gegenzug" zu den verminderten Abstandsflächen entfällt das Schmalseitenprivileg (mit einer Sonderregelung in Bayern für Großstädte).

Berechnet wird die Abstandsfläche ab der Geländeoberfläche. Nachdem die Landesbauordnungen nicht mehr expressis verbis von der natürlichen Geländeoberfläche sprechen, mehren sich die Entscheidungen zu Fällen, in denen der Bauherr die Geländeoberfläche manipuliert, vor allem natürlich durch Aufschüttungen. Dadurch vermindert sich rechnerisch die Abstandsfläche zum Nachbarn. Solche Veränderungen der Geländeoberfläche sind für die Bemessung der Wandhöhe aber nur dann beachtlich, wenn es hierfür einen rechtfertigenden Grund gibt. Aufschüttungen, die nicht aus baulichen Gründen, sondern nur deshalb erfolgen, um einen sonst gegebenen Verstoß gegen nachbarschützende Vorschriften des Abstandsflächenrechts zu beseitigen, sind nicht zu berücksichtigen. Es muss eben immer die nachbarschützende Bedeutung des Abstandsflächenrechts in den Blick genommen und Umgehungen zu Lasten des Nachbarn ausgeschlossen werden.

Die vorgeschriebene Abstandsfläche richtet sich aber nicht nur nach der Höhe des Gebäudes, sondern auch nach dem Baugebiet, in dem es errichtet werden soll. So genügt zum Beispiel in Kerngebieten der halbe Abstand, und in Gewerbe- und Industriegebieten reicht ein Viertel der Abstandsfläche, die Gebäude in Wohn- und Mischgebieten einhalten müssen (vergleiche zum Beispiel die Artikel 6 Absatz 5 BayBO, § 5 Absatz 7 LBO BW).

Im Übrigen aber sehen die Bundesländer eine Vielzahl von Sonderregelungen, insbesondere für die Behandlung sog. untergeordneter Bauteile vor. So bleiben Erker und Balkone bei der Bemessung der Abstandsflächen außer Betracht, wenn sie nicht mehr als 1,50 m vortreten und von den Nachbargrenzen mindestens 2 m entfernt bleiben. Voraussetzung ist nach der Rechtsprechung aber, dass es sich dabei um untergeordnete Bauteile handelt. Weder dürfen sich die Balkone über die gesamte Gebäudelänge ziehen (ähnliches gilt für Dachgauben), noch dürfen die Erker durchgehend vom Erdgeschoss bis zum obersten Stockwerk reichen und damit zusätzlichen Raum in allen Geschossen schaffen (so jetzt Artikel 6 Absatz 8 Nummer 2c BayBO; anders § 6 Absatz 6 SächsBO/ThürBO).

Ohne Sonderregelung, wie zum Beispiel in Sachsen, ist auch die nachträgliche Aufbringung einer Wärmedämmung abstandsflächenrelevant. Hier kann aber in den meisten Fällen mit einer Abweichung geholfen werden (siehe nachstehend Ziffer 5).

Schließlich sehen die Bauordnungen vor, dass der Nachbar – aufgrund vertraglicher Vereinbarung mit dem Bauherrn und meistens gegen angemessene Ausgleichszahlung – fehlende Abstandsflächen auf sein Grundstück übernimmt. In den meisten Bundesländern erfolgt diese Übernahme von Abstandsflächen mittels Eintragung einer Baulast im Baulastenverzeichnis (zum Beispiel § 7 LBO BW). In Bayern genügt hierfür eine schriftliche Zustimmungserklärung des Nachbarn (Artikel 6

Absatz 2 Satz 3 BayBO). Bayern benötigt deshalb schon aus Gründen der Publizität und Nachweisbarkeit natürlich ebenfalls ein Verzeichnis, in dem die Bauaufsichtsbehörde diese Zustimmungserklärungen sammelt. Andernfalls müsste ein Grundstückskäufer die Bauakten der letzten Jahrzehnte Blatt für Blatt durchsehen, ob sich dort irgendwo eine solche Zustimmungserklärung findet, die die Bebaubarkeit und damit natürlich den Wert des eigenen Grundstücks zum Teil ganz erheblich mindert. Die Zustimmung zur Abstandsflächenübernahme bezieht sich nur auf den jeweiligen Bauantrag/Baugenehmigung.

Privilegiert hinsichtlich der Abstandsflächen sind auch Garagen und Nebengebäude. Die entsprechenden Regelungen sind in den einzelnen Bundesländern unterschiedlich. Auch hier muss deshalb auf die jeweiligen Vorschriften der Länderbauordnungen verwiesen werden. Gemeinsam ist allen diesen Vorschriften aber, dass Garagen bis zu einer in den jeweiligen Bauordnungen näher definierten Größe unmittelbar an der Nachbargrenze errichtet werden können, teilweise sogar ohne Baugenehmigung, wie wir oben in Abschnitt III gesehen haben. Allerdings dürfen sich in solchen Garagen keine zusätzlichen Räume befinden, weder Wohn- noch Hobbyräume oder ähnliches., weil das Gebäude sonst seine Sonderstellung als (Grenz-)Garage verliert, wie wir oben gelernt haben.

5. Abweichungen und Nebenbestimmungen

Alle Landesbauordnungen sehen die Möglichkeit vor, von den gesetzlichen Bestimmungen abzuweichen. Die unterschiedlichen Lebenssachverhalte machen dies nötig, wie wir im Bauplanungsrecht gesehen haben, wo wir uns mit Ausnahmen und Befreiungen beschäftigt haben. Auch die Bauordnungen sehen deshalb Ausnahmen (von Sollvorschriften) und Befreiungen (von zwingenden Vorschriften) unter Voraussetzungen vor, die im Gesetz ausdrücklich genannt sind (zum Beispiel § 56 LBO BW; § 67 SächsBO).

Von größerer praktischer Bedeutung sind die Abweichungen in den gesetzlich nicht normierten Fällen (ausführlich dazu Hauth BauR 2014, 197 ff.). KÖNNEN zum Beispiel gemäß Artikel 63 BayBO oder § 67 SächsBO die Bauaufsichtsbehörden Abweichungen von Anforderungen dieses Gesetzes zulassen, wenn sie unter Berücksichtigung des Zwecks und der öffentlich-rechtlich geschützten nachbarlichen Belange mit den öffentlichen Belangen vereinbar sind. Damit wollte der Gesetzgeber bewusst die Hürde für die Zulässigkeit einer solchen Abweichung niedriger ansetzen als bisher und vor allem auch gleichwertige technische Lösungen ermöglichen. Das Wort KANN zeigt, dass in diesem Falle die Entscheidung im Ermessen der Behörde liegt.

Ein häufiges Beispiel sind die Abweichungen von Abstandsflächenvorschriften, die wir im vorherigen Abschnitt kennengelernt haben: Wie etwa ist in den Fällen zu entscheiden, in denen ein Baulinienplan der Stadt (einfacher Bebauungsplan im Sinne des § 30 Absatz 3 BauGB!) dazu zwingt, das geplante Gebäude in der Straßenflucht zu errichten, dieses Gebäude dann aber die Abstandsflächen nicht einhält, jedenfalls wenn es genauso hoch gebaut wird wie die Nachbargebäude? Kann der Eigentümer des gegenüberliegenden Gebäudes den Bauherrn zwingen, statt fünfgeschossig nur zweigeschossig zu bauen? In diesem Fall hat der Bauherr einen Anspruch auf Erteilung einer Abweichung nach Artikel 63 BayBO. Das städtebauliche Konzept eines fortgeltenden Baulinienplanes und damit einer einheitlichen Straßenrandbebauung lässt die Vorgabe, die das Abstandsflächenrecht eigentlich macht, zurücktreten. Vorrangig war in dem dortigen Fall, den Marktplatz mit seinen städtebaulich dominanten Gebäuden wieder entstehen zu lassen, auch in der ursprünglichen Höhe. Dieser städtebauliche Gesichtspunkt rechtfertigte die Erteilung einer Abweichung von der Einhaltung der Abstandsflächen.

Die Schwabinger Sieben

Im Münchner Ortsteil Schwabing sollte eine Baulücke geschlossen werden, was heftige Proteste in der Öffentlichkeit auslöste, weil ein dort stadtbekanntes Lokal verschwinden und durch einen mehrgeschossigen Neubau ersetzt werden sollte. Dieser T-förmige Neubau sollte im rückwärtigen Grundstücksbereich an eine 5-geschossige Brandwand angebaut werden. Dies wurde von der Stadt aus planungsrechtlichen Gründen begrüßt und deshalb eine Abweichung von den Abstandsflächen gemäß Artikel 63 BayBO erteilt.

Gegen diese Abweichung zogen die Nachbarn vor Gericht mit der Begründung: Wenn das Gebäude nur ein Stockwerk niedriger werden würde, würden zu ihren Grundstücken die vorgeschriebenen Abstandsflächen eingehalten. Das Verwaltungsgericht gab den Nachbarn Recht und hob die Baugenehmigung auf.

Die Erteilung einer Abweichung von Abstandsflächenvorschriften ist nur in Ausnahmefällen bei Vorliegen einer atypischen Grundstückssituation zulässig. Nach Auffassung der Gerichte berücksichtigen die differenzierten Abstandsflächenvorschriften alle städtebaulichen Belange einerseits und alle nachbarlichen Interessen andererseits – in erster Linie also die ausreichende Belichtung, Belüftung und Besonnung. Wenn von diesem in sich geschlossenen System der Abstandsflächenvorschriften abgewichen werden soll, so setzt dies einen atypischen Sonderfall voraus.

Ein solcher kann sich zum Beispiel aus Besonderheiten der Lage und des Zuschnitts der benachbarten Grundstücke ergeben, aus topografischen Besonderheiten des Geländeverlaufs oder aus einer speziellen städtebaulichen Situation, wie sie zum Beispiel in den engen Altstadtbereichen gegeben ist.

Bei Neubauten muss wenigstens ein Lichteinfallswinkel von 45° im Erdgeschoss der beiden sich gegenüberliegenden Gebäude nachgewiesen werden. Eine solche Abweichung ist ausdrücklich und schriftlich zu beantragen und zu begründen. Dies gilt auch bei baulichen Anlagen, die keiner Genehmigung bedürfen. Genehmigt wird in diesen Fällen nicht das Bauvorhaben insgesamt, sondern nur die beantragte Abweichung (sog. isolierte Abweichung)!

Von diesen Abweichungen (Ausnahmen und Befreiungen) zu unterscheiden sind NEBENBESTIMMUNGEN WIE AUFLAGEN, BEDINGUNGEN ETC.

Jede Baugenehmigung enthält mehrere solcher Nebenbestimmungen. Hierzu zählen insbesondere Auflagen hinsichtlich der Abwasserbeseitigung, der Bepflanzung des Grundstücks, der Auslegung der Heizungsanlage und anderes mehr. Sicherlich stellen solche Nebenbestimmungen in vielen Fällen Beschränkungen für den Bauherrn dar. Es darf aber nicht übersehen werden, dass gerade solche Auflagen und Bedingungen oftmals geeignet sind, baurechtliche Hindernisse aus dem Wege zu räumen, die eigentlich zu einer Versagung der Baugenehmigung führen müssten. An erster Stelle sind hier Einschränkungen aufgrund des Immissionsschutzes zu sehen. Ein Gewerbebetrieb etwa, von dem zu befürchten ist, dass er zur Nachtzeit Lärm verursacht, der die zulässigen Immissionsrichtwerte in der Nachbarschaft übersteigt, kann dennoch genehmigt werden, wenn seine Betriebszeit auf die Tageszeit beschränkt wird.

6. Umbau, Nutzungsänderung, Dachgeschossausbau

Ein besonderer Abschnitt sei der Frage gewidmet, wie Umbau und Nutzungsänderung bauordnungsrechtlich zu behandeln sind, im Besonderen auch der nachträgliche Dachgeschossausbau. Wenn das Gebäude in seiner Kubatur unverändert bleibt, (wofür) benötigt der Bauherr dann eine Baugenehmigung? Muss bei einer Nutzungsänderung die Abstandsflächenfrage neu geprüft werden und bei einem Dachgeschossausbau zum Beispiel die Stellplatzfrage?

Nutzungsänderung und Dachgeschossausbau
S hat einen Altbau aus der Gründerzeit erworben. Er möchte nun aus der bestehenden Wohnung im ersten Obergeschoss ein Büro machen und die Wohnung in das Dachgeschoss verlegen, welches er zu diesem Zweck ausbauen will. Die Räume im ersten Obergeschoss bleiben baulich völlig unverändert, weshalb er keinen Bauantrag einreicht, auch nicht für den Ausbau des Dachgeschosses, weil er dort auf Artikel 57 Absatz 1 Nummer 11 BayBO verweist. Seine Verwunderung ist deshalb nicht gering, als ihm die Bauaufsichtsbehörde den gesamten Bau einstellt.

Dass der Bauherr in einem solchen Fall der Nutzungsänderung schon deshalb eine Baugenehmigung benötigt, weil hier bauplanungsrechtliche Fragen tangiert sind, haben wir bereits geklärt.

Heftig umstritten ist die Frage, ob im Falle der Nutzungsänderung eines Gebäudes die Abstandsflächenfrage neu zu prüfen ist. Der typische Fall ist der, dass aus einem gewerblich genutzten Gebäude ein Wohngebäude werden soll oder umgekehrt, und zwar, ohne dass maßgebliche bauliche Veränderungen vor allem an der äußeren Hülle des Gebäudes vorgenommen werden. Die eine Meinung ist der Auffassung, dass zum Beispiel bei einer Nutzungsänderung von einem Wochenendhaus zu einer Dauerwohnnutzung oder umgekehrt die Abstandsflächenfrage nicht neu zu prüfen ist. Die gegenteilige Meinung kommt nicht darum herum, (neuerlich) eine Abweichung etwa nach Artikel 63 BayBO (siehe dazu oben Ziffer 5) von den Abstandsflächen zu erteilen.

Der nachträgliche Dachgeschossausbau ist dann genehmigungspflichtig, wenn mit diesem Ausbau eine selbstständige Wohneinheit geschaffen werden soll. Die Verfahrensfreiheit etwa des Artikel 57 BayBO gilt aber nur, wenn mit dem Dachgeschossausbau einzelne Aufenthaltsräume in einem überwiegend zu Wohnzwecken genutzten Gebäude geschaffen werden und dabei die Dachkonstruktion und die äußere Gestalt des Gebäudes nicht verändert wird.

Sieht allerdings der Bebauungsplan oder eine Satzung der Gemeinde dies vor, sind Änderungen von Dachgeschossen zu Wohnzwecken ebenso wie die Errichtung von Dachgauben genehmigungsfrei. (zum Beispiel Artikel 57 Absatz 2 Nummer 4 BayBO). In diesem Falle stellt sich aber die planungsrechtliche Frage, ob dieser Speicherausbau mit den Festsetzungen eines Bebauungsplans übereinstimmt (§ 30 BauGB) beziehungsweise sich in die umliegende Bebauung gemäß § 34 BauGB einfügt. Die Schaffung neuer selbstständiger Wohnungen in den Dachgeschossen führt nämlich zu einer Verdichtung der Bebauung, die zum

Beispiel wegen der notwendigen Kraftfahrzeugstellplätze und der gebotenen Infrastruktureinrichtungen (zum Beispiel Kindergärten) problematisch sein kann. In diesem Falle ist das Vorhaben nicht nur genehmigungspflichtig; es kann auch an den genannten bauplanungsrechtlichen Voraussetzungen oder an bauordnungsrechtlichen Bestimmungen, wie dem ausreichenden Brandschutz, scheitern.

Selbstverständlich benötigt eine zusätzliche Wohnung (im Dachgeschoss) auch mindestens einen zusätzlichen Stellplatz (siehe dazu oben Ziffer 3).

Die Stellung der Gemeinde und der Nachbarn im Genehmigungsverfahren

Die Gemeinde hat im Baugenehmigungsverfahren eine besondere Stellung. Diese folgt aus der in Artikel 28 GG normierten gemeindlichen Planungshoheit. Diese Planungshoheit macht es erforderlich, die Gemeinde auch im Baugenehmigungsverfahren zu beteiligen. Die Beteiligung der Nachbarn folgt aus der Eigentumsgarantie des Artikel 14 GG. Danach hat der Nachbar einen öffentlich-rechtlichen Beteiligungs- und gegebenenfalls Abwehranspruch. Die heutige Fragestellung geht dahin, wie weit dieser Nachbarschutz tatsächlich und rechtlich reicht, wer also Nachbar im Rechtssinne ist und welche Vorschriften nachbarschützend sind.

4. Die Stellung der Gemeinde und der Nachbarn im Genehmigungsverfahren

I. Die Stellung der Gemeinde im Genehmigungsverfahren

1. Verfahrensmäßige Beteiligung der Gemeinde

Die Planungshoheit der Gemeinde macht es zunächst einmal notwendig, diese verfahrensmäßig zu beteiligen. Anträge auf Erteilung einer Baugenehmigung oder eines Vorbescheides müssen deshalb entweder bei der unteren Bauaufsichtsbehörde eingereicht und von dieser der Gemeinde zugeleitet (vergleiche § 68 SächsBO) oder bei der Gemeinde eingereicht werden, damit sie dort vorbehandelt werden können (vergleiche zum Beispiel Artikel 64 BayBO). Gerade diese frühzeitige Information über geplante Bauvorhaben gibt der Gemeinde Gelegenheit, für dieses Grundstück beziehungsweise Gebiet einen Bebauungsplan aufzustellen, eine Veränderungssperre zu beschließen etc. – veranlasst also erst durch die Einreichung des Bau- und Vorbescheidsantrages (siehe dazu ausführlicher im 5. Kapitel Abschnitt I).

Die Stellung der Gemeinde wird aber oftmals nicht nur unter-, sondern auch überschätzt. Insbesondere ist immer wieder deutlich darauf hinzuweisen, dass die Gemeinden und erst recht deren Bürgermeister grundsätzlich nicht Genehmigungsbehörde sind (siehe 3. Kapitel). Aus dieser Zuständigkeitsverteilung folgt, dass die Genehmigungsbehörde, regelmäßig also das Landratsamt, an das erteilte Einvernehmen der Gemeinde nicht gebunden ist. Sie kann und muss die Genehmigung verweigern, wenn bauplanungs- oder bauordnungsrechtliche Gründe entgegenstehen. Auskünfte der Gemeinde über die (angebliche) Bebaubarkeit eines Grundstücks sind also ebenso unverbindlich wie oftmals falsch. Gleichwohl gehen immer noch viele Bauherren und Architekten zur Beantwortung der Frage nach der Bebaubarkeit und dem Erwerb eines Grundstücks als Erstes zum Bürgermeister. Nicht nur die Enttäuschung, sondern auch der Schaden ist groß, wenn sich später herausstellt, dass die untere Bauaufsichtsbehörde die Baugenehmigung trotz der „Zusage" des Bürgermeisters nicht erteilt, weil eben die Voraussetzungen der §§ 30 ff. BauGB nicht vorliegen.

§ 36 BauGB

(1) Über die Zulässigkeit von Vorhaben nach den §§ 31, 33 bis 35 wird im bauaufsichtlichen Verfahren von der Baugenehmigungsbehörde im Einvernehmen mit der Gemeinde entschieden. Das Einvernehmen der Gemeinde ist auch erforderlich, wenn in einem anderen Verfahren über die Zulässigkeit nach den in Satz 1 bezeichneten Vorschriften ent-

schieden wird; dies gilt nicht für Vorhaben der in §29 Absatz 1 bezeichneten Art, die der Bergaufsicht unterliegen. Richtet sich die Zulässigkeit von Vorhaben nach §30 Absatz 1, stellen die Länder sicher, dass die Gemeinde rechtzeitig vor Ausführung des Vorhabens über Maßnahmen zur Sicherung der Bauleitplanung nach den §§14 und 15 entscheiden kann. In den Fällen des §35 Absatz 2 und 4 kann die Landesregierung durch Rechtsverordnung allgemein oder für bestimmte Fälle festlegen, dass die Zustimmung der höheren Verwaltungsbehörde erforderlich ist.

(2) Das Einvernehmen der Gemeinde und die Zustimmung der höheren Verwaltungsbehörde dürfen nur aus den sich aus den §§31, 33, 34 und 35 ergebenden Gründen versagt werden. Das Einvernehmen der Gemeinde und die Zustimmung der höheren Verwaltungsbehörde gelten als erteilt, wenn sie nicht binnen zwei Monaten nach Eingang des Ersuchens der Genehmigungsbehörde verweigert werden; dem Ersuchen gegenüber der Gemeinde steht die Einreichung des Antrags bei der Gemeinde gleich, wenn sie nach Landesrecht vorgeschrieben ist. Die nach Landesrecht zuständige Behörde kann ein rechtswidrig versagtes Einvernehmen der Gemeinde ersetzen.

Nach §36 Absatz 1 BauGB ist über die Zulässigkeit von Vorhaben nach den §§31, 33–35 BauGB im bauaufsichtlichen Verfahren von der Baugenehmigungsbehörde im Einvernehmen mit der Gemeinde zu entscheiden. Die Entscheidung ergeht also DURCH DIE BAUGENEHMIGUNGSBEHÖRDE, allerdings im Einvernehmen mit der Gemeinde. Auch die Erforderlichkeit dieses Einvernehmens folgt aus dem grundgesetzlich garantierten Selbstverwaltungsrecht (Artikel 28 Absatz 2 GG) und der sich hieraus ergebenden Planungshoheit. Überall dort also, wo die Planungshoheit und die planerische Gestaltungsfreiheit der Gemeinde tangiert werden, ist deren Einvernehmen notwendig. Dies gilt für ein Vorhaben im unbeplanten Innenbereich nach §34 BauGB ebenso wie für ein Vorhaben im Außenbereich. Aber auch solange ein Bebauungsplan noch nicht bestandskräftig ist, bedarf es des Einvernehmens der Gemeinde, wie der Hinweis auf §33 BauGB in §36 Absatz 1 BauGB deutlich macht. Dort hingegen, wo bereits ein Bebauungsplan existiert, bedarf es des Einvernehmens der Gemeinde (selbstverständlich) nicht mehr.

Folgerichtig fehlt im Katalog des §36 Absatz 1 BauGB der Hinweis auf §30 BauGB: Mit der Aufstellung eines Bebauungsplans hat die Gemeinde ihren Planungswillen bereits zum Ausdruck gebracht.

HINWEIS
Soweit sich die Zulässigkeit eines Vorhabens allein nach den Festsetzungen dieses Bebauungsplans beurteilt, bedarf es des (nochmaligen) Einvernehmens der Gemeinde nicht.

Um dies zu verdeutlichen, sei noch einmal zurückgeblendet auf den oben dargestellten Fall mit der Transportbetonanlage:

Die Transportbetonanlage im Industriegebiet
Dort hatte die Stadt E einen Bebauungsplan aufgestellt und das Gebiet als Industriegebiet ausgewiesen. In diesem Industriegebiet war, wie wir gesehen haben, auch eine Transportbetonanlage zulässig. Trotzdem wandte sich die Stadt im Genehmigungsverfahren gegen die Erlaubnis für eine solche Anlage mit der Begründung, an einen derartigen emittierenden Industriebetrieb habe man bei Aufstellung des Bebauungsplans nicht gedacht. Die untere Bauaufsichtsbehörde wies die Stadt darauf hin, dass solche emittierenden Betriebe auch oder richtigerweise sogar gerade in Industriegebieten angesiedelt werden dürfen und sollen, § 9 BauNVO. Mit der Ausweisung eines Industriegebietes im Bebauungsplan habe die Stadt von ihrer Planungshoheit Gebrauch gemacht. Der Erteilung eines (neuerlichen) Einvernehmens bedürfe es deshalb und im Hinblick auf § 36 Absatz 1 BauGB nicht. Die Behörde erteilte die Genehmigung für die beantragte Transportbetonanlage, ohne die Einwendungen der Gemeinde zu berücksichtigen.

Weicht aber das beantragte Vorhaben von den Festsetzungen des Bebauungsplans ab und ist deshalb eine Ausnahme oder Befreiung nach § 31 BauGB notwendig, bedarf es wieder des Einvernehmens der Gemeinde (§ 36 Absatz 1 BauGB).

Nach § 36 Absatz 2 Satz 1 BauGB darf das Einvernehmen der Gemeinde nur aus den in den §§ 30 ff. BauGB genannten Gründen versagt werden. Zu diesen Gründen gehören aber nicht nur die dort aufgeführten planungsrechtlichen Gesichtspunkte, sondern auch die Fragen der Erschließung. Dies liegt auf der Hand, weil sonst unter Umständen die Gemeinde aufgrund einer erteilten Baugenehmigung gezwungen werden könnte, eine ausreichende Zufahrt zu schaffen, die Wasserversorgungsanlage zu verbessern oder die Abwasseranlagen auszubauen. Die Erschließung von Grundstücken ist nämlich der Gemeinde als Aufgabe zugewiesen (§ 123 Absatz 1 BauGB). Selbst innerhalb eines von der Gemeinde ausgewiesenen Bebauungsplangebiete kann deshalb nur in seltensten Ausnahmefällen ein Grundstückseigentümer die Herstellung bestimmter Erschließungsanlagen von der Gemeinde verlangen.

2. Beteiligung der Gemeinde im bauaufsichtlichen Verfahren
Neben diesem aus der Planungshoheit folgenden Beteiligungsrecht der Gemeinde ergibt sich deren Beteiligung aber auch aus ihrer Stellung im bauaufsichtlichen Verfahren. Insbesondere zu Fragen der Erschließung ist die Äußerung der Gemeinde notwendig, weil sie als Erste weiß, ob etwa der Anschluss an eine zentrale Wasserversorgungsanlage oder eine zentrale Abwasserbeseitigungsanlage besteht oder in absehbarer Zeit

möglich ist, ob die Zufahrtswege benutzbar sind oder jedenfalls bis zur Fertigstellung des Vorhabens benutzbar sein werden und ob örtliche Bauvorschriften nach Artikel 81 BayBO bestehen.

Allerdings muss deutlich darauf hingewiesen werden, dass die bauordnungsrechtlichen Fragen nicht unter die Planungshoheit der Gemeinde fallen. Über eine negative Stellungnahme der Gemeinde zu bauordnungsrechtlichen Fragen kann sich also die Bauaufsichtsbehörde hinwegsetzen. Den Streit darüber, ob dies auch für örtliche Bauvorschriften der Gemeinden gilt, hat jedenfalls der bayerische Gesetzgeber dadurch aus der Welt geschafft, dass er auch hier das gemeindliche Einvernehmen verlangt, wenn von solchen örtlichen Bauvorschriften abgewichen, insbesondere eine Ausnahme oder Befreiung erteilt werden soll. Im Übrigen aber bleibt es bei dem Grundsatz: Das Einvernehmen der Gemeinde ist nur für die städtebauliche Zulässigkeit des Vorhabens vorgeschrieben, nicht dagegen für die Zulässigkeit nach dem Bauordnungsrecht. Hier steht der Gemeinde kein echtes Mitwirkungsrecht zu; ihre Stellungnahmen sind für die Baugenehmigungsbehörde insoweit nur Hinweise und Anregungen. Darüber hinaus haben sie keine rechtliche Wirkung und Bedeutung.

3. Verweigerung des gemeindlichen Einvernehmens

VERWEIGERT die Gemeinde ihr Einvernehmen aus ANDEREN als planungsrechtlichen Gründen, wird es im Allgemeinen möglich sein, rechtlich ZWEI Erklärungen anzunehmen: Zum einen das vorbehaltlose Einvernehmen nach § 36 BauGB und daneben eine Stellungnahme in Form von Anregungen oder Hinweisen zu Fragen des Bauordnungsrechts.

Verweigert die Gemeinde ihr Einvernehmen, kann diese Entscheidung vom Bauwerber nicht gesondert angegriffen werden. Die Erklärung des Einvernehmens ist nämlich lediglich ein sog. VERWALTUNGSINTERNUM, kein Verwaltungsakt. Der Bauwerber muss also zuwarten, bis die untere Bauaufsichtsbehörde ablehnend entschieden hat oder bis die Drei-Monats-Frist zur Erhebung einer Untätigkeitsklage (§ 75 VwGO) abgelaufen ist. Eine POSITIVE Entscheidung der Baugenehmigungsbehörde kann nur „im Einvernehmen mit der Gemeinde“ erfolgen. Hat die Gemeinde aus planungsrechtlichen Gründen das Einvernehmen verweigert, musste die untere Bauaufsichtsbehörde bisher die beantragte Genehmigung ablehnen. Die Folge davon war, dass der Bauwerber das Verwaltungsgericht anrufen musste, das im Gegensatz zur (unteren und höheren) Bauaufsichtsbehörde, mit seinem Verpflichtungsurteil das Einvernehmen der Gemeinde herstellte.

Weil dieses Verfahren so umständlich und für den Bauwerber so langwierig und teuer ist, haben inzwischen nicht nur die meisten Länderbauordnungen, sondern auch der Bundesgesetzgeber Regelungen über die Ersetzung des gemeindlichen Einvernehmens im Rahmen des Baugenehmigungsverfahrens getroffen (vergleiche § 36 Absatz 2 Satz 3 BauGB; Artikel 67 BayBO; § 71 SächsBO). Nach diesen Bestimmungen muss jetzt die Baugenehmigungsbehörde in der Regel das fehlende Einvernehmen ersetzen, wenn dieses von der Gemeinde in rechtswidriger Weise versagt wurde. Zu diesem Zweck schreibt das Landratsamt die Gemeinde an, weist sie auf die Rechtslage hin und fordert sie auf, das gemeindliche Einvernehmen doch zu erteilen. Hierzu ist ihr eine angemessene Frist einzuräumen, allerhöchstens zwei Monate. Bleibt die Gemeinde uneinsichtig und bei ihrer Ablehnung, stellt die untere Bauaufsichtsbehörde IM BAUGENEHMIGUNGSBESCHEID fest, dass das gemeindliche Einvernehmen ersetzt wird. Entsprechendes gilt für die höhere Bauaufsichtsbehörde, insbesondere im Widerspruchsverfahren.

4. Verzögerung des gemeindlichen Einvernehmens

Von dieser rechtswidrigen VERWEIGERUNG des gemeindlichen Einvernehmens und seiner Ersetzung zu unterscheiden ist das Verfahren bei VERZÖGERUNG durch die Gemeinde.

Im Interesse einer zeitlichen und verfahrensmäßigen Beschleunigung schuf der Bundesgesetzgeber Vorschriften, aufgrund derer die Erteilung des gemeindlichen Einvernehmens fingiert wurde. Nach § 36 Absatz 2 Satz 2 BauGB GILT das Einvernehmen der Gemeinde ALS ERTEILT, wenn es nicht binnen zwei Monaten nach Eingang des Ersuchens der Genehmigungsbehörde verweigert wird. Für diese Fälle ist folgendes Vorgehen zu empfehlen: Der Bauantrag wird bei der unteren Bauaufsichtsbehörde eingereicht mit der Bitte, die Unterlagen der Gemeinde förmlich zuzustellen mit dem Ersuchen, das gemeindliche Einvernehmen zu erteilen. In dem Anschreiben muss darauf hingewiesen werden, dass nach Ablauf von zwei Monaten das Einvernehmen der Gemeinde als erteilt gilt. Diese Bestimmung wurde mit der letzten Änderung des BauGB noch verschärft. Für diejenigen Länder, deren Bauordnung die Einreichung des Bauantrages bei der Gemeinde vorschreiben, wie zum Beispiel in Sachsen und Bayern, rechnet die Zwei-Monats-Frist ab Einreichung des Antrages bei der Gemeinde. Die Gemeinde ist also gezwungen, innerhalb von zwei Monaten dem Landratsamt die Erteilung oder Verweigerung des gemeindlichen Einvernehmens mitzuteilen, andernfalls die Baugenehmigungsbehörde dieses Einvernehmen als erteilt unterstellen muss.

II. Die formale Stellung des Nachbarn im Baugenehmigungsverfahren

Während im Bauleitplanverfahren DIE ÖFFENTLICHKEIT zu beteiligen ist, gilt dies im Baugenehmigungsverfahren nur für den Nachbarn. Dies folgt aus dem völlig unterschiedlichen Ansatz dieser Beteiligungsrechte. Die Öffentlichkeitsbeteiligung im Bauleitplanverfahren soll zum einen allen Bürgern der Gemeinde eine Kontrolle über die maßgeblichen Entscheidungen im Gemeinderat ermöglichen, daneben aber auch ein Mittel zur besseren Information der Gemeinde und Gewährleistung einer ordnungsgemäßen Abwägung sein. Demgegenüber hat die Beteiligung des Nachbarn im Baugenehmigungsverfahren einen ganz anderen Ausgangspunkt und Zweck. Die Bebauung eines Grundstücks steht immer in einer gewissen Wechselbeziehung zu den unmittelbaren Nachbargrundstücken. Diese „Situationsgebundenheit" des Grundstücks bedeutet, dass bei der baulichen und sonstigen Nutzung die Verhältnisse in der Umgebung nicht unberücksichtigt bleiben können. Hieraus folgt zweierlei: zum einen verfahrensrechtlich die Beteiligung des Nachbarn im Genehmigungsverfahren, zum anderen materiell-rechtlich, dass eine erteilte Baugenehmigung rechtlich geschützte Belange des Nachbarn nicht beeinträchtigen darf. Die Landesbauordnungen regeln (nur) den verfahrensrechtlichen Teil und bestimmen, wer und wie im Genehmigungsverfahren zur Bebauung eines Grundstücks in der Nachbarschaft zu beteiligen ist. Dagegen blieb es im Wesentlichen der Rechtsprechung vorbehalten, festzulegen, welche materiellen Vorschriften des Bauplanungs- und Bauordnungsrechts nachbarschützend sind (nachfolgend Abschnitt III). Diese nachbarschützenden Vorschriften sind nicht nur von der Genehmigungsbehörde im Baugenehmigungsverfahren zu berücksichtigen. Sie geben vor allem dem Nachbarn ein eigenes Recht und damit die Möglichkeit, gegen eine etwa erteilte (rechtswidrige) Baugenehmigung Widerspruch einzulegen beziehungsweise vor Gericht zu ziehen (siehe hierzu das 6. Kapitel).

Sämtliche Bauordnungen enthalten Vorschriften über die Beteiligung der Nachbarn im Baugenehmigungsverfahren. Allerdings erfolgt diese Nachbarbeteiligung nach den Bauordnungen der einzelnen Bundesländer in sehr unterschiedlicher Weise.

Baden-Württemberg beteiligt die Eigentümer angrenzender Grundstücke, allerdings eben nur die Angrenzer; Bayern bezieht alle „Nachbarn" in das Verfahren ein. Diese werden von der Gemeinde vom Bauantrag benachrichtigt, es sei denn, sie haben dem Bauvorhaben bereits schriftlich zugestimmt oder die Bauvorlagen unterschrieben. Bei Eigentümergemeinschaften nach dem WEG genügt die Benachrichtigung des Verwalters. Dies schließt es aber nicht aus – und gerade hierin wird der maßgebliche Unterschied zwischen der verfahrensrechtlichen Beteiligung und der materiell-rechtlichen Betroffenheit deutlich –, dass gegebenenfalls jeder einzelne Wohnungseigentümer Nachbarrechte wegen Beeinträchtigung seines Sondereigentums in vollem Umfang und aus eigenem Recht geltend machen kann, wie die Gerichte mehrfach entschieden haben, unter anderem der Verwaltungsgerichtshof München im Beschluss vom 2.10.2003.

TIPP
Architekten und Bauherren ist dringend zu raten, die Bauvorlagen vollständig und auch für den Nachbarn verständlich zu fertigen.

Den zu beteiligenden Nachbarn sind der Lageplan und die Bauzeichnungen zur Unterschrift vorzulegen.

Es mehren sich nämlich Entscheidungen, die einer Nachbarklage gegen ein genehmigtes Bauvorhaben allein deshalb stattgeben, weil der Nachbar aus den Plänen nicht genau entnehmen konnte, was Gegenstand des Bauantrages und damit der nachfolgenden Baugenehmigung sein sollte. Dies betrifft das Maß der baulichen Nutzung ebenso wie die Art der Nutzung. Problematisch sind also nicht nur Pläne, die keine exakten Maßangaben enthalten, sondern auch Pläne, aus denen der Nachbar den genauen Umfang der gewerblichen Tätigkeit nicht entnehmen kann, weil die Baubeschreibung fehlt oder unvollständig ist.

Zu beteiligen sind „die EIGENTÜMER benachbarter Grundstücke" (so zum Beispiel Artikel 66 Absatz 1 BayBO). Den Eigentümern gleichgestellt sind lediglich Inhaber eigentumsähnlicher Rechte, insbesondere dinglicher Rechte am Grundstück, wie zum Beispiel Erbbauberechtigte, Inhaber von Geh- und Fahrtrechten oder anderer Dienstbarkeiten.

Während die LBO BW nur die Angrenzer beteiligt, sind nach Artikel 66 BayBO oder § 70 SächsBO die Eigentümer aller BENACHBARTEN Grundstücke zu beteiligen. Was aber sind „benachbarte" Grundstücke? Ob auf der Südseite eines Baugrundstücks eine Grenzgarage errichtet wird, interessiert den Eigentümer des übernächsten Grundstücks im Norden überhaupt nicht mehr. Er ist insoweit nicht mehr Nachbar. Ganz anders dagegen können sich die nachbarrechtlichen Auswirkungen etwa eines geplanten Gewerbebetriebes oder einer Großgarage beurteilen.

Der Neubau der katholischen Hochschule
F ist Eigentümer eines Mehrfamilienwohnhauses gegenüber einer katholischen Hochschule. Diese plant zur Unterbringung zusätzlicher Studenten einen Erweiterungsbau, verbunden mit einer Tiefgarage und 120 Stellplätzen in dieser Garage. F befürchtet einen ganz erheblichen Verkehr und damit zusammenhängende erhebliche Lärmbelästigung durch die Tiefgarage, insbesondere weil zu erwarten sei, dass diese durch die Bewohner des Studentenheimes auch und gerade zur Nachtzeit ständig frequentiert werde. Das Ein- und Ausfahren der in der Tiefgarage abgestellten Fahrzeuge werde ihm und seinen Mietern zukünftig den Schlaf rauben.

Der Verwaltungsgerichtshof München erkannte in seinem Urteil vom 21.8.1990 an, dass Herr F durchaus Nachbar im Sinne der Bauordnung sei, obwohl sein Grundstück auf der gegenüberliegenden Straßenseite lag. Die dazwischen liegende Straße sei hier ohne Bedeutung, weil die mit dem geplanten Bauvorhaben, insbesondere der Tiefgarage, zusammenhängenden Lärmbeeinträchtigungen auch oder gerade das Anwesen auf der gegenüberliegenden Straßenseite treffen könnten. Materiell-rechtlich aber wird eine Nachbarrechtsverletzung durch den Zufahrtsverkehr zu einer Tiefgarage auch eines größeren Wohnblocks grundsätzlich verneint.

Diese Problematik wird bei gewerblichen Bauvorhaben besonders deutlich. Deren Lärm ist nicht nur auf dem angrenzenden Grundstück zu hören, wie der nachstehende Fall deutlich macht.

Die Anlieferung im Morgengrauen
Die Firma E beabsichtigt den Bau eines Lebensmittelmarktes mit 80 Parkplätzen und einer Anlieferung bereits vor 6.00 Uhr morgens. Dies verlangt die Einhaltung der zulässigen Nachtrichtwerte. Sowohl der Parkplatzlärm wie der Lärm bei der Anlieferung sind aber selbstverständlich nicht nur auf dem angrenzenden Grundstück zu hören, sondern auch auf dem übernächsten Grundstück und denen auf der gegenüberliegenden Straßenseite.

Die Genehmigungsbehörde ist sich unschlüssig, wem die Pläne zur Unterschrift vorzulegen sind. Auch der Bauherr ist hin- und hergerissen. Die Eigentümer der unmittelbar angrenzenden Grundstücke haben seinen Bauplan nämlich unterschrieben, nachdem er ihnen Zugeständnisse gemacht hat. Die entfernteren Grundstückseigentümer zu beteiligen, würde zumindest eine zeitliche Verzögerung, möglicherweise zusätzlichen finanziellen Aufwand zur Folge haben. Beteiligt er diese aber nicht, muss er damit rechnen, dass diese entfernteren Nachbarn später Widerspruch beziehungsweise Klage gegen die erteilte Baugenehmigung einlegen. Der Erfolg dieser Rechtsmittel hängt zum Beispiel davon ab, ob die zulässigen Nachtrichtwerte nach der TA Lärm trotz dieser Frühanlieferung vor 6.00 Uhr, also zur Nachtzeit nach TA Lärm, eingehalten werden können, wie die Gerichte inzwischen mehrfach entschieden haben, etwa das Bundesverwaltungsgericht in seinem Beschluss vom 20.4.2000.

Wie der nachstehende Fall zeigt, ist es für den Bauwerber durchaus sinnvoll, nicht nur die unmittelbar angrenzenden Nachbarn zu beteiligen, insbesondere wenn es um gewerbliche Vorhaben geht. Der Aufwand, zwei oder drei zusätzliche Nachbarunterschriften einholen zu müssen, steht in keinem Verhältnis zu den Folgen, die entstehen können, wenn ein zunächst nicht beteiligter Nachbar und möglicherweise erst nach Erteilung der Baugenehmigung gegen deren Erteilung Rechtsmittel einlegt.

Eigentor durch Nichtbeteiligung
W war Eigentümer eines Grundstücks in D. Das zuständige Landratsamt erteilte ihm die Genehmigung zur Errichtung eines Mehrfamilienwohnhauses mit einem größeren Ladengeschäft im Erdgeschoss. Beteiligt wurden nur die rechts und links anstoßenden Nachbarn. Nachdem diese den Bauplan unterschrieben hatten, begann der Bauherr mit den Bauarbeiten. Daraufhin beantragte und erreichte der Grundstückseigentümer auf der gegenüberliegenden Straßenseite beim Verwaltungsgericht einen Baustopp mit der Begründung, der Lärm durch die Fahrzeuge, die den Parkplatz des Ladens ansteuerten, würden bei ihm Immissionen verursachen, die die zulässigen Werte der TA Lärm übersteigen.

Die Auseinandersetzung der Gutachter über die Richtigkeit dieser Behauptungen konnte und wollte der Bauherr verständlicherweise nicht abwarten. Gegen Zahlung einer Abstandssumme wurde die Klage zurückgenommen. Dies hätte sich der Bauherr sparen können, wenn er vorher auch die Grundstückseigentümer im weiteren Umkreis des Ladens und des Parkplatzes beteiligt hätte. Selbst wenn er keine Unterschrift erhalten hätte – nach Beginn der Bauarbeiten ist jeder Bauherr in der denkbar schlechtesten Verhandlungsposition.

In den Bundesländern, in denen eine sachgerechte Nachbarbeteiligung vorgesehen ist, ist dem Nachbarn, der die Pläne nicht unterschrieben hat, die Baugenehmigung zuzustellen. Diese Zustellung kann in vielen

Bundesländern durch öffentliche Zustellung beziehungsweise öffentliche Bekanntmachung erfolgen, in örtlichen Tageszeiten wie in amtlichen Veröffentlichungsblättern. Da so gut wie niemand diese amtlichen Veröffentlichungsblätter liest, ist jeder Nachbar gut beraten, sich regelmäßig bei der Behörde zu erkundigen, wenn er von einem solchen Vorhaben in der Nachbarschaft erfährt.

Vom Tag der Zustellung, also auch der öffentlichen Bekanntmachung an, laufen die Widerspruchs- beziehungsweise Klagefristen, die allerdings gemäß § 212a BauGB keine aufschiebende Wirkung haben, so dass der Bauherr mit den Bauarbeiten beginnen kann (hierzu und zu den daraus folgenden rechtlichen Möglichkeiten siehe das 6. Kapitel).

III. Die materiellen Vorschriften des Nachbarrechts, insbesondere das Gebot der Rücksichtnahme

Im vorherigen Abschnitt haben wir uns mit der Frage befasst, wer als Nachbar im Baugenehmigungsverfahren beteiligt werden muss beziehungsweise sollte. In diesem Abschnitt wollen wir der Frage nachgehen, welche MATERIELLEN Vorschriften dem Schutz des Nachbarn zu dienen bestimmt sind. Denn nur eine Verletzung solcher Vorschriften, die nach dem Willen des Gesetzgebers ausdrücklich (auch) dem Schutz des Nachbarn dienen, kann dazu führen, dass Widerspruch und Klage eines Nachbarn, etwa gegen eine Baugenehmigung, Erfolg haben.

Die Klage des Konkurrenten

Die Firma V erhält die Genehmigung zur Errichtung eines Einkaufszentrums mit verschiedenen Läden, auch für Lebensmittel, Arztpraxen, Gaststätten und anderes mehr. Eine große Lebensmittelkette, die auf dem angrenzenden Grundstück den einzigen größeren SB-Markt betrieb, sah sich durch diese Konkurrenz verständlicherweise nicht unerheblich in ihren Umsatz- und Gewinnerwartungen eingeschränkt, wenn dieses Einkaufszentrum erst einmal eröffnet haben würde. Sie beantragte deshalb beim Verwaltungsgericht, die Baugenehmigung für dieses Einkaufszentrum aufzuheben und den Bau einzustellen mit der Begründung, die rechtlichen Voraussetzungen für die Genehmigung eines solchen Einkaufszentrums, etwa nach § 11 Absatz 3 BauNVO, seien nicht gegeben. Deshalb sei die Baugenehmigung rechtswidrig und müsse aufgehoben werden.

Sowohl das Verwaltungsgericht wie das Oberverwaltungsgericht wiesen den Antrag kostenpflichtig zurück. Die Baugenehmigung sei nicht rechtswidrig. Dies aber sei gar nicht entscheidend. Selbst eine rechtswidrige Baugenehmigung könnte die Konkurrentin nicht mit Erfolg angreifen, weil zwar ohne Zweifel ihre INTERESSEN beeinträchtigt seien, jedoch keine Verletzung eigener RECHTE vorliege. Die Baugenehmigung dient nicht dem Schutz eines Unternehmens vor unerwünschten Konkurrenten. Die Rechtsschutzgarantie in Artikel 19 Absatz 4 des Grundgesetzes geht eben nicht so weit, dass alles zu einer RECHTSBEEINTRÄCHTIGUNG und damit auf den Klageweg führt, was gegen die INTERESSEN eines Betroffenen verstößt. Schon sehr früh wurde die sog. Schutznormtheorie geboren und von der Rechtsprechung zu einem unumstößlichen Dogma fortentwickelt. Auch das Gesetz fordert als Voraussetzung für die Einlegung eines Rechtsmittels das Vorliegen einer Rechtsverletzung, nicht nur einer Interessenbeeinträchtigung (§§ 42 Absatz 2, 113 Absatz 1 VwGO).

Die nachbarschützenden Vorschriften des materiellen Rechts können grob in drei Gruppen eingeteilt werden:

- den Nachbarschutz im Bauordnungsrecht,
- den Nachbarschutz im Bauplanungsrecht und
- den Nachbarschutz aufgrund des Rücksichtnahmegebotes, das in Literatur und Rechtsprechung eine immer größer werdende Bedeutung gewinnt.

1. Nachbarschutz im Bauordnungsrecht

Ob eine Vorschrift des materiellen Bauordnungsrechtes nachbarschützend ist oder nicht, lässt sich bei einigen einfach, bei anderen schwieriger beantworten. Die Qualifizierung als nachbarschützende Norm hängt, wie wir gesehen haben, immer von der Antwort auf die Frage ab, ob die Norm im Interesse der Allgemeinheit liegt, oder ob sie wenigstens AUCH dem besonderen Schutz des Nachbarn und dem Interessenausgleich zwischen den benachbarten Grundstücken dient. Dass diese Abgrenzung nicht einfach ist, zeigt schon die Tatsache, dass die Oberverwaltungsgerichte der Länder bei vergleichbaren Vorschriften zu durchaus unterschiedlichen Entscheidungen gelangen. Die Rechtsprechung zu diesem Thema ist also nicht nur umfangreich, sondern auch teilweise in den Ländern unterschiedlich. Hier bleibt also nichts anderes, als sich im Einzelfall anhand der Kommentare zu den Länder-Bauordnungen kundig zu machen. Im Folgenden sollen lediglich einige wichtige Vorschriften herausgegriffen werden.

NACHBARSCHÜTZENDE VORSCHRIFTEN:
Aus der Tatsache, dass die Bauordnungen in aller erster Linie dem Schutz der Allgemeinheit, der Gefahrenabwehr, der Bewohnbarkeit und ansprechenden Gestaltung von Gebäuden dienen, folgt bereits, dass nur die wenigsten Vorschriften des Bauordnungsrechtes nachbarschützend sind. Hierzu gehören in erster Linie:

- Die Vorschriften über ABSTANDSFLÄCHEN, welche vor allem die ausreichende Belichtung, Belüftung und Besonnung der vorhandenen oder künftigen Nachbargebäude gewährleisten sollen. Durch sie will der Gesetzgeber ausdrücklich den Nachbarn schützen.

Abstandsflächen und Nachbarschutz
R ist Eigentümer eines Gasthofes in H. Sein Antrag auf Genehmigung eines Anbaus wird vom Landratsamt genehmigt. Der Bettentrakt mit einer Länge von 20 m hält nach dem Bauplan die vorgeschriebene Abstandsfläche von 4 m exakt ein. Gegen diese Baugenehmigung legt der Nachbar Widerspruch beziehungsweise in Bayern Klage ein mit der Begründung, die Abstandsfläche sei falsch berechnet. Hierfür sei nicht das Maß von der Geländeoberfläche bis zur Traufe, sondern bis zum Schnittpunkt der Außenwand mit der Dachhaut maßgeblich. Dieses Maß betrage in Wirklichkeit 4,10 m; die Abstandsfläche werde ihm gegenüber also um 10 cm unterschritten. Dies müsse er nicht hinnehmen, unabhängig davon, ob hieraus eine tatsächliche Beeinträchtigung seines Grundstücks folge.

Die Rechtsprechung zu dieser Frage ist inzwischen einheitlich. Das Abstandsflächenrecht fragt nicht nach tatsächlichen, spürbaren Beeinträchtigungen, sondern allein danach, ob die vorgeschriebenen Abstandsflächen rein rechnerisch eingehalten sind oder nicht. Wer allerdings mit seinem eigenen Gebäude den vorgeschriebenen Grenzabstand nicht einhält, kann nicht verlangen, dass der Nachbar die Abstandsfläche freihält, wie inzwischen alle Obergerichte entschieden haben.

- Die Vorschriften über BAUSTELLEN, welche so einzurichten sind, dass die baulichen Anlagen ordnungsgemäß errichtet oder abgebrochen werden können und Gefahren und vermeidbare Belästigungen nicht entstehen. Schon aus diesem Wortlaut folgt, dass die Vorschrift auch dem Schutz der Nachbargrundstücke zu dienen bestimmt ist.
- Die Vorschriften über die STANDSICHERHEIT der baulichen Anlage, die schon nach ihrem Wortlaut nachbarschützend sind.

- Der BRANDSCHUTZ gehört ebenfalls zu den nachbarschützenden Bestimmungen. Damit soll der Ausbreitung von Feuer, gerade auch auf die Nachbargebäude, vorgebeugt werden.
- Die Vorschrift über BRANDWÄNDE ist deshalb erst recht nachbarschützend.
- Strittig ist, ob auch die Vorschriften über Stellplätze und Garagen nachbarschützend sind. Vor allem ist dies regelmäßig eine Frage der örtlichen Verhältnisse, ob mit der Anlage von Stellplätzen und Garagen einschließlich der Tiefgarageneinfahrten Lärmbeeinträchtigungen in erheblichem Umfang, insbesondere auch zur Nachtzeit, verbunden sind, die die Rechte Nachbarn beeinträchtigen. Ist allerdings die Errichtung einer Wohnanlage nach § 30 oder § 34 BauGB zulässig, muss der Nachbar auch die dafür notwendigen Stellplätze einschließlich der Tiefgarageneinfahrt akzeptieren.

Nachdem das Bauordnungsrecht aber in erster Linie dem Allgemeininteresse dient, ist es nicht verwunderlich, dass die meisten Vorschriften KEINE Schutznormen zugunsten des Nachbarn sind.

NICHT-NACHBARSCHÜTZENDE VORSCHRIFTEN
sind insbesondere:

- Die allgemeinen Anforderungen an bauliche Anlagen.
- Die Eignung des Grundstücks zur Errichtung von Gebäuden.
- Die Vorschriften über Zugänge und Zufahrten.
- Bei richtigem Verständnis des Nachbarschutzes kann nicht zweifelhaft sein, dass Vorschriften über Kinderspielplätze nicht nachbarschützend sind und sein können, weil sie ausschließlich im Interesse der Allgemeinheit erlassen wurden.
- Sämtliche Vorschriften des 4. und 5. Abschnitts der Landesbauordnungen, weil auch sie ausschließlich im Interesse der Allgemeinheit erlassen wurden.
- Vorschriften über die Anlage von Wasserversorgungsanlagen sowie Vorschriften über Aufenthaltsräume und die Gestaltung der Wohnungen im Innern, da auch sie ohne Interesse und Bedeutung für den Nachbarn sind.

2. Nachbarschutz im Bauplanungsrecht – Nachbarschützende Festsetzungen des Bebauungsplanes

Ist schon bei den Normen des Bauordnungsrechtes im Einzelfall nicht leicht zu entscheiden, ob diese nur im öffentlichen Interesse erlassen wurden oder auch dem Schutz des Nachbarn zu dienen bestimmt sind, stellt sich dieses Problem im Bauplanungsrecht mit besonderer Deutlichkeit. Insbesondere die planungsrechtlichen Bestimmungen über die Art der baulichen Nutzung dienen auch dem öffentlich-rechtlichen Schutz der Nachbarn. Dabei richtet sich der Nachbarschutz im Bauplanungsrecht – zumindest was den Schutz der Nutzungsart anbelangt – nach dem Gebietscharakter.

Die Spenglerei im Wohngebiet
In einer im Wesentlichen aus Reihenhäusern bestehenden Siedlung in einem Bebauungsplangebiet existierte ein kleiner Speditionsbetrieb. Dessen Büro- und Lagergebäude wurde von einer Spenglerei gekauft, die dort ihren Handwerksbetrieb installieren wollte. Der entsprechende Antrag auf Nutzungsänderung wurde von der Stadt genehmigt; gegen die Genehmigung wandten sich die Nachbarn. Sie trugen vor, dass eine Spenglerei üblicherweise ein störender Handwerksbetrieb ist, weil dort unter anderem mit lauten Maschinen gearbeitet werde, aber auch die Bearbeitung des Bleches selbst üblicherweise mit erheblichem Lärm verbunden sei. Die Genehmigung des Spenglereibetriebes sei deshalb im Hinblick auf § 30 Absatz 1 BauGB in Verbindung mit §§ 3 oder 4 BauNVO planungsrechtlich nicht zulässig. Diese planungsrechtlichen Vorschriften über die Bestimmung des Gebietscharakters und die Art der baulichen Nutzung seien nachbarschützend.

Das Bundesverwaltungsgericht gab mit Urteil vom 23.8.1996 den Nachbarn Recht und entschied, dass die Festsetzung von Baugebieten durch Bebauungspläne grundsätzlich nachbarschützende Funktion hat.

Ob die Festsetzungen eines Bebauungsplans im Einzelfall nachbarschützend sind, bestimmt sich – ebenso wie bei den Vorschriften des Bauordnungsrechtes – nach ihrem Schutzzweck. Zwar dient der Bebauungsplan zunächst einmal dem öffentlichen Interesse, nämlich die städtebauliche Entwicklung und Ordnung im Gemeindegebiet vorzubereiten und zu leiten. Gleichzeitig aber begründet der Bebauungsplan mit seinen wechselseitig garantierten Nutzungsbeschränkungen und Nutzungsberechtigungen eine „bodenrechtliche Schicksalsgemeinschaft" beziehungsweise ein „planungsrechtliches Austauschverhältnis". Aus diesem Grundsatz folgt, dass im Rahmen eines Bebauungsplans Festsetzungen über die ART DER BAULICHEN NUTZUNG nachbarschützend sind. Liegen also die Grundstücke innerhalb eines Bebauungsplangebietes nach § 30 BauGB, können sich die Nachbarn mit Erfolg gegen die Ansiedlung des Spenglereibetriebes zur Wehr setzen, und zwar allein mit der Begründung, sie seien in ihren Nachbarrechten verletzt, wenn dort nicht-gebietskonforme Nutzungen zugelassen würden.

Vorschriften über das Maß der baulichen Nutzung sind grundsätzlich nicht nachbarschützend. Legt also ein Bebauungsplan eine dreigeschossige Bebauung für alle Grundstücke fest und genehmigt die untere Bauaufsichtsbehörde einem der Grundstückseigentümer eine viergeschossige Bebauung, so können sich die Nachbarn hiergegen nicht mit Erfolg zur Wehr setzen, es sei denn, das Gebot der Rücksichtnahme ist verletzt.

Ähnliches gilt für die Bauweise und die überbaubare Grundstücksfläche. Insbesondere für die Frage, ob Baulinien und Baugrenzen nachbarschützend sind, kommt es maßgeblich auf den Willen des Plangebers, also der Gemeinde, an. Wollte diese mit den Baugrenzen nur die städtebauliche Ordnung regeln, so ist deren Festsetzung nicht nachbarschützend. Sind die Baugrenzen aber bewusst, also etwa versetzt angelegt, zum Beispiel damit der Hinterlieger eine größere Blickfläche besitzt, ist der Nachbarschutz durchaus zu bejahen, mit der Folge, dass sich der Grundstücksnachbar gegen eine Baugenehmigung zur Wehr setzen kann, die etwa eine Überschreitung der Baugrenzen genehmigt. Ob und welche Baugrenzen, die seitlichen oder hinteren, im Einzelfall nachbarschützend seien, ist immer noch umstritten. Richtigerweise ist entscheidend, ob sich aus dem Bebauungsplan und seiner Begründung ergibt, ob die Festsetzung der Baulinie beziehungsweise Baugrenze zumindest AUCH zum Schutz der Nachbargrundstücke erfolgte, wie zum Beispiel das Oberverwaltungsgericht Bremen am 19.7.2011 oder der Verwaltungsgerichtshof München am 27.4.2009 entschieden hat.

Im Falle der Erteilung einer Ausnahme oder Befreiung nach § 31 BauGB sind auch die Rechte der Nachbarn in den Blick zu nehmen. So schützt § 31 Absatz 2 BauGB den Nachbarn mit dem Gebot, bei der Entscheidung über eine BEFREIUNG auch nachbarliche Interessen zu würdigen.

Bei der Erteilung einer hat der Nachbar einen Abwehranspruch bei Verletzung nachbarschützender Vorschriften.

Festsetzungen über die ART der baulichen Nutzung in einem Bebauungsplangebiet sind also GRUNDSÄTZLICH NACHBARSCHÜTZEND. Die Festsetzungen über das Maß der baulichen Nutzung und die überbaubare Grundstücksfläche, also Baulinien und Baugrenzen, dagegen sind NUR DANN NACHBARSCHÜTZEND, wenn dies aus besonderen Gründen von der planenden Gemeinde so gewollt war und dieser Wille auch im Bebauungsplan beziehungsweise der Begründung dazu seinen Niederschlag gefunden hat. Alle ÜBRIGEN FESTSETZUNGEN des Bebauungsplans sind GRUNDSÄTZLICH NICHT NACHBARSCHÜTZEND. Dies gilt für die Festsetzung der offenen oder geschlossenen Bauweise nach § 22 Absatz 2 und Absatz 3 BauNVO ebenso wie für die Festsetzung der Bebauungstiefen, der Dachneigungen, der Hofraumgrößen und der Mindestgrößen von Baugrundstücken überhaupt.

3. Nachbarschutz im Rahmen des § 34 Absatz 2 BauGB

Lange Jahre hat das Bundesverwaltungsgericht den planungsrechtlichen Vorschriften der §§ 34 und 35 BauGB keinen Nachbarschutz zugebilligt. Diese Rechtsprechung hat das Bundesverwaltungsgericht inzwischen aufgegeben und entschieden, dass auch im unbeplanten Innenbereich der Art der baulichen Nutzung nachbarschützende Bedeutung zukommt, jedoch nur, wenn die Eigenart der näheren Umgebung einem der Baugebiete der BauNVO entspricht (siehe zu dieser Frage ausführlich das 2. Kapitel Abschnitt III). Auch im Rahmen des § 34 Absatz 2 BauGB hat der Nachbar denselben Schutzanspruch auf Bewahrung der Gebietsart wie in einem förmlich ausgewiesenen Bebauungsplangebiet.

Das Geschäftshaus in Landshut

S erwarb in Landshut ein Grundstück an einer stark befahrenen Einfallstraße. Neben einigen kleineren Läden befanden sich dort in erster Linie Wohnungen. Er beantragte und erhielt die Baugenehmigung zur Errichtung eines Wohn- und Geschäftshauses, in dem je zur Hälfte Büros und Wohnungen errichtet werden sollten. Gegen diese Baugenehmigung erhob die Nachbarin Klage mit der Begründung, trotz der stark befahrenen Straße und der vorhandenen Läden handele es sich dort immer noch um ein allgemeines Wohngebiet. Büros seien dort gemäß § 4 Absatz 3 Nummer 2 BauNVO allenfalls ausnahmsweise zulässig und bestimmten deshalb den Gebietscharakter nicht.

Auch in diesem Fall stellte sich natürlich zunächst einmal die grundsätzliche Frage, ob in diesem Gebiet, für das kein Bebauungsplan existierte, die Art der baulichen Nutzung überhaupt nachbarschützend ist. Die Gerichte bejahen inzwischen einheitlich die Gleichstellung des Nachbarschutzes nach § 30 BauGB einerseits und § 34 Absatz 2 BauGB andererseits. Die Begründung lautet in etwa wie folgt:

Für Gebietsfestsetzungen aufgrund von Bebauungsplänen seien die Wechselbezüglichkeit der Interessen und ein daraus abzuleitendes Austauschverhältnis seit langem anerkannt. Die „Baufreiheit" werde hier wechselseitig beschränkt. Durch das Festlegen einer Fläche, etwa zur Nutzung als Wohngebiet, würden alle Grundeigentümer und damit auch alle jeweiligen Nachbarn innerhalb des festgelegten Gebietes zu einer Gemeinschaft verbunden. Daraus folge, dass der einzelne Grundstückseigentümer die Wahrung des Gebietscharakters als eine ihm eingeräumte Rechtsposition auch klageweise verteidigen kann. Nichts anderes gälte für den Eigentümer, dessen Grundstück in einem nach § 34 Absatz 2 BauGB zu beurteilenden „faktischen" Baugebiet liegt. Auch dieser besitze kraft Bundesrechts nachbarlichen Gebietsschutz, den er gerichtlich durchsetzen kann, wie das Bundesverwaltungsgericht mehrfach seit dem Urteil vom 16.9.1993 entschieden hat.

Liegen die Grundstücke aber in einem Gebiet, das die Voraussetzungen des § 34 Absatz 2 BauGB nicht erfüllt, oder gar im Außenbereich, gilt weiterhin die Rechtsprechung, wonach die Vorschriften der §§ 34 und 35 BauGB für sich genommen nicht nachbarschützend sind.

4. Nachbarschutz im Rahmen der §§ 34 Absatz 1 und 35 BauGB – Das Gebot der Rücksichtnahme

Die Grundlage für dieses Rechtsinstitut, das heute in jedem Nachbarrechtsstreit eine Rolle spielt und zu dem die Rechtsprechung zwischenzeitlich unüberschaubar geworden ist, hat das Bundesverwaltungsgericht in seinem bahnbrechenden Urteil vom 25.2.1977 gelegt. Weder § 34 Absatz 1 BauGB noch § 35 BauGB vermitteln aus sich heraus Nachbarschutz. Sowohl im Innen- wie im Außenbereich können sich die Nachbarn auf Verstöße gegen planungsrechtliche Vorschriften (nur) dann berufen, wenn „in qualifizierter und zugleich individualisierter Weise auf schutzwürdige Interessen eines erkennbar abgegrenzten Kreises Dritter Rücksicht zu nehmen ist" – so der Grundsatz des GEBOTES DER RÜCKSICHTNAHME.

Rinderzucht und Rücksichtnahmegebot

Der Bauer S in Niederbayern betreibt eine Rinderzucht. Diese möchte er auf 60 Rinder erweitern. Diesen Antrag lehnt das Landratsamt mit der Begründung ab, dass sich westlich an die Betriebsstelle das allgemeine Wohngebiet „Pfarrhof" anschließe. Durch die geplante Rinderzucht sei für dieses Wohngebiet eine Geruchsbeeinträchtigung zu befürchten, die die Bewohner dieses Wohngebietes nicht hinnehmen müssten. Die geplante Erweiterung der Rinderzucht sei für die Nachbarn unzumutbar und verstoße gegen das Gebot der Rücksichtnahme.

Gegen den ablehnenden Bescheid zog der Bauer vor Gericht, das ihm Recht gab. Das Gebot der Rücksichtnahme sei hier nicht verletzt. Das dortige Dorfgebiet (§ 5 BauNVO) sei gleichermaßen durch landwirtschaftliche Betriebe und Wohngebäude geprägt. Sämtliche Grundstücke seien also durch eine situationsbedingte Vorbelastung geprägt. Die bauliche Situation sei gekennzeichnet durch das unmittelbare Nebeneinander von Wohnbebauung und landwirtschaftlichen Betrieben. Welche Anforderungen das Gebot der Rücksichtnahme begründet, hängt wesentlich von den jeweiligen Umständen ab. Danach komme es wesentlich auf eine Abwägung zwischen dem an, was dem Rücksichtnahmebegünstigten einerseits und dem Rücksichtnahmepflichtigen andererseits nach Lage der Dinge zuzumuten sei.

Diese Grundsatzentscheidung gilt nach inzwischen ständiger Rechtsprechung auch für Innenbereichsvorhaben im Rahmen des § 34 Absatz 1 BauGB. Ein Bauvorhaben darf gegenüber den Nachbarn nicht rücksichtslos sein. Vor allem dürfen die von dem Vorhaben ausgehenden Geräusche und Gerüche gegenüber den Nachbarn nicht unzumutbar sein. Für schädliche Umwelteinwirkungen durch Geräusche können insbesondere das BImSchG, die technischen Regelwerke und Richtlinien, die 16. und 18. BImSchV, die DIN 18005, die TA Lärm und die Freizeitlärmrichtlinien der Länder eine Hilfestellung bieten. Was Geräuschimmissionen anbelangt, wird die Schwelle der Zumutbarkeit grundsätzlich verbindlich durch die Bestimmungen der TA Lärm festgelegt. Der TA Lärm kommt eine im gerichtlichen Verfahren prinzipiell zu beachtende Bindungswirkung zu. Dabei richtet sich die Zumutbarkeit von Geräuschen sowohl nach der Gebietsart wie nach der Tageszeit.

Für Geruchsimmissionen können die TA Luft, die Geruchsimmissionsrichtlinie (GIRL) und die VDI-Richtlinie Immissionsminderung Tierhaltung Schweine (VDI 3471) von Bedeutung sein. Zwar ist zum Beispiel in Bayern die Geruchsimmissionsrichtlinie GIRL nicht eingeführt. Sie wird aber als Sachverständigenaussage herangezogen und als Erkenntnisquelle genutzt. In der Praxis sieht die Anwendung des Gebotes der Rücksichtnahme im unbeplanten Innenbereich nach § 34 Absatz 1 BauGB wie folgt aus:

Getränkemarkt im allgemeinen Wohngebiet
In einem allgemeinen Wohngebiet sollte nur wenige Meter neben einem kleinen Einfamilienhaus ein großer Getränkemarkt errichtet werden. Die Eigentümerin dieses Häuschens wandte sich deshalb gegen die erteilte Baugenehmigung mit der Begründung, der gesamte Zu- und Abfahrtsverkehr, der An- und Abtransport der vollen Flaschen wie des Leergutes finde unmittelbar neben ihrem Wohnhaus statt. Im Hinblick auf die Größe des Getränkemarktes, der keineswegs nur der Versorgung des Gebietes diene, sei mit ganz erheblichen Lärmbeeinträchtigungen zu rechnen. Der geplante Getränkemarkt sei deshalb in dem dortigen allgemeinen Wohngebiet nach § 34 Absatz 1 und Absatz 2 BauGB unzulässig. Das Vorhaben verstoße gegen das Gebot der Rücksichtnahme.

Das Bundesverwaltungsgericht bestätigte die Auffassung des Berufungsgerichts, das die Baugenehmigung auf die Klage der Nachbarin hin aufhob. Das Vorhaben sei rücksichtslos und begründe einen Abwehranspruch der konkret und in unzumutbarer Weise betroffenen Nachbarin. Dies sei vor allem durch die voraussichtliche Lärmbeeinträchtigung etwa beim Verladen der Flaschen und beim Abladen des Leergutes begründet.

Keinen Erfolg dagegen hatten die Nachbarn im folgenden Fall:

SB-Markt im Wohngebiet
Die Eigentümer und Bewohner von zwei Einfamilienhäusern wandten sich gegen die Genehmigung eines Lebensmittelmarktes der östlich an ihr Grundstück angrenzend errichtet werden sollte. Die Nachbarschaft bestand im Wesentlichen aus Einfamilienwohnhäusern, zwischen die sich aber auch einige Einzelhandelsgeschäfte und eine Gärtnerei mischten.

Der Bayerische Verwaltungsgerichtshof stufte das Gebiet in seinem Urteil vom 3.8.1998 als Mischgebiet ein. Er wies deshalb die Klagen gegen die erteilte Genehmigung ab. In einem Mischgebiet sei auch ein nicht-großflächiger Einzelhandelsbetrieb (mit einer Verkaufsfläche unter 800 m²) zulässig (§ 34 Absatz 2 BauGB in Verbindung mit § 6 BauNVO). Das Vorhaben sei auch unter Berücksichtigung der unmittelbar angrenzenden Wohnbebauung nicht rücksichtslos. Die vom Betrieb ausgehenden Störungen und Belästigungen überschreiten die Grenze des für die Nachbarschaft Zumutbaren nicht.

Drittschützende Wirkung entfaltet das Rücksichtnahmegebot auch gegenüber TENNISANLAGEN oder SPORTPLÄTZEN auf dem Nachbargrundstück. Auch hier aber kommt es auf die im Einzelfall gemessenen oder berechneten Lärmwerte an, wobei allerdings Spitzenpegel und besonders „informationshaltige“ Geräusche besonders zu bewerten und zu gewichten sind. Die Problematik dieses Nebeneinanders von Wohnen und Sportstätten hat zwischenzeitlich zu der sog. Sportanlagen-Lärmschutzverordnung geführt. Mit dieser Verordnung hat die Bundesregierung die zulässigen Lärmwerte heraufgesetzt, zu Lasten der Nachbarn und zugunsten der Sportler, weil nach den sonst üblichen Regelwerken ein Training am Abend oder eine Sportveranstaltung am Sonntag kaum mehr möglich gewesen wäre. Dagegen verstoßen KINDERSPIEL- ODER BOLZPLÄTZE grundsätzlich nicht gegen das Gebot der Rücksichtnahme. Bei Kindergärten und -horten kommt es auf die Größe an

Besonderes Augenmerk verdient auch das Nebeneinander von Wohnen und Gaststätten. Wer weiß, welcher Lärm insbesondere durch abfahrende Gäste dort zur Nachtzeit entstehen kann, versteht auch, weshalb um Gaststätten so viel prozessiert wird. Nach einhelliger Rechtsprechung muss sich der Gaststättenbetreiber auch den durch die an- und abfahrenden Fahrzeuge entstehenden Lärm zurechnen lassen, obwohl er hierauf keinen oder allenfalls beschränkten Einfluss hat.

Die Dorfgaststätte wird „in“
Diese Dorfgaststätte hat uns oben (Seite 82) bereits beschäftigt. Die bis zu 2.000 Besucher an den Wochenenden und den warmen Sommerabenden, die vollgeparkten Dorfstraßen und der nächtliche Lärm ließen verständlicherweise die Nachbarn im wahrsten Sinne des Wortes nicht mehr ruhen. Sie verlangten vom Landratsamt eine Nutzungsuntersagung für die Gaststätte, zumindest aber für den Biergarten.

Das Landratsamt konnte sich aber nur zu einer Beschränkung der Anzahl der Sitzplätze im Biergarten und einer Verkürzung der Betriebszeit durchringen. Auf der einen Seite pochte der Gaststättenbetreiber auf sein Jahrzehnte altes Betriebsrecht und den daraus folgenden Bestandsschutz. Auf der anderen Seite verlangten die beeinträchtigten Nachbarn aufgrund des Gebotes der Rücksichtnahme die angemessene Berücksichtigung auch ihrer Belange. Auf der einen Seite sieht § 5 BauNVO im Dorfgebiet ein Nebeneinander von Wohnhäusern und Gaststätten ausdrücklich vor. Auf der anderen Seite begründet nach der Rechtsprechung eben das Nebeneinander von Wohngebäuden und Gaststätte auch eine Pflicht zur GEGENSEITIGEN Rücksichtnahme. Das im Tatbestandsmerkmal des Einfügens in § 34 Absatz 1 BauGB enthaltene Rücksichtnahmegebot gab weder den Nachbarn einen Anspruch darauf, den Betrieb der Gaststätte ganz zu unterbinden, noch der Gaststätte ein Recht, ohne Rücksicht auf die Nachbarn ihren Betrieb bis 1.00 Uhr nachts und mit voller Biergartenbesetzung aufrechtzuerhalten.

Nachbarschutz vor Tiefgaragen
S erhielt vom Landratsamt die Baugenehmigung zur Errichtung einer Wohnanlage mit Tiefgarage und Laden. Für die 40 Wohnungen waren 40 Garagenplätze zu bauen. Der Nachbar, der sein Haus gegenüber der Tiefgaragenzufahrt hatte, befürchtete ständige Lärmbeeinträchtigungen durch die ein- und ausfahrenden Fahrzeuge, insbesondere auch zur Nachtzeit.

Der Verordnungsgeber geht mit der Regelung des § 12 BauNVO davon aus, dass Stellplätze und Garagen in allen Baugebieten, also sogar in reinen Wohngebieten im Sinne von § 3 BauNVO, zulässig sind. Obwohl die Benutzung solcher Stellplätze im Einzelfall die für das Gebiet maßgebenden Grenzwerte der TA Lärm besonders während der Nachtzeit überschreiten können, sind diese Auswirkungen grundsätzlich hinzunehmen. Der Gesetzgeber mutet den Anwohnern zu, das mit der plangemäßen Nutzung verbundene Abstellen von Kraftfahrzeugen auf dem Grundstück und die normalerweise sich hieraus ergebenden Störungen hinzunehmen. Dies begründet keinen Verstoß gegen das nachbarschützende Gebot der Rücksichtnahme, wie etwa der Verwaltungsgerichtshof München mit Urteil vom 27.1.2003 judiziert hat.

Was für das Nebeneinander von Wohnen und Gewerbe gilt, gilt auch für das Nebeneinander von Wohnen und landwirtschaftlichen Betrieben. Zur Beurteilung heranzuziehen sind hier zum Beispiel die „Abstandsregelung für Rinderhaltung“, die neu eingeführte Richtlinie VDI 3894 „Emissionen und Immissionen aus Tierhaltungsanlagen“ und die Geruchsimmissionsrichtlinie GIRL.

Die Rechtsprechung bewegt sich in all diesen Fällen auf einem sehr schmalen Grat, wobei auch subjektive Beurteilungen darüber einfließen, was noch als zumutbar angesehen werden kann. Grundsätzlich besteht in solchen sogenannten GEMENGELAGEN, wie schon gesagt, eine GEGENSEITIGE PFLICHT ZUR RÜCKSICHTNAHME, die zur Bildung einer Art von Mittelwert führen kann; dies bedeutet, dass die Wohnnutzung höhere Immissionen hinnehmen muss, während die gewerbliche Nutzung oder die landwirtschaftlichen Betriebe nur in einem geringeren Grad emittieren dürfen.

5. Sonstige nachbarrechtliche Vorschriften

Nachbarschützende Vorschriften finden sich auch AUSSERHALB DES EIGENTLICHEN BAURECHTS. Zum Beispiel kann Nachbarschutz folgen unmittelbar aus Artikel 14 Absatz 1 GG, wenngleich in seltenen Fällen, zum Beispiel bei Errichtung eines 12-geschossigen Hochhauses neben einem 2-geschossigen Wohnhaus.

In der Praxis von erheblicher Bedeutung sind dagegen nachbarschützende Vorschriften in Gesetzen außerhalb der Baugesetze. Oben wurde bereits die Vorschrift des § 5 Absatz 1 GastG angesprochen. Danach kann ein Gaststättenbetrieb räumlich, zeitlich und im Umfang eingeschränkt werden, wenn dies zum Schutze vor Belästigungen oder Nachteilen für die Nachbarschaft notwendig erscheint.

Die Waldwirtschaft
München ist berühmt für seine Biergärten. Einer davon liegt seit hundert Jahren sehr schön am Isarhochufer. Inzwischen ziehen die Scharen dort natürlich nicht mehr mit Fahrrad und Trambahn hin, sondern mit Auto und Motorrad. Dies führte dazu, dass an schönen Sommerabenden und am Wochenende das ganze Viertel zugeparkt war, mit abfahrendem Verkehr bis um Mitternacht, zumal der Wirt auch noch einen Jazz-Biergarten installierte. Dagegen zogen die Nachbarn verständlicherweise zu Gericht, da sie an den schönen Sommerabenden und am Wochenende auch einmal etwas anderes haben wollten als Jazz-Musik und Autolärm.

Der Verwaltungsgerichtshof München gab der Klage der Nachbarn statt. Rechtsgrundlage für den Antrag auf zeitliche Einschränkung des Gaststättenbetriebes war § 5 Absatz 1 Nummer 3 GastG. Nach dieser Vorschrift können Gewerbetreibenden, die einen erlaubnisbedürftigen Gaststättenbetrieb führen, jederzeit Auflagen zum Schutz gegen schädliche Umwelteinwirkungen im Sinne des Bundes-Immissionsschutzgesetzes und gegen erhebliche Nachteile, Gefahren oder Belästigungen für die Nachbargrundstücke erteilt werden. Diese Vorschrift des § 5 Absatz 1 Nummer 3 GastG ist auch nachbarschützend. Auf dieser Rechtsgrundlage kann sogar der Nachbar eine Beschränkung des Gaststättenbetriebes auf 22.00 Uhr verlangen, weil für das allgemeine Wohngebiet die TA-Lärm einen Richtwert von 40 dB(A) während der Nachtzeit, also zwischen 22.00 Uhr und 6.00 Uhr, vorsieht.

Kein Glück dagegen hatten die Nachbarn mit ihrer Klage gegen eine Fastfood-Gaststätte. Diese Schnellgaststätte wurde in einem Gebiet genehmigt, das wegen des Nebeneinanders von Wohnen und Gewerbe als Mischgebiet im Sinne des § 6 BauNVO einzustufen war. Eine solche Schnellgaststätte mit Autoschalter ist auch in einem Mischgebiet zulässig, mit der Folge, dass die Nachbarn auch den mit dem Autoschalter verbundenen Fahrzeuglärm hinnehmen müssen, solange die Immissionsrichtwerte für ein Mischgebiet eingehalten werden. Gegebenenfalls muss sich eine Gaststätte besondere Auflagen gefallen lassen, zum Beispiel die Beschränkung der Betriebszeit des Autoschalters auf die Tagzeit zwischen 6.00 und 22.00 Uhr.

Dasselbe gilt für Gaststätten, die in allgemeinen Wohngebieten zulässig sind, wenn und weil sie der Versorgung des Gebietes dienen, was nicht ausschließt, dass sie auch Besucher von außerhalb des Gebietes bewirten dürfen.

Nicht nur im Bereich der Gaststätten spielt das Immissionsschutzrecht eine bedeutende Rolle bei der Erteilung von Baugenehmigungen. Vor allem § 22 BImSchG begründet einen Anspruch des Nachbarn, schädliche Umwelteinwirkungen durch Gewerbe- oder Industriebetriebe zu verhindern.

Nachbarschaft gegen Tankstellenbetrieb

A betreibt auf einem Grundstück in L eine Tankstelle mit zehn Zapfsäulen, die er seit 30 Jahren täglich bis 24.00 Uhr geöffnet hält. In der näheren Umgebung des Betriebsgrundstücks befinden sich überwiegend Wohnhäuser. Der Abstand zum nächstgelegenen Wohngebäude beträgt etwa 40 m. Auf die Beschwerden aus der Nachbarschaft hin führte das Gewerbeaufsichtsamt Schallpegelmessungen durch. Dabei stellte es Spitzenpegel fest, die den für die Nachtzeit festgesetzten Grenzwert überschritten. Das Gewerbeaufsichtsamt untersagte daraufhin den Tankstellenbetrieb zur Nachtzeit so lange, bis durch entsprechende technische Maßnahmen eine Reduzierung auf den zulässigen Grenzwert erreicht würde.

Die Verwaltungsgerichte bestätigten diese Anordnung. Sie findet ihre Rechtsgrundlage in § 24 Satz 1 BImSchG. Nach § 22 Absatz 1 Satz 1 Nummer 2 BImSchG sind nicht genehmigungsbedürftige Anlagen wie diese Tankstelle so zu betreiben, dass nach dem Stand der Technik unvermeidbare schädliche Umwelteinwirkungen auf ein Mindestmaß beschränkt werden. Der Lärm, den der Tankstellenbetrieb zur Nachtzeit, also zwischen 22.00 Uhr und 6.00 Uhr mit sich brachte, erfüllte das in § 22 Absatz 1 Satz 1 Nummer 2 BImSchG genannte Tatbestandsmerkmal einer schädlichen Umwelteinwirkung. Er war geeignet, erhebliche Belästigungen für die Nachbarschaft hervorzurufen. Zwar richtet sich das Maß des Zumutbaren nach der Schutzwürdigkeit und der Schutzbedürftigkeit des maßgeblichen Gebietes. Deshalb sind entlang einer viel befahrenen Bundesstraße höhere Lärmwerte zulässig als im weiter zurückliegenden Gebiet.

Die Darstellung des Nachbarschutzes in diesem Kapitel hat gezeigt, welch breiten Raum dieses Rechtsinstitut heute einnimmt. Immer häufiger bedeutet die Durchsetzung einer Baugenehmigung gleichzeitig eine Auseinandersetzung mit dem Nachbarn. Gerade das öffentliche Baurecht ist geprägt durch die Interessengegensätze zwischen Bauherrn und Nachbar. Konflikte sind hier nicht nur vorprogrammiert, sondern werden zunehmend auch bis in die letzte Instanz ausprozessiert. Dabei haben die Beispiele gezeigt, wie schwer sich auch die Gerichte damit tun, diese Interessengegensätze zu bewältigen und durch neue Rechtsinstitute, wie etwa das Gebot der Rücksichtnahme, zu einem vernünftigen Ergebnis oder sogar Ausgleich zu gelangen.

Weitere Hürden auf dem Weg zur Baugenehmigung

In diesem Kapitel sollen noch einige Probleme erörtert werden, die in direktem Zusammenhang mit der Frage der Bebaubarkeit eines Grundstücks und der Erteilung der notwendigen Baugenehmigung stehen. Von Interesse sind hier Einschränkungen des Baurechts, aber auch Erweiterungen, und die öffentlich-rechtlichen Verträge.

5. Weitere Hürden auf dem Weg zur Baugenehmigung

I. Veränderungssperre und Zurückstellung von Baugesuchen

1. Die Veränderungssperre

§ 14 BauGB

(1) *Ist ein Beschluss über die Aufstellung eines Bebauungsplans gefasst, kann die Gemeinde zur Sicherung der Planung für den künftigen Planbereich eine Veränderungssperre mit dem Inhalt beschließen, dass*

1. Vorhaben im Sinne des § 29 nicht durchgeführt oder bauliche Anlagen nicht beseitigt werden; (...)

Das ungewollte Hotel

H ist Eigentümer eines 4.000 m² großen Grundstücks in Seenähe. Er hat dieses Grundstück erworben, um dort vier Villen zu bauen und diese anschließend zu veräußern. Sein Bauantrag findet das Einvernehmen der Gemeinde nicht. Als Fremdenverkehrsgemeinde möchte sie dort ein Hotel sehen. Sie fasst deshalb den Beschluss, einen Bebauungsplan aufzustellen, und erlässt eine Veränderungssperre mit der Folge, dass über das Baugesuch zwei Jahre lang nicht entschieden werden muss. H erhebt hiergegen Klage mit der Begründung, ein Hotel an dieser Stelle und in dieser beschränkten Größe sei wirtschaftlich nicht zu führen. Er werde weder Käufer noch Pächter für ein solches Objekt finden. Ein von ihm eingeholtes Gutachten bestätigt diese Behauptung.

TIPP
Die Gemeinde darf diese Veränderungssperre auch auf ein einziges Grundstück beschränken und zu diesen einschneidenden Mitteln auch und erst dann greifen, wenn schon ein anderslautender Bauantrag eingereicht worden ist.

Nach § 14 Absatz 1 BauGB darf ein Vorhaben im Sinne des § 29 BauGB, hier also die geplanten Wohnhäuser, nicht genehmigt werden, wenn für das Grundstück ein Beschluss über die Aufstellung oder Änderung eines Bebauungsplans gefasst und bekannt gemacht worden ist, und daraufhin eine Veränderungssperre beschlossen wurde. Beide Voraussetzungen liegen hier vor. Insbesondere hat die Gemeinde richtigerweise erst den Bebauungsplan-Änderungsbeschluss gefasst und diesen bekannt gemacht, anschließend die Satzung über die Veränderungssperre beschlossen und ebenfalls öffentlich bekannt gemacht. Beide Bekanntmachungen können auch gleichzeitig erfolgen, wie die Gerichte inzwischen einhellig judiziert haben.

In diesem Zusammenhang muss ein weitverbreiteter Irrtum richtiggestellt werden: Für die Beurteilung ist nicht das Datum entscheidend, an dem ein Bau- oder Vorbescheidsantrag eingereicht wird. Die Rechtsprechung hat immer wieder betont, dass gerade ein solcher Antrag erst der gegebene Anlass sein kann, einen Bebauungsplan aufzustellen oder eine Veränderungssperre zu beschließen. Die Gemeinde kann also gerade auch einen konkreten Bauantrag zum Anlass nehmen, die Bebaubarkeit eines Grundstücks mit Hilfe eines Bebauungsplans anders zu regeln, als dies nach § 34 BauGB zulässig wäre. Dies gilt nicht nur für eine Veränderungssperre, sondern auch für die Zurückstellung eines Baugesuches, welche wir nachstehend behandeln.

Diese Veränderungssperre gilt nach § 17 Absatz 1 BauGB zwei Jahre lang, wobei diese Frist gemäß § 17 Absatz 1 Satz 3 BauGB problemlos um ein weiteres Jahr verlängert werden kann. § 17 Absatz 2 BauGB bietet sogar die Möglichkeit, die Frist um ein weiteres, also um ein viertes Jahr zu verlängern, wenn besondere Umstände dies erfordern. Besondere Umstände im Sinne von § 17 Absatz 2 BauGB liegen nur vor, wenn der Bebauungsplan durch eine Ungewöhnlichkeit gekennzeichnet ist, die die Gemeinde nicht zu vertreten hat, also in besonders schwierigen Fällen, bei umfangreichen Bebauungsplänen, die eine Vielzahl von Gutachten erfordern oder ähnliches.

Gemäß § 14 Absatz 3 BauGB berührt die Veränderungssperre lediglich die bisher ausgeübte Nutzung nicht, weil diese Bestandsschutz genießt. Dasselbe gilt für eine erteilte Baugenehmigung oder einen Vorbescheid. Außerdem KANN von der Veränderungssperre nach § 14 Absatz 2 BauGB eine Ausnahme zugelassen werden, wenn überwiegende öffentliche Belange nicht entgegenstehen.

Wegen des schwerwiegenden Eingriffes in das Eigentum akzeptiert die Rechtsprechung die Veränderungssperre nur dann, wenn sie auch tatsächlich zur Sicherung einer bestimmten Planung erforderlich ist.

„Zur Sicherung der Planung" in § 14 Absatz 1 BauGB bedeutet, dass der Bebauungsplan, den die Veränderungssperre sichern soll, auch erforderlich ist im Sinne des § 1 Absatz 3 BauGB. Der zukünftige Bebauungsplan muss also auch geeignet sein, das verfolgte Ziel zu verwirklichen. Nicht erforderlich ist eine Planung, die aus tatsächlichen oder rechtlichen Gründen auf unabsehbare Zeit keine Aussicht auf Verwirklichung bietet. Dazu gehört auch, dass sich die Festsetzungen eines Bebauungsplans in einer den Grundstückseigentümern wirtschaftlich zumutbaren Weise verwirklichen lassen, deshalb war die Veränderungssperre in unserem Fall unwirksam.

Vor allem geht es nicht an, aus Anlass eines ungewollten Bauvorhabens kurzerhand einen Bebauungsplan-Aufstellungsbeschluss zu fassen und eine Veränderungssperre zu beschließen. Eine Veränderungssperre darf erst erlassen werden, wenn die Planung, die sie sichern soll, ein Mindestmaß dessen erkennen lässt, was Inhalt des zu erwartenden Bebauungsplans sein soll. Erforderlich, aber auch ausreichend ist, dass die Gemeinde im Zeitpunkt des Erlasses der Veränderungssperre eine bestimmte Art der baulichen Nutzung und betroffenen Gebiete ins Auge gefasst hat. Es muss also ein Mindestmaß an planerischen Vorstellungen vorliegen, aber noch kein detailliertes und abgewogenes Planungskonzept.

Immerhin kann der betroffene Grundstückseigentümer gemäß §18 BauGB erst nach Ablauf von vier Jahren Entschädigung verlangen. Diesen langen Zeitraum muss er aber nur durchstehen, wenn die Veränderungssperre wirklich zur Sicherung einer Planung dient, die vernünftig und gerechtfertigt und in wirtschaftlicher Hinsicht auch umsetzbar ist.

Die Notbremse der Gemeinde

Die Firma B erwarb in der Gemeinde S ein Grundstück, auf dem ein heruntergekommener Gasthof stand. Das Grundstück war Bestandteil eines Mischgebietes, also umgeben von Wohnhäusern, Läden und zwei kleinen Handwerksbetrieben. Für dieses Grundstück reichte die Firma B alsbald nach dem Erwerb einen Antrag auf Abbruch des bestehenden Gasthofes und Genehmigung eines SB-Marktes ein. Beim Landratsamt erfuhr der Bürgermeister, dass dieses Vorhaben nicht zu verhindern sei, weil ein Rechtsanspruch auf Genehmigung nach §34 BauGB in Verbindung mit §6 BauNVO bestand. Lediglich der Erlass einer Veränderungssperre könne die Genehmigung verhindern. Schon in der nächsten Gemeinderatssitzung wurde ein Bebauungsplan-Aufstellungsbeschluss gefasst, eine Veränderungssperre verabschiedet und der Bauantrag der Firma B zurückgewiesen.

Die Firma B zog postwendend vor Gericht. In der mündlichen Verhandlung vor dem Verwaltungsgerichtshof wurde die Gemeinde nach ihren Planungsabsichten befragt. Dabei stellte sich heraus, dass die Gemeinde im Grunde genommen nur eine Absicht hatte, nämlich ein weiteres Lebensmittelgeschäft zu verhindern. Der Verwaltungsgerichtshof erklärte deshalb die Veränderungssperre für unwirksam. Den Unterlagen der Gemeinde sei nicht zu entnehmen, welche städtebaulich-planerischen Vorstellungen dieser Veränderungssperre zugrunde lägen. Es sei nicht erkennbar, inwiefern der geplante SB-Markt der Verwirklichung der beabsichtigten Bauleitplanung entgegenstünde und welche städtebaulichen Erwägungen der Errichtung des SB-Marktes in diesem Mischgebiet begegneten. Von einer hinreichend konkretisierten Planung könne nicht gesprochen werden; die Veränderungssperre sei deshalb „zur Sicherung der Planung“ nach §14 Absatz 1 BauGB nicht erforderlich. Die Firma B erhielt daraufhin vom Landratsamt die beantragte Genehmigung und errichtete ihren SB-Markt.

2. Zurückstellung von Baugesuchen
Diese Voraussetzungen für die Rechtswirksamkeit einer Veränderungssperre gelten in gleicher Weise auch für die Zurückstellung von Baugesuchen nach §15 BauGB. Für den Fall, dass kein Genehmigungsverfahren durchgeführt werden muss, weil das Vorhaben dem Anzeige- beziehungsweise Freistellungsverfahren unterfällt, kann eine vorläufige Untersagung ausgesprochen werden. Selbstverständlich ist auch hier Voraussetzung, dass das vom Bauherrn beabsichtigte Vorhaben konkreten Planungen der Gemeinde zuwiderläuft.

§15 BauGB
(1) *Wird eine Veränderungssperre nach § 14 nicht beschlossen, obwohl die Voraussetzungen gegeben sind, oder ist eine beschlossene Veränderungssperre noch nicht in Kraft getreten, hat die Baugenehmigungsbehörde auf Antrag der Gemeinde die Entscheidung über die Zulässigkeit von Vorhaben im Einzelfall für einen Zeitraum bis zu zwölf Monaten auszusetzen, wenn zu befürchten ist, dass die Durchführung der Planung durch das Vorhaben unmöglich gemacht oder wesentlich erschwert werden würde. Wird kein Baugenehmigungsverfahren durchgeführt, wird auf Antrag der Gemeinde anstelle der Aussetzung der Entscheidung über die Zulässigkeit eine vorläufige Untersagung innerhalb einer durch Landesrecht festgesetzten Frist ausgesprochen. Die vorläufige Untersagung steht der Zurückstellung nach Satz 1 gleich. (...)*

Die Zurückstellung von Baugesuchen
W war Eigentümerin eines ca. 10.000 m² großen Grundstücks in Dresden. Im Süden und Osten war das Grundstück von Wohnbebauung umgeben. Die Nachbarschaft im Westen bestand aus einem kleineren SB-Warenhaus. Jenseits der auf der Nordseite des Grundstücks vorbeiführenden Hauptstraße existierte ebenfalls Wohnbebauung.

Frau W reichte einen Vorbescheidsantrag für ihr Grundstück zur Bebauung mit mehreren Wohnhäusern ein. Die Stadt D erließ daraufhin einen Bescheid, mit dem das Vorhaben auf ein Jahr zurückgestellt wurde, mit der Begründung, nach dem Bebauungsplan-Aufstellungsbeschluss sei dieses Grundstück für ein Schulgebäude und einen Kindergarten vorgesehen. Auf den Widerspruch und der Klage der Eigentümerin hin wurde dieser Zurückstellungsbescheid aufgehoben.

Der Bescheid war aus zwei Gründen rechtswidrig. Zum einen hatte die Stadt D übersehen, ihren Bebauungsplan-Aufstellungsbeschluss öffentlich bekannt zu machen. Sowohl die Zurückstellung nach § 15 BauGB wie die Veränderungssperre nach § 14 BauGB setzen aber – über den Wortlaut des § 14 Absatz 1 BauGB hinaus – nicht nur voraus, dass ein Beschluss über die Aufstellung eines Bebauungsplans GEFASST worden ist, sondern auch, dass dieser Beschluss öffentlich bekannt gemacht wurde.

Der Zurückstellungsbescheid war aber auch noch aus materiellen Gründen rechtswidrig. Es stellte sich nämlich heraus, dass der Bedarf der Stadt D an Schulen und Kindergärten für dieses Gebiet gedeckt war. Damit aber war die Zurückstellung des Baugesuches „zur Sicherung der Planung" nicht (mehr) erforderlich. Die Stadt D hatte auch nicht mehr die Möglichkeit, die Zurückstellung des Baugesuches nach Ablauf der Jahresfrist durch eine Veränderungssperre zu ersetzen. Zwar ist es rechtlich möglich, zunächst ein Baugesuch zurückzustellen und anschließend noch eine Veränderungssperre zu erlassen. § 17 Absatz 1 Satz 2 BauGB bestimmt lediglich, dass der Zeitraum der Zurückstellung des Baugesuches auf die Veränderungssperre angerechnet werden muss. Beide Instrumente setzen aber voraus, dass die planerischen Erwägungen und Zielvorstellungen zum Zeitpunkt der Zurückstellung wie beim Erlass der Veränderungssperre erkennen lassen müssen, dass eine positive Baugebietsfestsetzung erfolgt, also nicht etwa nur eine Negativ-Planung beabsichtigt ist, und dass diese Planungsvorstellungen sachlich gerechtfertigt und zu verwirklichen sind.

Denn wie die Veränderungssperre setzt auch die Zurückstellung immer eine positive Planung voraus. Dies schließt nicht aus, dass für ein Grundstück oder für ein Gebiet auch etwas anderes als nur eine Bebauung geplant werden kann. Auch die Ausweisung einer Grünfläche kann eine positive Planung sein. Allein die Verhinderung irgendwelcher Bauabsichten aber darf nicht Ziel der Bauleitplanung und damit auch nicht Ziel einer Veränderungssperre oder einer Zurückstellung von Baugesuchen sein. Die Fälle zeigen aber auch deutlich, wie gefährlich es sein kann, im Hinblick auf die bestehende Bebauung in der Umgebung ein Grundstück, insbesondere mit einer ganz konkreten Bebauungsabsicht, zu erwerben. An dieser Stelle soll deshalb noch einmal auf die Möglichkeit eines Vorbescheides hingewiesen werden (siehe 3. Kapitel Abschnitt IV).

II. Das Vorkaufsrecht der Gemeinde

Die gemeindlichen Vorkaufsrechte sind nicht von so einschneidender Bedeutung wie etwa die Veränderungssperre. Dies liegt schlicht und einfach an den finanziellen Folgen. Die Ausübung des Vorkaufsrechtes durch die Gemeinde bedeutet nämlich, dass diese als Käuferin in den bestehenden Kaufvertrag zu denselben Bedingungen eintritt, und damit grundsätzlich auch in die primäre Verpflichtung, den ausgehandelten Kaufpreis bezahlen zu müssen. Allerdings hat die Kommune ein Wahlrecht, lediglich zum Verkehrswert zu erwerben, dann aber mit der Folge, dass (nur) der Verkäufer vom Vertrag zurücktreten kann (siehe unten). Außerdem besteht das Vorkaufsrecht nicht bei einer Schenkung oder bei einem Tausch, bei der Übertragung von Gesellschaftsanteilen und bei einer Erb- oder Vermögensauseinandersetzung. Nach § 24 Absatz 2 BauGB steht der Gemeinde das Vorkaufsrecht nicht zu beim Kauf von Wohnungseigentum oder von Erbbaurechten.

Nachdem die Ausübung des Vorkaufsrechtes früher im Wesentlichen auf öffentliche Bedarfszwecke beschränkt war, hat der Gesetzgeber das Vorkaufsrecht jetzt zu einem bodenpolitischen Instrument erweitert und wieder ein allgemeines Vorkaufsrecht normiert, damit vermehrt Bauland bereitgestellt wird. Insbesondere wurde den Gemeinden deshalb ein Vorkaufsrecht beim Verkauf von unbebauten Grundstücken im Außenbereich, die lediglich im Flächennutzungsplan als Wohnbauflächen dargestellt waren, eingeräumt, wobei dieses Vorkaufsrecht bereits ausgeübt werden kann, wenn die Gemeinde einen Beschluss zur Aufstellung, Änderung oder Ergänzung des Flächennutzungsplanes gefasst und ortsüblich bekannt gemacht hat, und die Verwirklichung dieser Planung nach dem Stand der Planungsarbeiten anzunehmen ist. Dasselbe gilt für Wohnbaugrundstücke in Gebieten nach §§ 30, 33 oder 34 Absatz 2 BauGB, soweit diese Grundstücke völlig unbebaut sind.

Damit besteht das Vorkaufsrecht der Kommune jetzt in folgenden Fällen:

- nach § 24 Absatz 1 Nummer 1 BauGB an Flächen, die die Gemeinde für öffentliche Zwecke (zum Beispiel Straßen, Grünflächen etc.) oder zum Ausgleich im Sinne des § 1a Absatz 3 BauGB benötigt, vorausgesetzt, diese Flächen sind in einem rechtsgültigen Bebauungsplan für eine solche Nutzung festgesetzt.

- nach § 24 Absatz 1 Nummer 2 bis 4 BauGB
  - an bebauten oder unbebauten Grundstücken in einem Umlegungsgebiet (§ 24 Absatz 1 Nummer 2 BauGB),
  - in einem förmlich festgelegten Sanierungsgebiet, in einem städtebaulichen Entwicklungsbereich (§ 24 Absatz 1 Nummer 3 BauGB) oder
  - im Geltungsbereich einer Enthaltungssatzung (§ 24 Absatz 1 Nummer 4 BauGB).
- nach § 24 Absatz Nummer 5 BauGB an UNBEBAUTEN Grundstücken für WOHNBAUZWECKE, soweit es sich um Flächen im Außenbereich handelt, für die nach dem Flächennutzungsplan eine Nutzung als Wohnbaufläche oder Wohngebiet dargestellt ist.
- nach § 24 Absatz 1 Nummer 6 BauGB an UNBEBAUTEN Grundstücken in Gebieten, die nach den §§ 30, 33 oder 34 Absatz BauGB VORWIEGEND mit Wohngebäuden bebaut werden können.
- nach § 24 Absatz 1 Nummer 8 BauGB unter besonderen Voraussetzungen in Gebieten nach den §§ 30, 33 oder 34 BauGB.
- nach § 25 Absatz 1 BauGB ein besonderes Vorkaufsrecht
  - an unbebauten Grundstücken im Geltungsbereich eines Bebauungsplans (§ 25 Absatz 1 Nummer 1 BauGB) und
  - an Flächen in Gebieten, in denen städtebauliche Maßnahmen durchgeführt werden sollen (§ 25 Absatz Nummer 2 BauGB),

  VORAUSGESETZT, die Kommune hat vor Ausübung des Vorkaufsrechtes und vor Abschluss des Kaufvertrags eine Satzung beschlossen und bekannt gemacht, mit der sie dieses besondere Vorkaufsrecht begründet hat.

In allen Fällen der Ausübung dieses Vorkaufsrechtes bestehen einige grundsätzliche Einschränkungen:

Die erste Einschränkung folgt aus § 26 BauGB. Danach ist die Ausübung des Vorkaufsrechtes bei einigen besonderen Fallkonstellationen, insbesondere dem Verkauf des Grundstücks zwischen Ehegatten oder Verwandten, ausgeschlossen, vor allem aber, wenn das Grundstück entsprechend den Festsetzungen des Bebauungsplans oder den Zielen und Zwecken der städtebaulichen Maßnahme bebaut ist und genutzt wird und die bestehende bauliche Anlage keine Missstände oder Mängel aufweist.

Aus der verfassungsrechtlich begründeten Überlegung, den „Eingriff" in das Eigentum durch Eingriff in die Vertragsfreiheit und Entzug des Grundstücks auf das Notwendigste zu begrenzen, folgt auch die Abwendungsbefugnis des § 27 BauGB. Wenn der Käufer sicherstellt, dass er das Grundstück gemäß den baurechtlichen Vorschriften oder den Zielen und Zwecken der städtebaulichen Maßnahme nutzen wird, wenn der Käufer also im Grunde genommen dieselben Absichten verfolgt wie die Kommune, so soll diese mit ihrem Vorkaufsrecht zurücktreten. Der Käufer muss sich dann vor Ablauf der Zweimonatsfrist des § 28 Absatz 2 BauGB, innerhalb derer das Vorkaufsrecht ausgeübt werden kann, verpflichten, das Grundstück entsprechend zu nutzen oder Missstände und Mängel zu beseitigen. Diese Frist kann auf Antrag des Käufers um weitere zwei Monate verlängert werden. Naturgemäß besteht ein solches Abwendungsrecht nicht in den Fällen des § 24 Absatz 1 Nummer 1 und 2 BauGB, weil der Käufer verständlicherweise die dort genannten öffentlichen Zwecke nicht erfüllen kann.

Schließlich normiert § 24 Absatz 3 BauGB eine grundsätzliche Einschränkung für die Ausübung des Vorkaufsrechtes: Dieses darf nur ausgeübt werden, wenn das WOHL DER ALLGEMEINHEIT dies rechtfertigt. Aus diesem Grunde scheidet die Ausübung des Vorkaufsrechtes etwa für ein Mietshaus aus, wenn der Käufer sich verpflichtet, nicht in Eigentumswohnungen umzuwandeln; auch die Kommune könnte dann nichts anderes tun als der Erwerber, nämlich die dort vorhandenen Wohnungen zum Marktpreis zu vermieten.

Die Ausübung des Vorkaufsrechtes ist im Einzelfall zwar für den Erwerber bedauerlich, für den Verkäufer finanziell aber ohne Nachteil, weil mit der Ausübung des Vorkaufsrechtes die Kommune in den bereits abgeschlossenen Kaufvertrag eintritt. Sie hat deshalb alle die Verpflichtungen zu erfüllen, die Käufer und Verkäufer dieses Kaufvertrags ausgehandelt haben. Dies gilt in allererster Linie für den Kaufpreis. § 28 Absatz 2 BauGB bestimmt mit seiner Verweisung auf die Vorschriften des Bürgerlichen Gesetzbuches, dass die Gemeinde mit ihrem Eintritt in den Kaufvertrag grundsätzlich auch den ausgehandelten Kaufpreis bezahlen muss.

§ 28 Absatz 3 BauGB bringt hierzu allerdings eine ganz wesentliche Modifizierung: ein Wahlrecht der Kommune. Überschreitet der zwischen Käufer und Verkäufer vereinbarte Kaufpreis den Verkehrswert in erkennbarer Weise deutlich, braucht die Gemeinde nur diesen Verkehrswert zu bezahlen. In diesem Fall aber hat der Verkäufer (und nur dieser) das Recht, den Kaufvertrag rückgängig zu machen.

Vorkaufsrecht und Kaufpreis
Herr A erwirbt von Frau B in M ein Mehrfamilienhaus, das im Geltungsbereich einer Erhaltungssatzung liegt. Da er das Haus in Eigentumswohnungen aufteilen, renovieren und dann die einzelnen Wohnungen veräußern will, ist er bereit, einen Kaufpreis zu bezahlen, der über dem Schätzwert liegt. Die Stadt M, die diese Spekulation verhindern will, übt innerhalb der 2-Monats-Frist das ihr nach § 24 Absatz 1 Nummer 4 BauGB zustehende Vorkaufsrecht aus. Gleichzeitig bestimmt sie in dem Bescheid, den sie sowohl dem Verkäufer wie dem Käufer zustellt, dass sie nicht den ausgehandelten Kaufpreis, sondern lediglich den Verkehrswert zu bezahlen hat. Daraufhin bietet die Stadt an, von der Ausübung des Vorkaufsrechtes Abstand zu nehmen, wenn der Käufer auf die Aufteilung in Wohnungseigentum verzichtet.

Sowohl für die Stadt wie die Anwälte von Verkäuferin und Käufer beginnt jetzt ein umfangreiches Überlegen und Verhandeln. Als Erster wird der Käufer aussteigen und das Ansinnen der Stadt ablehnen, weil für ihn das Objekt, zumal zu dem ausgehandelten Kaufpreis, nur interessant ist, wenn er es in Eigentumswohnungen umwandeln und diesen Gewinn bringend veräußern kann. Wesentlich schwieriger wird die Sache für die Verkäuferin. Diese steht nämlich vor der Entscheidung, gemäß § 28 Absatz 3 BauGB vom Kaufvertrag zurückzutreten und ihr Grundstück zu behalten oder es zu einem geringeren Preis, nämlich dem Verkehrswert, der Stadt zu überlassen. Die Stadt M, die angesichts ihrer leeren Kassen ohnehin nur in einem geringen Teil der Verkaufsfälle von ihrem Vorkaufsrecht Gebrauch machen kann, möchte das Haus in Wirklichkeit vielleicht gar nicht erwerben, sondern nur den Verkauf zu Spekulationszwecken verhindern. Da sich in einem Prozess darüber hinaus auch noch die schwierige Frage stellen wird, ob der zwischen Käufer und Verkäufer vereinbarte Kaufpreis den Verkehrswert wirklich „in einer dem Rechtsverkehr erkennbaren Weise deutlich überschreitet", und wie sich der Verkehrswert nun richtigerweise bestimmt, wird auch die Stadt mit sich reden lassen.

Will die Stadt dagegen das Risiko ausschließen, dass der Verkäufer vom Vertrag zurücktritt, kann sie auch den zwischen Käufer und Verkäufer ausgehandelten Kaufpreis bezahlen. Ob Käufer und Verkäufer auch für diesen Fall ein – dann allerdings vertragliches – Rücktrittsrecht vereinbaren können, ist strittig.

Nach § 27a BauGB kann die Gemeinde dieses Vorkaufsrecht auch zugunsten Dritter ausüben, wenn das Grundstück für sozialen Wohnungsbau oder für Personengruppen mit besonderem Wohnbedarf genutzt werden soll, oder zum Beispiel zugunsten von Sanierungs- oder Entwicklungsträgern.

III. Die Genehmigung im Sanierungsgebiet

Besondere tatsächliche Bedeutung und rechtliche Relevanz hat die Sanierung der historischen Ortskerne und der gewachsenen Altstadtbereiche, das besondere Städtebaurecht, niedergelegt in den §§136ff. des Baugesetzbuches. Infolgedessen ist ein weiteres Hindernis auf dem Weg zur Baugenehmigung zu überwinden, wenn das Vorhaben in einem förmlich festgelegten Sanierungsgebiet liegt. Dort bedürfen gemäß §144 BauGB Vorhaben einer besonderen, zusätzlichen Genehmigung, und zwar DER GEMEINDE. Hierzu gehören

- alle in §14 Absatz 1 BauGB bezeichneten Vorhaben und Maßnahmen, also Errichtung und Abbruch von Gebäuden ebenso wie Nutzungsänderungen und alle Grundstücksteilungen,
- darüber hinaus alle Verträge über Grundstücke, angefangen vom Verkauf über die Bestellung von Grundschulden und Hypotheken bis hin zu Miet- und Pachtverträgen etc.

Das Mietshaus im Sanierungsgebiet
T kauft im Sanierungsgebiet von H ein Mehrfamilienhaus mit zehn Wohnungen. Um den Kaufpreis finanzieren zu können, muss er am Grundstück eine Hypothek für die Bank eintragen lassen. Das Haus stammt aus der Jahrhundertwende und ist entsprechend renovierungsbedürftig. Keine der Wohnungen besitzt ein Bad. Die Toiletten liegen im Treppenhaus. Im Erdgeschoss befindet sich ein Laden, den T zu einem Imbiss umbauen möchte.

Um dieses Vorhaben verwirklichen zu können, benötigt T ca. ein halbes Dutzend Genehmigungen: Keiner besonderen Erwähnung sollte hier die Tatsache bedürfen, dass T selbstverständlich eine Baugenehmigung sowohl für den Umbau des Ladens in einen Imbiss wie für den Umbau der Wohnungen, insbesondere für den Einbau neuer Bäder, Toiletten und Küchen, benötigt. Da dieses Gebäude aber im Sanierungsgebiet liegt, braucht T darüber hinaus zunächst einmal die Genehmigung für den Erwerb des Hauses (§144 Absatz 2 Nummer 1 BauGB) und für die Bestellung der Hypothek (§144 Absatz 2 Nummer 2 BauGB). Außerdem braucht T neben der Baugenehmigung auch noch die Genehmigung gemäß §144 Absatz 1 Nummer 1 BauGB für den geplanten Umbau und schließlich bei der Neuvermietung weitere Genehmigungen nach §144 Absatz 1 Nummer 2 BauGB für die abzuschließenden Mietverträge.

Eine solche Genehmigung ist notwendig, wenn sich das Vorhaben IM FÖRMLICH FESTGELEGTEN SANIERUNGSGEBIET befindet. Städtebauliche Sanierungsmaßnahmen sind nach dieser Vorschrift Maßnahmen, durch die ein Gebiet zur Behebung städtebaulicher Missstände wesentlich verbessert oder umgestaltet wird. Städtebauliche Missstände liegen vor, wenn das Gebiet nach seiner vorhandenen Bebauung und Beschaffenheit den allgemeinen Anforderungen an gesunde Wohn- und Arbeitsverhältnisse oder sogar der Funktion, die es einmal hatte, nicht mehr entspricht. Solche Missstände liegen insbesondere vor, wenn die Belichtung, Besonnung und Belüftung der Wohnungen und Arbeitsstätten, die bauliche Beschaffenheit von Gebäuden, Wohnungen und Betrieben oder auch die vorhandene Erschließung in Form von Straßen und Plätzen heutigen Anforderungen nicht mehr entsprechen. Die noch nicht sanierten Altstadtbereiche in Hamburg wie in München, in Halle/Saale wie in Finsterwalde, sind Beispiele für städtebauliche Missstände, die dringend der Sanierung bedürfen.

Was diese Stadtsanierung kennzeichnet, ist vor allem die EINHEITLICHKEIT DER MASSNAHME: Mit der Erneuerung des Baubestandes geht die Verbesserung des Wohnumfeldes Hand in Hand. Nicht nur die Gebäude, sondern auch die Straßen und Plätze erhalten ihr altes Bild; aus Durchgangsstraßen werden Fußgängerzonen, aus zugeschütteten Hinterhöfen Freiflächen und Spielplätze. Deshalb spricht § 136 BauGB von „städtebaulichen Sanierungsmaßnahmen in Stadt und Land, deren EINHEITLICHE Vorbereitung und zügige Durchführung im öffentlichen Interesse liegen".

Aus dieser Gesamtschau wird dann auch deutlich, warum die Einzelbaumaßnahme einer zusätzlichen Genehmigung bedarf, warum etwa dem Abbruch eines heruntergekommenen Wohnhauses ein zusätzliches Hindernis in Form der Genehmigungspflicht nach § 144 Absatz 1 Nummer 1 BauGB in den Weg gestellt wird. Voraussetzung dieser besonderen Genehmigungspflicht ist aber, dass es sich um ein FÖRMLICH FESTGELEGTES SANIERUNGSGEBIET handelt. Dies ist gemäß § 142 BauGB dann der Fall, wenn die Gemeinde ein Gebiet, in dem eine städtebauliche Sanierungsmaßnahme durchgeführt werden soll, durch Beschluss förmlich als Sanierungsgebiet festgelegt hat (SANIERUNGSSATZUNG). Weil damit die besondere Genehmigungspflicht nach § 144 BauGB verbunden ist, also ein weiterer, im Einzelfall tiefgreifender Eingriff in das Eigentum vorliegt, musste der Gesetzgeber verschiedene Einschränkungen festlegen. Diese Einschränkungen betreffen die sachlichen Voraussetzungen ebenso wie das förmliche Verfahren. Dazu zählt, dass städtebauliche Sanierungsmaßnahmen überhaupt notwendig sind, also die Voraussetzungen des § 136 BauGB vorliegen. Ob dies der Fall ist, ist durch umfangreiche Untersuchungsmaßnahmen unter Beteiligung der betroffenen Eigentümer, Mieter, Pächter, aber auch der öffentlichen Aufgabenträger, zu klären (§§ 137–141 BauGB). Mit diesen vorbereitenden Untersuchungen soll die Gemeinde die sozialen, strukturellen und städtebaulichen Verhältnisse und Zusammenhänge aufdecken und damit Beurteilungsunterlagen über die Notwendigkeit der Sanierung, aber auch deren notwendigen Umfang, gewinnen. Eben aufgrund der eigentumsrechtlichen Gesichtspunkte ist nämlich das Sanierungsgebiet so zu begrenzen, dass sich einerseits die Sanierung zweckmäßig durchführen lässt, andererseits der besonderen Genehmigungspflicht aber keine Bereiche unterstellt werden, die für eine einheitliche Sanierung gar nicht anstehen. Deshalb müssen die Sanierungsmaßnahmen auch in einem zeitlich überschaubaren Rahmen abgewickelt werden können, um die besondere Genehmigungspflicht nach § 144 BauGB nicht ad ultimo festzuschreiben.

Über die Genehmigung ist innerhalb von zwei Monaten nach Eingang des Antrages zu entscheiden; sie darf nur versagt werden, wenn ein Grund zu der Annahme besteht, dass das Vorhaben die Durchführung der Sanierung unmöglich macht oder wesentlich erschwert oder den Zielen und Zwecken der Sanierung zuwiderlaufen würde (§ 145 Absatz 1 und 2 BauGB).

In unserem Fallbeispiel hatte die Gemeinde den Ankauf des Hauses zum Zwecke der Sanierung und die dazu notwendige Eintragung der Hypothek genehmigt, ebenso den Umbau der Wohnungen mit dem Einbau moderner Sanitäranlagen, weil dies alles mit den Zielen und Zwecken der Sanierung in Einklang stand. Verneint hatte die Gemeinde dies aber bezüglich der Umwandlung des Ladens in einen Imbiss, weil dies zu einer Zunahme von Störungen der Wohnbevölkerung in den Abend- und Nachtstunden führen könne und damit den Sanierungszielen zuwiderlaufe. Der Klage des T gegen den ablehnenden Bescheid gab das Verwaltungsgericht jedoch statt mit der Begründung, ein Sanierungsgebiet sei kein irgendwie schutzwürdiges Reservat. Nachdem etwa § 4 BauNVO sogar in einem allgemeinen Wohngebiet Schank- und Speisewirtschaften zulasse, könne hier nichts anderes gelten, nur weil es sich um ein Sanierungsgebiet handele. Etwa auftretenden Problemen könne mit den Mitteln des Gaststättenrechts begegnet werden, entschied das Verwaltungsgericht München mit Urteil vom 27.6.1990.

Selbstverständlich sehen auch die Gerichte, dass die Durchführung solcher Sanierungsmaßnahmen von den ersten einleitenden Untersuchungen bis zu ihrem Abschluss sinnvollerweise in Form eines

Bebauungsplans, der dann auch die weiteren Festsetzungen für die Zukunft enthält, viele Jahre dauert. Zeiträume von über zehn Jahren sind hier keine Seltenheit. Allerdings müssen sich die Sanierungsziele im Laufe der Jahre so konkretisieren, dass die Sanierungssatzung und damit § 144 BauGB nicht nur zur Verhinderung unerwünschter Bauvorhaben dienen.

Der maßgebliche Anreiz für die Durchführung von städtebaulichen Sanierungsmaßnahmen liegt schließlich darin, dass diese öffentlich gefördert und damit zu fast 100 % von Bund und Land getragen werden. Mit diesen Finanzierungsmitteln werden die sog. ORDNUNGSMASSNAHMEN nach § 147 BauGB durchgeführt, insbesondere also die Straßen und Plätze zu Fußgängerzonen und Freiflächen umgestaltet und begrünt, öffentliche Gebäude wie Rathäuser, Kindergärten und Bürgersäle neu- oder umgebaut, Dorfbäche wieder freigelegt oder neu gestaltet, Tiefgaragen gebaut, um den Verkehr aus der Innenstadt fern zu halten und dergleichen.

Vom Antrag auf Aufnahme in das Städtebauförderungsprogramm über die Monate, wenn nicht Jahre dauernden vorbereitenden Untersuchungen über die förmliche Festlegung des Sanierungsgebietes bis zum Abschluss der Ordnungsmaßnahmen und der Errichtung von Gemeinbedarfs- und Folgeeinrichtungen wie Straßen, Plätzen oder Tiefgaragen vergehen viele Jahre.

Die Genehmigungspflicht nach § 144 BauGB ist an das Vorliegen einer Sanierungssatzung nach § 142 BauGB geknüpft.

§ 145 Absatz 2 BauGB
Die Genehmigung darf nur versagt werden, wenn Grund zur Annahme besteht, dass das Vorhaben, der Rechtsvorgang einschließlich der Teilung eines Grundstücks oder die damit erkennbar bezweckte Nutzung die Durchführung der Sanierung unmöglich machen oder wesentlich erschweren oder den Zielen und Zwecken der Sanierung zuwiderlaufen würde.

Mit der Frage nach den Zielen und Zwecken der Sanierung ist es dabei nicht getan. Ob die Änderung des Wohnungszuschnittes oder die Nutzungsänderung des Ladens in einen Imbiss diesen Sanierungszielen entspricht oder nicht, ist nämlich nicht für die gesamte Dauer des Sanierungsverfahrens einheitlich zu beantworten.

Zwar muss den Gemeinden ein angemessener Zeitraum zur Verwirklichung ihrer Sanierungsziele zugebilligt werden. Gleichzeitig aber setzt die Beurteilung, ob Grund zu der Annahme besteht, dass ein

Vorhaben die Durchführung der Sanierung unmöglich macht oder wesentlich erschwert, voraus, dass ein Mindestmaß an Konkretisierung der Sanierungsziele erkennbar sei. Dabei dürften zu Beginn des Sanierungsverfahrens keine zu hohen Anforderungen an die Konkretisierung der Sanierungsziele gestellt werden. Dagegen müssten im Laufe des Sanierungsverfahrens die Sanierungsziele sich zunehmend verdichten.

Im Übrigen hat der Gesetzgeber mit dem BauGB 2007 ebenfalls eine zeitliche Grenze gesetzt: Gemäß § 142 Absatz 3 Satz 3 BauGB soll die Frist für die Durchführung der Sanierung 15 Jahre nicht überschreiten.

Nach Durchführung der Sanierungsmaßnahmen hat der Eigentümer eines im Sanierungsgebiet gelegenen Grundstücks zur Finanzierung der Sanierung an die Gemeinde einen Ausgleichsbetrag zu entrichten, § 154 Absatz 1 BauGB. Dieser Ausgleichsbetrag entspricht der durch die Sanierung bedingten Erhöhung des Bodenwertes des Grundstücks. Diese Wertermittlung bereitet große Schwierigkeiten und führt zu vielen Prozessen.

Ergänzend sei auf § 154 Absatz 2a BauGB hingewiesen. Nach dieser Vorschrift können die Ausgleichsbeträge unter bestimmten Voraussetzungen an die Höhe der tatsächlich aufgewandten Kosten und fiktiven Beiträge für Erschließungsmaßnahmen angelehnt werden. Durch Satzung kann die Gemeinde bestimmen, dass der Ausgleichsbetrag ausnahmsweise nach dem Aufwand für die Erweiterung oder Verbesserung von Erschließungsanlagen im Sinne des § 127 Absatz 2 BauGB zu berechnen ist. Dabei darf aber maximal 50 % des tatsächlichen Aufwandes dieser Berechnung des Ausgleichsbetrages zugrunde gelegt werden.

IV. Die Erhaltungssatzung und Zweckentfremdung

1. Die Erhaltungssatzung

Ein weiteres Hindernis auf dem Weg zur Baugenehmigung kann die Erhaltungssatzung nach §§ 172 ff. BauGB werden.

Die Erhaltungssatzung

W ist Eigentümer eines Mehrfamilienhauses in einem Gebiet, das im Geltungsbereich einer Erhaltungssatzung der Stadt M liegt. Diese hat dort durch eine sonstige Satzung nach § 172 Absatz 1 BauGB ein Gebiet bezeichnet, in dem zur Erhaltung der Zusammensetzung der Wohnbevölkerung der Abbruch, die Änderung oder die Nutzungsänderung baulicher Anlagen einer besonderen Genehmigung bedürfen (§ 172 Absatz 1 Nummer 2 BauGB). W reicht einen Bauantrag bei der Stadt M ein, aufgrund dessen der Umbau und die Modernisierung der Wohnungen und der Einbau eines Fahrstuhles genehmigt werden sollen. Die Stadt lehnt den Bauantrag nach § 172 BauGB ab, mit der Begründung, die Modernisierung der Wohnungen und der Einbau des teuren Fahrstuhles werde zu erhöhten Mietpreisen führen. Dies wiederum werde eine Veränderung der Zusammensetzung der Wohnbevölkerung zur Folge haben und damit § 172 Absatz 4 BauGB zuwiderlaufen. W klagt beim Verwaltungsgericht auf Erteilung der beantragten Genehmigung.

Solche Fälle der Erhaltungssatzung haben immer zwei rechtliche Überlegungen als Ausgangspunkt. Zum einen stellt sich die Frage nach der Rechtswirksamkeit der Satzung selbst. Allein diese Frage ist bislang höchstrichterlich geklärt, insbesondere die Verfassungsmäßigkeit des Eingriffs in das Eigentum durch eine solche Erhaltungssatzung, auch in Form der Milieuschutzsatzung. Auch das Bundesverwaltungsgericht hat es grundsätzlich für zulässig erachtet, solche Erhaltungssatzungen für Gebiete zu beschließen, in denen

- zur Erhaltung der städtebaulichen Eigenart des Gebiets aufgrund seiner städtebaulichen Gestalt,
- zur Erhaltung der Zusammensetzung der Wohnbevölkerung und
- bei städtebaulichen Umstrukturierungen

der Abbruch, die Änderung oder die Nutzungsänderung baulicher Anlagen der Genehmigung bedürfen. Auch die rechtlichen wie die tatsächlichen Voraussetzungen zum Erlass einer solchen Satzung nach § 172 Absatz 1 BauGB sind sehr einfach zu erfüllen, weil es dabei mehr um die Absicht geht, eine – allerdings nachzuweisende – städtebauliche Eigenart des Gebiets oder eine besondere Zusammensetzung der Wohnbevölkerung erhalten zu wollen.

Das eigentliche Problem entsteht auf der zweiten Stufe: In einem solchen Satzungsgebiet bedürfen bauliche Änderungen an bestehendem Wohnraum, zum Beispiel die Modernisierung von Bädern und Fenstern oder der Einbau von Aufzügen, aber auch die Nutzungsänderung von Wohnraum zum Beispiel in Büros, erst recht der Abbruch von Wohnraum, aber auch die Begründung von Wohnungs- oder Teileigentum, der Genehmigung nach § 172 Absatz 3 bis 6 BauGB. Hier bedarf es also neben der eigentlichen Baugenehmigung noch einer besonderen Genehmigung, die allerdings nach § 173 BauGB – anders als im Sanierungsgebiet – durch die

Baugenehmigungsbehörde (selbstverständlich nur im Einvernehmen mit der Gemeinde) erteilt wird, zusammen mit der Baugenehmigung, es sei denn, dass eine solche nicht notwendig ist. Dagegen sind genehmigungsfrei die Instandsetzung von Wohngebäuden oder der Neuausbau eines Dachgeschosses und das Leerstehenlassen zwecks alsbaldiger Renovierung.

Im Falle des § 172 Absatz 1 Nummer 1 BauGB etwa muss die betreffende bauliche Anlage allein oder im Zusammenhang mit den Nachbargebäuden das Ortsbild oder die Stadtgestalt prägen oder sonst von städtebaulicher, insbesondere geschichtlicher oder künstlerischer Bedeutung, sein und die städtebauliche Gestalt des Gebiets eben durch die beabsichtigte bauliche Maßnahme beeinträchtigt werden.

Im Falle des § 172 Absatz 1 Nummer 2 BauGB, also in unserem oben dargestellten Fallbeispiel der Milieuschutzsatzung, muss die Behörde nicht nur nachweisen, dass die Zusammensetzung der Wohnbevölkerung aus besonderen städtebaulichen Gründen erhalten werden soll, sondern dass dieses Ziel eben durch die konkrete Modernisierungsmaßnahme gefährdet wird. Hierzu bedarf es auf Tatsachenermittlungen beruhender Prognoseentscheidungen, wie unter anderem das Verwaltungsgericht München bereits in seinem Urteil vom 1.3.1993 entschieden hat. Die Frage ist auch, ob die Milieuschutzsatzung eine besondere Bevölkerungsstruktur voraussetzt und ob die städtebaulichen Folgen im Satzungsgebiet selbst oder auch an anderer Stelle im Bereich der Kommune zu befürchten sein müssen (zu den Einzelheiten muss hier auf die einschlägigen Kommentare verwiesen werden).

In unserem Fallbeispiel bedarf zwar der Einbau eines Fahrstuhles sowohl einer Baugenehmigung wie einer Genehmigung nach § 172 Absatz 1 BauGB. Beide Genehmigungen sind aber zu erteilen, weil sie der Erfüllung der bauordnungsrechtlichen Mindestanforderungen dienen, nachdem in Gebäuden mit mehr als fünf Vollgeschossen Aufzüge eingebaut und betrieben werden müssen (vergleiche zum Beispiel Artikel 37 Absatz 4 BayBO). Der Einbau zum Beispiel einer Etagenheizung, der selbstverständlich keiner Baugenehmigung bedarf, muss sanierungsrechtlich nach § 172 Absatz 4 Nummer 1 BauGB genehmigt werden. Der Einbau von Bädern und Toiletten gehört selbstverständlich zum zeitgemäßen Ausstattungszustand einer jeden Wohnung.

Darüber hinaus muss die Genehmigung erteilt werden, wenn das Grundstück zu einem Nachlass gehört und Sondereigentum zugunsten von Miterben oder Vermächtnisnehmern begründet werden soll, oder wenn das Sondereigentum der eigenen Nutzung durch Familienangehörige dient. Schließlich kann der Eigentümer die Genehmigung durchsetzen, wenn er sich verpflichtet, innerhalb von sieben Jahren ab der Begründung von Sondereigentum Wohnungen nur an die Mieter zu veräußern.

In §172 Absatz 1 Satz 3 BauGB wurden die Länder ermächtigt, für längstens fünf Jahre zu bestimmen, dass die Begründung von Sondereigentum, insbesondere also die Aufteilung in Eigentumswohnungen, einer besonderen Genehmigung bedarf. Von dieser Ermächtigung haben die Bundesländer Hamburg, Bayern und Berlin Gebrauch gemacht.

2. Die Zweckentfremdungsgenehmigung
Die Zweckentfremdungsgenehmigung bedarf als zusätzliche Genehmigung neben der eigentlichen Baugenehmigung der Erwähnung. Sie findet zwar nur in den Städten Anwendung, die dies durch Satzung oder Verordnung ausdrücklich festlegen, hat dort aber eine große Bedeutung.

Die Zweckentfremdungsgenehmigung
K ist seit 1975 Eigentümer eines Grundstücks in M, auf dem ein fünfgeschossiges Wohnhaus steht. Dieses Gebäude liegt an einer Ringstraße mit einem erheblichen Verkehrsaufkommen und dadurch verursachter Lärmbeeinträchtigung. K beantragte deshalb die Genehmigung, die beiden Wohnungen im zweiten Obergeschoss als Büroräume nutzen zu dürfen, nachdem der letzte Mieter wegen der starken Lärmbelästigungen ausgezogen war. Die Stadt lehnte sowohl den Bauantrag für die beantragte Nutzungsänderung von Wohnung in Büro als auch die beantragte Zweckentfremdungsgenehmigung ab. K habe nicht nachweisen können, dass die Wohnung zu einem angemessenen Mietzins für Wohnzwecke nicht mehr vermietet werden könne. Außerdem bot sie dem K an, die Wohnung selbst anzumieten, um darin Obdachlose unterzubringen.

Auch in diesem mehrjährigen Prozess ging es zunächst um die grundsätzliche Frage, was unter Wohnraum IM SINNE DER ZWECKENTFREMDUNG zu verstehen ist, insbesondere wann Wohnraum zu Wohnzwecken objektiv nicht mehr geeignet ist.

Unter Wohnraum im Sinne der Verordnung sind solche Räume zu verstehen, die zu Wohnzwecken objektiv geeignet sind. Die Räume müssen nach dem gewöhnlichen Standard also noch als bewohnbar anzusehen sein. Diese Eignung fehlt Räumen, wenn sie aus bauplanungs- oder bauordnungsrechtlichen Gründen nicht (mehr) bewohnt werden dürfen oder wenn sie wegen vorhandener Mängel oder Missstände nicht (mehr) bewohnt werden können, und der Modernisierungsaufwand so groß ist, dass er dem Eigentümer nicht mehr zuzumuten ist.

Eine genehmigungspflichtige Zweckentfremdung liegt also immer dann vor, wenn Wohnraum überwiegend für gewerbliche Zwecke, auch zum Zwecke einer dauernden gewerblichen Fremdenbeherbergung überlassen wird, aber auch dann, wenn der Wohnraum länger als drei Monate leer steht, außer wenn nachgewiesen wird, dass er demnächst umgebaut, instandgesetzt oder modernisiert wird oder alsbald veräußert werden soll und deshalb vorübergehend leer steht.

Einer Zweckentfremdungsgenehmigung bedarf auch der Abbruch eines Wohngebäudes, die aber erteilt werden muss, wenn an dessen Stelle wieder ein neues Wohngebäude errichtet wird. Dieses Angebot des Bauherrn, Ersatzraum zu schaffen, muss sechs Voraussetzungen erfüllen: Der Ersatzraum muss im selben Gemeindegebiet geschaffen werden, in zeitlichem Zusammenhang mit der Zweckentfremdung, und zwar von demjenigen, der den Abbruch und die Zweckentfremdung beantragt. Da es sich um eine Ersatzleistung handelt, darf der neu zu schaffende Wohnraum nicht kleiner sein als der zu beseitigende und dessen Standard nicht unterschreiten. Diesen vier durchaus nachvollziehbaren Voraussetzungen hat das Bundesverwaltungsgericht noch zwei Forderungen hinzugefügt, die im Hinblick auf die Zielsetzung der Zweckentfremdungsverordnung durchaus problematisch sind: Die neuen Wohnungen dürfen nämlich den bisherigen Standard nicht wesentlich überschreiten und müssen dem allgemeinen Wohnungsmarkt so zur Verfügung stehen wie vorher der zweckentfremdete Wohnraum. Deshalb darf in dem neuen Haus „nicht ausgesprochen luxuriöser Wohnraum“ errichtet werden

Die betroffenen Städte haben inzwischen ihre Praxis sehr schnell umgestellt und genehmigen die Zweckentfremdung bei Schaffung gleichwertigen Ersatzwohnraums inzwischen ohne Beschränkung des Mietzinses, aber auch ohne die Auflage, dass der Ersatzwohnraum nicht in Form von Eigentumswohnungen erstellt werden darf.

Liegt eine genehmigungspflichtige Zweckentfremdung nicht vor, wenn also zum Beispiel kein Wohnraum im Sinne der Zweckentfremdungsverordnung anzunehmen ist, erteilt die Behörde auf Antrag ein sog. NEGATIV-ATTEST , also die Bestätigung, dass der Abbruch, das Leerstehenlassen oder die Umwandlung der Wohnräume in gewerbliche Räume keiner Zweckentfremdungsgenehmigung bedarf – etwa auch in den

Fällen, in denen der Wohnraum nachweislich bereits vor In-Kraft-Treten der Zweckentfremdungsverordnung und seit dem ohne Unterbrechung zu anderen als Wohnzwecken genutzt wird.

TIPP
Dies bedeutet, dass der Antragsteller neben dem Antrag auf Erteilung einer bauaufsichtlichen Genehmigung für ein Vorhaben zusätzlich noch einen Antrag auf Zweckentfremdung von Wohnraum bei der Genehmigungsbehörde einreichen muss.

Das Verfahren nach der Zweckentfremdungsverordnung läuft getrennt vom Baugenehmigungsverfahren. Die Baugenehmigung enthält also nicht gleichzeitig die zweckentfremdungsrechtliche Genehmigung zum Abbruch oder zur Nutzungsänderung des Wohnraums.

Der Bauwerber braucht und bekommt also zwei Genehmigungen: neben der Zweckentfremdungsgenehmigung auch eine Baugenehmigung zum Beispiel zur Nutzungsänderung – mit allen bauplanungs- und bauordnungsrechtlichen Problemen.

V. Die Planung und Verwirklichung komplexer Baugebiete, insbesondere durch öffentlich-rechtliche Verträge

Wo immer heute größere Baukomplexe geplant und verwirklicht werden sollen, zeigt sich sehr schnell, dass sowohl die Kommune wie der Investor durch kooperatives Verwaltungshandeln sehr viel schneller zum Ziel kommen. Dies gilt nicht nur angesichts der Tatsache, dass es zur Verwirklichung solcher komplexer Bauvorhaben überall an den notwendigen finanziellen Möglichkeiten fehlt: Anlagen zur Versorgung mit Wasser sind entweder nicht vorhanden oder technisch, vor allem auch hygienisch nicht auf dem notwendigen Stand der Technik. Für die Anlagen zur Behandlung des Abwassers und die dazu notwendige Kanalisation gilt dies in besonderem Maße.

Bei der Aufschließung neuer Baugebiete, sei es zu gewerblichen Zwecken, sei es zur Wohnnutzung, können die Kommunen über den Durchführungsvertrag zum Vorhaben- und Erschließungsplan beziehungsweise über den Erschließungsvertrag zum qualifizierten Bebauungsplan den Bau sämtlicher Erschließungsanlagen, von der Straße über den Kanal bis zum Kinderspielplatz dem Bauwerber übertragen. Dieser erstellt nicht nur die Anlagen auf eigene Kosten, sondern erspart damit gleichzeitig der Gemeinde die Abrechnung und die Erstellung der Erschließungsbeitragsbescheide mit allen daraus entstehenden Problemen bis hin zu den häufigen gerichtlichen Auseinandersetzungen über die Rechtmäßigkeit dieser Bescheide.

Solche Verträge sind aber auch geeignet, spezielle Planungsvorstellungen der Gemeinde zu verwirklichen, zum Beispiel Bauland für Einheimische zur Verfügung zu stellen oder vermehrt Sozialwohnungen zu schaffen. Die rechtliche Grundlage hierfür findet sich in § 11 BauGB.

Schließlich bietet die „städtebauliche Entwicklungsmaßnahme" eine – in der Praxis wegen ihrer besonderen Schwierigkeiten eher seltene – Maßnahme, Bauland zu schaffen und gleichzeitig den Planungsgewinn abzuschöpfen (§§ 165 ff. BauGB).

1. Der Durchführungsvertrag zum Vorhaben- und Erschließungsplan
Im Rahmen des Vorhaben- und Erschließungsplanes hat der Gesetzgeber den Investor gezwungen, nicht nur die Planungs-, sondern auch die Erschließungskosten ganz oder wenigstens teilweise zu tragen. Hierzu muss er sich in einem Durchführungsvertrag gegenüber der Gemeinde verpflichten, und zwar bevor die Gemeinde den Vorhaben- und Erschließungsplan als Satzung beschließt (siehe 2. Kapitel Abschnitt II Ziffer 3). Dieser Durchführungsvertrag ist unabdingbare rechtliche Voraussetzung für die Rechtswirksamkeit des Planes. Ohne Abschluss eines solchen Durchführungsvertrags darf der V- und E-Plan nicht als Satzung beschlossen werden. Auf der anderen Seite sollte der Vertrag eine Klausel enthalten, wonach seine Wirksamkeit durch den Erlass der Satzung zum Vorhaben- und Erschließungsplan aufschiebend bedingt ist.

In dem Durchführungsvertrag muss sich der Projektträger zunächst einmal verpflichten, das Vorhaben innerhalb einer bestimmten Frist zu erstellen. Der Durchführungsvertrag muss – unter Bezugnahme auf den vom Vorhabenträger vorgelegten Plan – beschreiben, welche Bau- und Erschließungsmaßnahmen der Vorhabenträger zu erbringen hat und innerhalb welcher Fristen er diesen Verpflichtungen nachkommen muss. Zu diesen Pflichten kann insbesondere auch die Übertragung von Grundstücken, zum Beispiel von Straßen, auf die Gemeinde gehören. In diesem Falle bedarf der Vertrag nach § 311b BGB der notariellen Beurkundung; ansonsten genügt ein schriftlicher Vertrag.

Der Durchführungsvertrag muss aber auch die Verpflichtung enthalten, die Erschließung selbst durchzuführen und die Kosten für die Planung und Erschließung ganz oder – dies dürfte allerdings in der Praxis nicht vorkommen – teilweise zu übernehmen. Der Vorhabenträger muss objektiv in der Lage sein, das Vorhaben zu realisieren, also über die zu bebauende und zu erschließende Fläche zu verfügen. Dazu muss er nicht unbedingt Eigentümer sein; der Berechtigte muss ihm aber die Bebauungsbefugnis eingeräumt haben, zum Beispiel durch Eintragung eine

Auflassungsvormerkung im Grundbuch. Subjektiv ist der Vorhabenträger zur Durchführung in der Lage, wenn er nachweist, dass er das Vorhaben und seine Erschließung finanzieren kann. Der Nachweis der Finanzierung sollte im Vertrag festgehalten, durch eine entsprechende Sicherheit, zum Beispiel eine Vertragsstrafe, die Verpflichtung des Vorhabenträgers abgesichert werden.

In dem Durchführungsvertrag verpflichtet sich der Vorhabenträger, das zu verwirklichende Vorhaben bis zu seiner Fertigstellung hinreichend zu erschließen, also zum Beispiel durch Erstellung der notwendigen Straßenanbindung, den Bau eines Abwasserkanals bis zum nächst erreichbaren Hauptsammler, und die Versorgungsleitungen für Wasser und Strom.

Außerdem müssen Gemeinde und Vorhabenträger eine Vereinbarung über die Planungs- und Erschließungskosten abschließen. Der Vorhabenträger kann sich verpflichten, die Kosten ganz oder teilweise zu übernehmen, § 12 Absatz 1 BauGB. In der Praxis ist allerdings nur die vollständige Übernahme sämtlicher Kosten üblich, ganz einfach deshalb, weil die Gemeindekassen insbesondere in den neuen Bundesländern leer sind. Nicht zuletzt deshalb hat der Gesetzgeber ausdrücklich die Möglichkeit vorgesehen, auch den 10 %-igen Eigenanteil der Gemeinde durch den Vorhabenträger zu übernehmen.

Im Übrigen gilt für den Durchführungsvertrag dasselbe wie für den Erschließungsvertrag (siehe nachstehend Ziffer 2). Außerdem können im Rahmen eines Durchführungsvertrags auch weitergehende vertragliche Regelungen vereinbart werden, wie dies auf der Basis des § 11 BauGB in einem städtebaulichen Vertrag geschehen kann. So kann der Durchführungsvertrag zum Beispiel die Verpflichtung enthalten, bestimmte Folgelasten für neue Kindergärten, die Feuerwehr oder sonstige öffentliche Einrichtungen zu übernehmen (zu den rechtlichen Voraussetzungen und den zulässigen Inhalten siehe die nachstehenden Ausführungen zum städtebaulichen Vertrag unter Ziffer 3).

2. Der Erschließungsvertrag

Die besondere Bedeutung und das besondere Interesse der Städte und Gemeinden am Abschluss von Erschließungsverträgen liegt darin, dass damit die gesamte Erschließung auf einen Dritten („Erschließungsträger") übertragen wird. Dieser übernimmt nicht nur die gesamte Planung und die Herstellung der Erschließungsanlagen, insbesondere der Straßen und Kanäle, sondern auch deren Finanzierung. Die Tätigkeit der Kommunen beschränkt sich auf die Überwachung der Erschließungsmaßnahmen. Vor allem brauchen sie keine Erschließungsbeitragsbescheide mehr zu erstellen und sich mit einer Vielzahl von Anliegern auseinanderzusetzen, was früher zu Tausenden von Klagen führte. Die Folge davon ist, dass die Kommunen Bebauungspläne grundsätzlich nur noch dann aufstellen, wenn sie auch einen Erschließungsträger finden – wenn sie nicht gleich den Weg über den Vorhaben- und Erschließungsplan nebst Durchführungsvertrag gehen.

Ein neues Baugebiet für die Hansestadt.
Die Hansestadt R stellt einen Bebauungsplan für ein großes Baugebiet auf, in dem Flächen für das produzierende Gewerbe und zur Errichtung von Wohnungen, Einkaufsmöglichkeiten, Hotel und Büronutzung ausgewiesen werden sollen. Dieses Neubaugebiet auf der grünen Wiese muss selbstverständlich erst erschlossen werden. Die Kosten für die Erstellung der Straßen, der Abwasserkanäle und der Strom- und Wasserleitungen belaufen sich auf viele Millionen Euro. Die Stadt R ist nicht in der Lage, diese Kosten vorzufinanzieren und die Erschließungsmaßnahmen ausführen zu lassen, auch wenn sie die Kosten später selbstverständlich über Erschließungsbeiträge von den Grundstückseigentümern und Anliegern zurückverlangen könnte. Sie schließt deshalb mit den Grundstückseigentümern einen Erschließungsvertrag ab. Nach diesem Vertrag verpflichten sich die Eigentümer, die gesamten Baumaßnahmen auf eigene Kosten zu erstellen, so dass die Stadt mit diesen Kosten auch nicht im Wege der Vorfinanzierung belastet wird. In diesem Vertrag wird selbst der 10 %-ige Kostenanteil, den die Stadt eigentlich selbst tragen müsste, von den Eigentümern übernommen.

Der Erschließungsvertrag ist inzwischen als Unterfall des städtebaulichen Vertrages ebenfalls in § 11 BauGB geregelt. Aufgrund eines schriftlichen Vertrags kann die Gemeinde mit dem Grundstückseigentümer vereinbaren, dass dieser die Erschließung eines bestimmten Gebietes im eigenen Namen und auf eigene Kosten übernimmt und die Erschließungsanlagen nach ihrer Fertigstellung auf die Gemeinde überträgt, die sie als öffentliche Erschließungsanlage widmet und betreibt. Sind die Grundstücke in der Hand mehrerer Eigentümer, empfiehlt es sich für die Gemeinde nicht, einen Erschließungsvertrag mit jedem Grundstückseigentümer abzuschließen. Vielmehr müssen sich dann die Eigentümer in einer Gesellschaft zusammenschließen, die Vertragspartner der Gemeinde wird. Noch besser ist die Zwischenschaltung eines privaten Erschließungsträgers. Dieses Dienstleistungsunternehmen schließt dann mit der Gemeinde – entweder im eigenen Namen oder im Namen der Grundstückseigentümer – den Erschließungsvertrag ab. Es plant, vergibt und beaufsichtigt die notwendigen Arbeiten, überträgt dann die fertigen Anlagen auf die Gemeinde, und rechnet die Kosten mit den Grundstückseigentümern aufgrund der zuvor geschlossenen Verträge, zum Beispiel eines Kostenerstattungsvertrags, ab.

Mit der Übertragung der Erschließung auf den Erschließungsträger entstehen der Gemeinde keine Kosten, weil der Vertragspartner nach der Neufassung des Gesetzes die Erschließung nicht nur zu 100 % übernehmen kann, sondern weil in diesem Erschließungsvertrag auch Leistungen für Anlagen vereinbart werden können, die das Baugesetzbuch nicht als eigentliche Erschließungsanlagen aufzählt, die aber für die Erschließung dennoch notwendig sind (§ 11 Absatz 1 Nummer 1 BauGB). Ein Beispiel hierfür sind Regenrückhaltebecken, ohne die die Kläranlage bei starken Regenfällen überlastet würde. Die Kosten hierfür könnten weder als Erschließungsanlage nach BauGB noch als leitungsgebundene Anlage nach den Kommunalabgabengesetzen umgelegt werden, wohl aber aufgrund eines Erschließungsvertrags, und damit auf Kosten des Erschließungsträgers erstellt werden.

Der zwischen der Gemeinde und dem Erschließungsträger abzuschließende öffentlich-rechtliche Erschließungsvertrag muss Regelungen enthalten, mit denen die Herstellung der Erschließungsanlagen sichergestellt ist. Die zu errichtenden Anlagen müssen nach Art, Umfang und Ausbaustandard festgelegt werden, wozu auf Pläne und Leistungsbeschreibungen, auf DIN-Vorschriften und Ähnliches verwiesen werden kann. Der Vertrag legt fest, wer plant, ausschreibt und die Herstellung überwacht. Auch wenn die Gemeinde diese Aufgabe auf den Vertragspartner übertragen wird, sollte sie sich gewisse Prüfungsrechte vorbehalten, insbesondere das Recht der Abnahme, wobei dieser Vertrag von der Übergabe der hergestellten Anlagen zu trennen ist, was wiederum Folgen für den Übergang der Verkehrssicherungspflicht hat. Vor allem muss der Vertrag Sicherungen dagegen enthalten, dass der Vertragspartner die Herstellung der Anlagen nicht vollständig oder nicht mangelfrei ausführt, zumal die Gemeinde den Erwerbern und zukünftigen Grundstückseigentümern gegenüber dafür Sorge tragen muss, dass diese nicht einmal an den Erschließungsträger und nach dessen Ausfall an die Gemeinde zahlen müssen. Diese Absicherung erfolgt üblicherweise durch Erfüllungsbürgschaften oder Abschlagszahlungen.

Gegenstand eines solchen städtebaulichen Vertrages in Form eines Erschließungsvertrages kann die Kostenübernahme sowohl für beitragspflichtige wie auch für nicht-beitragspflichtige Anlagen sein, also zum Beispiel für Kinderspiel- oder Bolzplätze oder die oben genannten

Regenrückhaltebecken. Der Erschließungsträger kann sogar nichtbeitragsfähige Kosten an sich beitragspflichtiger Anlagen übernehmen, zum Beispiel die Kosten für den Ausbau, die Reparatur oder die Erneuerung von Straßen, die schon zu einem früheren Zeitpunkt erstmalig hergestellt waren.

3. Der städtebauliche Vertrag

Nach § 11 BauGB können die Gemeinden, die personell und/oder finanziell nicht in der Lage sind, erwünschte städtebauliche Planungen auszuarbeiten und durchzuführen, solche Leistungen und vor allem die dadurch anfallenden Kosten auf Dritte übertragen. Neben diesem finanziellen Aspekt will das Gesetz mit der Zulassung städtebaulicher Verträge den Gemeinden auch die Möglichkeit geben, Vereinbarungen über die spätere Nutzung der Grundstücke auszuhandeln. Schließlich können sog. Folgelasten, die durch die Erstellung neuer Baugebiete entstehen, auf die Grundstückseigentümer und Investoren abgewälzt werden, allerdings nur in den engen Grenzen, die durch die Kausalität und den Verhältnismäßigkeitsgrundsatz gezogen werden.

In einem VERTRAG ZUR VORBEREITUNG UND DURCHFÜHRUNG STÄDTEBAULICHER MASSNAHMEN nach § 11 Absatz 1 Nummer 1 BauGB kann sich ein Investor verpflichten, auf eigene Kosten die erforderlichen städtebaulichen Planungen, insbesondere für einen Bebauungsplan oder für sonstige Satzungen, etwa einen Vorhaben- und Erschließungsplan, zu erstellen. Gegenstand eines solchen Vertrags können auch notwendige Untersuchungen zur Feststellung von Altlasten einschließlich der Bodensanierung, die Durchführung städtebaulicher Ideenwettbewerbe, die Erstellung von Marktgutachten und die privatrechtliche Neuordnung der Grundstücksverhältnisse sein.

Dabei ist strikt darauf zu achten, dass die Gemeinde mit dem Abschluss solcher Verträge keine unzulässige Vorwegbindung eingeht; sie darf sich also nicht verpflichten, einen Bebauungsplan überhaupt oder gar einen solchen mit einem bestimmten Inhalt aufzustellen.

§ 11 Absatz 1 Nummer 2 BauGB bietet die Rechtsgrundlage für Verträge zur Verwirklichung von Planungszielen, also für Verträge, die zur Sicherung der Ziele und Zwecke der Bauleitplanung abgeschlossen werden. Mit einem solchen Vertrag verpflichtet sich der Investor, ganz bestimmte Baumaßnahmen in einem genau festgelegten Zeitraum zu erstellen. Gegenstand solcher Verträge kann zum Beispiel die Verpflichtung sein, Sozialwohnungen zu errichten. Auch das sog. Einheimischen-Modell fällt unter diese Vorschrift:

Um preisgünstig Bauland für Einheimische zur Verfügung stellen zu können, erwirbt die Gemeinde unbebaute und nach § 35 BauGB unbebaubare Flächen im Außenbereich, erstellt für diese einen Bebauungsplan und veräußert die nunmehrigen Baugrundstücke an Einheimische. Statt des vorherigen Ankaufs durch die Gemeinde kann diese mit dem Grundstückseigentümer aber auch einen notariellen Vertrag schließen, mit dem sich dieser verpflichtet, die Grundstücke, sobald die Gemeinde sie zu Bauland gemacht hat, zu einem günstigeren, gegenüber dem Verkehrswert also niedrigeren Preis und nur an Einheimische zu verkaufen oder die von ihm erstellten Gebäude zu vermieten. Das Bundesverwaltungsgericht hat diese Praxis, solche wohnungspolitischen Überlegungen auf dem Weg über notarielle Verträge durchzusetzen, vom Grundsatz her ausdrücklich abgesegnet

Das Einheimischenmodell
Eine Landwirtin in E wollte am Rande ihrer Hofstelle zwei Baugrundstücke für ihre Kinder. An eine Genehmigung ohne Bauleitplanung war im Hinblick auf § 35 Absatz 2 BauGB nicht zu denken. Der Bürgermeister war bereit, einen Bebauungsplan aufzustellen und dort 10 Baugrundstücke auszuweisen unter der Voraussetzung, dass die Landwirtin sich verpflichtete, 7 Baugrundstücke zum Preis für Bauerwartungsland an die Gemeinde zu veräußern, die diese dann zum Baulandpreis an Einheimische weitergeben wollte. Der Landwirtin blieb nichts anderes, als zu diesem Vorschlag ja zu sagen, weil die Gemeinde sonst überhaupt kein Bauland ausgewiesen und die Landwirtin auch die zwei Baugrundstücke für ihre Kinder nicht bekommen hätte.

Nachdem der Bebauungsplan aber bestandskräftig und die Landwirtin im Besitz der zwei Baugenehmigungen für ihre Kinder war, zog sie vor Gericht und verlangte die Differenz zwischen dem Preis, den die Gemeinde ihr bezahlt hatte, und dem, den diese beim Weiterverkauf erzielt hatte, als Nachzahlung von der Gemeinde – mit Erfolg.

Während das Einheimischenmodell als solches inzwischen allgemein anerkannt ist – bei den Zivilgerichten wie bei den Verwaltungsgerichten – überprüfen die Gerichte zunehmend die Modalitäten solcher Vereinbarungen. Ein typischer Fall ist hier die Regelung, dass die Gemeinde zum Beispiel zum Preis von 50 Euro ankauft, obwohl das Grundstück 150 Euro wert ist. Unangemessen ist es in den Augen der Richter auch, wenn bei der Gemeinde kein Planungsrisiko verbleibt. Diese

Problematik liegt insbesondere vor, wenn sich die Gemeinde Grundstücke zum Preis für Bauerwartungsland anbieten lässt, dieses Angebot aber erst nach Bestandskraft des Bebauungsplans annimmt, also zu einem Zeitpunkt, zu dem sicher feststeht, dass nunmehr der Preis für Bauland zu erzielen ist.

Das Bundesverwaltungsgericht hat mit Urteil vom 15.5.2000 den Nachzahlungsansprüchen der Verkäufer übrigens den Grundsatz von Treu und Glauben nicht entgegengehalten. Die Tatsache also, dass der Verkäufer sich zuerst dem Diktat der Gemeinde unterwirft und dann die Erteilung der Baugenehmigung abwartet, steht seinem Anspruch, erst dann den Differenzbetrag von der Gemeinde zu verlangen, nicht entgegen. Die Gemeinden sind also gut beraten, nicht zunächst überzogene Forderungen zu stellen, die sie dann später wegen Nichtigkeit wieder ausgleichen müssen.

Mit FOLGELASTENVERTRÄGEN nach § 11 Absatz 1 Nummer 3 BauGB kann die Gemeinde die Übernahme von Kosten oder sonstigen Aufwendungen verlangen, die ihr für städtebauliche Maßnahmen entstehen oder entstanden sind und die Voraussetzung oder Folge des geplanten Vorhabens sind; dazu gehört auch die Bereitstellung von Grundstücken. Darüber hinaus setzt auch § 11 Absatz 2 BauGB der Phantasie der Gemeinden eine deutliche Grenze:

Zum einen müssen die Kosten und Aufwendungen Voraussetzung oder Folge des geplanten Vorhabens sein. Zum anderen müssen die vertraglich vereinbarten Leistungen den gesamten Umständen nach angemessen sein. § 11 Absatz 2 BauGB statuiert damit eine strenge Kausalität zwischen den beabsichtigten baulichen Maßnahmen und den zur Erfüllung dieses Zweckes notwendigen Maßnahmen und Aufwendungen.

Eine Erweiterung unseres Fallbeispiels unter Ziffer 2 soll dies deutlich machen:

Ein neues Baugebiet für die Hansestadt

Mit dem Zuzug Hunderter von Familien in das neue Baugebiet am Stadtrand werden Folgeeinrichtungen für die Hansestadt R notwendig, wie zum Beispiel neue Schulen, neue Kindergärten, die Erweiterung der örtlichen Feuerwehr etc. Gleichzeitig macht die Zunahme des Verkehrs es notwendig, die Zufahrtsstraßen zu diesem neuen Baugebiet zu verbreitern, zusätzliche Ampelanlagen zu errichten etc. Auch der öffentliche Personennahverkehr muss an diesen neuen Stadtteil herangeführt werden.

All diese Maßnahmen kommen unmittelbar dem neuen Baugebiet zugute. Gleichzeitig verbessern sie aber die Verkehrssituation auch für alle anderen Baugebiete entlang der Zufahrtsstraßen. Der neue Kindergarten wird nur zur Hälfte von den Kindern des neuen Stadtteiles frequentiert werden. Die Anschaffung neuer Feuerwehrautos ist auch, aber nicht ausschließlich für die Bewohner dieses neuen Stadtteils notwendig.

Schließt die Stadt in diesem Zusammenhang mit dem Investor einen Folgelastenvertrag ab, können diese Kosten eben auch nur TEILWEISE dem neuen Baugebiet zugerechnet und auch nur insoweit auf den Investor umgelegt werden. Die genannten Grundsätze der Verhältnismäßigkeit und der Ursächlichkeit begrenzen die Zulässigkeit solcher städtebaulicher Vereinbarungen ebenso wie das vom Bundesverwaltungsgericht seit jeher judizierte Koppelungsverbot. Die Vorschriften des § 11 BauGB ebenso wie des § 56 Absatz 1 VwVfG stellen im Grunde genommen nur die gesetzliche Normierung dieser Rechtsgrundsätze dar. Noch einmal soll deshalb unterstrichen werden, dass die Gemeinde schlecht beraten ist, die dem Investor die weitgehendsten Verpflichtungen diktiert, weil sie zunächst in der besseren Verhandlungsposition ist mit dem Hinweis, eben keinen Bebauungsplan aufzustellen, wenn der Investor die Forderungen der Gemeinde nicht akzeptiert. Da diese Verträge nichtig sind, wird der Investor seine Zahlungen zurückfordern, wenn ER in der besseren rechtlichen Position ist, und zwar nach Fertigstellung der Baumaßnahme und der Veräußerung der Wohnungen und Büros.

Aus den genannten Grundsätzen folgt schließlich, dass Folgelastenvereinbarungen überhaupt unzulässig sind, wenn das betreffende Vorhaben ohne weiteres genehmigungsfähig ist, § 11 Absatz 2 Satz 2 BauGB. Ein „Verkauf" ohnehin bestehender Baurechte darf also nicht erfolgen. Außerdem dürfte auch für die neue Regelung die Rechtsprechung aus den 80er Jahren weiterhin Gültigkeit haben, wonach pauschale Zahlungen pro m^2 Wohnfläche etwa voraussetzen, dass mit der Verwirklichung des Baugebietes eine sprunghafte Entwicklung in der Gemeinde verbunden ist. Das Einvernehmen der Gemeinde zur Errichtung eines Wohnblocks mit 20 Wohnungen genügt hierfür wohl nicht.

4. Die städtebauliche Entwicklungsmaßnahme

Mehr aus Gründen der Vollständigkeit und Aktualität als wegen ihrer praktischen Bedeutung soll auch die städtebauliche Entwicklungsmaßnahme kurz angesprochen werden. Unter der Überschrift der „zügigen Baulandbeschaffung" bei gleichzeitiger „Abschöpfung des Planungsgewinnes" hat der Gesetzgeber hier bei den Gemeinden Hoffnungen geweckt, die in der Praxis nur selten erfüllt werden können.

Dies liegt erstens an dem Verwaltungsaufwand, der nur durch Großstädte mit eigenen Planungsstäben für städtebauliche Entwicklungsmaßnahmen oder aber durch vom Land bestätigte (§ 167 Absatz 1 BauGB) Entwicklungsträger bewältigt werden kann.

Zum Zweiten hat die bisherige Erfahrung gezeigt, dass sich solche Entwicklungsmaßnahmen über einen Zeitraum von mindestens vier bis zu zehn Jahren erstrecken. Zum Dritten ist die Pflicht, den Planungsgewinn bei Grundstückseigentümern, die selbst bauen wollen, abzuschöpfen, den Betroffenen kaum verständlich zu machen und damit politisch nicht zu verwirklichen. Diese Sperre gilt erst recht gegenüber dem Einsatz der im Gesetz ausdrücklich vorgesehenen (§ 169 Absatz 3 BauGB) Möglichkeit der Enteignung.

Nachdem sich damit die städtebauliche Entwicklungsmaßnahme praktisch nur im Einvernehmen mit den Beteiligten verwirklichen lässt, nämlich aufgrund vertraglicher Absprachen, ist das Instrument der Erschließungs- und städtebaulichen Verträge wieder das einfachere und handhabbarere Mittel zur Schaffung von Bauland.

Ohnehin sieht schon das Gesetz die städtebauliche Entwicklungsmaßnahme als Ultima Ratio vor, §§ 166 Absatz 3, 167 BauGB. Insofern ist stets zu prüfen, ob das allgemeine Städtebaurecht nicht ausreicht, die geplante Maßnahme zu realisieren, zum Beispiel im Rahmen der Bauleitplanung in Verbindung mit einem Erschließungs- und städtebaulichen Vertrag.

Gegenstand der städtebaulichen Entwicklungsmaßnahme ist gemäß § 165 Absatz 2 BauGB die Entwicklung von Ortsteilen und anderen Teilen des Gemeindegebietes entsprechend ihrer besonderen Bedeutung für die städtebauliche Entwicklung und Ordnung der Gemeinde. Voraussetzung ist also ein beträchtliches Eigengewicht der Ansiedlung. Bezogen auf eine kleine Gemeinde mit zum Beispiel 3.000 Einwohnern wird eine städtebauliche relevante Entwicklung bei einer Ausweisung eines Bereiches von mindestens 100 bis 200 Wohnungen anzunehmen sein, oder einem Gewerbegebiet in entsprechender Größe; für eine größere Gemeinde oder Stadt gilt ein Vielfaches, um die Voraussetzungen des „Entwicklungssprunges“ zu erfüllen.

Das Wohl der Allgemeinheit muss die Durchführung der Maßnahme, also die Schaffung von Wohn- oder Arbeitsplätzen oder der besonderen Infrastrukturmaßnahme, erfordern. Dieses Gemeinwohlerfordernis ist unverzichtbare Voraussetzung der Maßnahmen, weil die Gemeinde grundsätzlich alle Grundstücke erwerben soll und zu diesem Zwecke sogar die Enteignung zulässig ist, § 169 Absatz 3 BauGB.

VI. Das Denkmalrecht

1. Zum Begriff des Denkmals

Im Rahmen der Bauleitplanung, im Baugenehmigungsverfahren zum Umbau von Gebäuden, vor allem aber im Rahmen eines Antrages auf Abbruch eines Gebäudes, gewinnt das Denkmalrecht zunehmend an Bedeutung. Dies liegt nicht zuletzt daran, dass inzwischen schon Gebäude aus der Zeit der 1950-iger Jahre Denkmaleigenschaft besitzen können. (Bau-)Denkmäler sind nämlich ganz allgemein Sachen und in unserem speziellen Fall bauliche Anlagen, die aus vergangener Zeit stammen, das heißt aus abgeschlossenen, historisch gewordenen Epochen. Dabei ist das Alter zwar von erheblicher, aber nicht alleiniger Bedeutung für die Erfüllung des Denkmalbegriffes. Als solche abgeschlossenen Perioden, die für die Annahme eines (Bau-)Denkmals maßgeblich sind, gelten selbstverständlich alle Gebäude der zurückliegenden Jahrhunderte, über die Gründerzeit und die Zeit des Jugendstils hinaus bis zu Gebäuden aus den 1920-iger Jahren und dem Kolossalstil des Dritten Reiches. Entscheidend für die Annahme eines (Bau-) Denkmals ist aber nicht nur, dass es aus vergangener Zeit stammt, sondern dass an seiner Erhaltung ein öffentliches Interesse, d. h. ein Interesse der Allgemeinheit, besteht, wegen seiner geschichtlichen, seiner wissenschaftlichen, seiner künstlerischen, seiner städtebaulichen oder seiner volkskundlichen Bedeutung (so im Wesentlichen gleichlautend die Denkmalschutzgesetze der Länder, zum Beispiel Artikel 1 BayDSchG, § 2 BWDSchG, § 2 DSchG Bln, § 2 ThürDSchG). Die Entscheidung über die Frage, ob ein öffentliches Interesse an der Erhaltung dieses Baudenkmals besteht, unterliegt der uneingeschränkten gerichtlichen Nachprüfung.

Unter Allgemeinheit ist dabei nicht die Gesamtbevölkerung zu verstehen, sondern auf den Wissens- und Kenntnisstand sachverständiger Kreise abzustellen. In der Praxis machen sich die Gerichte weitgehend die Erkenntnisse der Landesämter für Denkmalpflege zu eigen, weshalb in den meisten Fällen davon abzuraten ist, die Denkmaleigenschaft einer baulichen Anlage in Frage zu stellen.

Auch Teile von Sachen und damit von Gebäuden können Denkmäler sein. Häufigste Beispiele sind Fenster und Türen, Treppenhäuser und Fassaden. Vor allem auch der Einbau von Fahrstühlen und Dachgauben ist unter diesem Aspekt problematisch.

Lifteinbau im Treppenhaus
In einem Mietshaus aus der Zeit des Historismus Ende des 19. Jahrhunderts soll nachträglich im Treppenhaus ein Fahrstuhl eingebaut werden. Wegen der geringen Breite des Treppenhauses müssen die Podeste um 20 cm eingeschnitten und in diesem Bereich das historische Geländer entfernt werden. Nach Einschaltung des Landesamtes für Denkmalpflege versagt die untere Denkmalschutzbehörde die Genehmigung für diesen Einbau mit der Begründung, damit werde in die Substanz des Baudenkmals eingegriffen und die „Anschaulichkeit des Treppenhauses" gehe verloren. Dass nach neuerem Bauordnungsrecht der Einbau eines solches Aufzuges in einem Mietshaus mit fünf Geschossen bauordnungsrechtlich vorgeschrieben sei, könne hier keine Rolle spielen. Die Belange des Denkmalschutzes gingen hier vor und erlaubten den nachträglichen Einbau nicht.

Während in anderen Fällen der Einbau eines solchen Fahrstuhls auch in einem historischen Treppenhaus durchaus genehmigt wurde und wird, ebenso wie der Anbau eines Lifts an der rückwärtigen Fassade eines denkmalgeschützten Gebäudes, hielt der Verwaltungsgerichtshof München in diesem Fall den Eingriff für zu massiv und das öffentliche Interesse an der unveränderten Erhaltung des Treppenhauses für gegeben: Nicht nur stamme das Gebäude unverändert aus dem 19. Jahrhundert. Auch das Treppenhaus einschließlich der Podeste und Geländer sei unverändert erhalten und in einem herausragenden Zustand. Der Einbau eines Aufzuges unter Verkürzung der Treppenstufen und der Podeste sowie der teilweisen Beseitigung der Geländer würde „von der historischen Treppe nichts mehr übrig lassen"; die gewendelten Wangen und Geländer könnten in der bisherigen Form nicht wiederverwendet werden und das geschlossene Raumbild würde zerstört, entschied der Verwaltungsgerichtshof München mit Urteil vom 16.1.2012.

2. Ensembleschutz
Die gesetzlich normierte Erhaltungspflicht eines (Bau-)Denkmals und das Verbot der Beseitigung betreffen zunächst einmal und in erster Linie die in der Denkmalliste eingetragenen Einzeldenkmale.

Einer denkmalschutzrechtlichen Genehmigung (so zum Beispiel das Saarländische DSchG in § 8 Absatz 5 oder das DSchG Bln in § 11) beziehungsweise Erlaubnis (so das BayDSchG in Artikel 6 oder das DSchG für NRW in § 9) bedarf aber nicht nur, wer ein denkmalgeschütztes Gebäude selbst verändern will – zum Beispiel in Fällen des Umbaus oder gar des Abbruchs, aber auch schon bei einem Neuanstrich der Fassade. Eine denkmalrechtliche Genehmigung/Erlaubnis benötigt auch, wer ein

Gebäude in der Nachbarschaft eines Baudenkmals verändern will – dann aber nur, wenn sich diese Baumaßnahme auf Bestand oder Erscheinungsbild des benachbarten Baudenkmals auswirken kann.

Darüber hinaus erstreckt sich die Genehmigungs-/Erlaubnispflicht auch auf eine Mehrheit von baulichen Anlagen, in einigen Bundesländern Ensemble genannt, in anderen Denkmalbereich oder auch Denkmalzone.

Ensembles/Denkmalbereiche bzw. Denkmalzonen sind Mehrheiten baulicher Anlagen, die als räumlich und geschichtlich zusammenhängende Gruppe aus den genannten Gründen des Denkmalschutzes erhaltenswert sind, und dies nach den meisten Landesdenkmalschutzgesetzen unabhängig davon, ob die einzelnen baulichen Anlagen Kulturdenkmäler, also Einzeldenkmäler sind, ja sogar dann, wenn sich in diesem Ensemble/Denkmalbereich nicht ein einziges Einzeldenkmal befindet (vergleiche zum Beispiel Artikel 1 Absatz 3 BayDSchG). Solche denkmalrechtlich geschützten Ensembles/Denkmalbereiche sind natürlich in erster Linie die Altstadtbereiche, nicht nur von Städten wie Rothenburg ob der Tauber, Freiburg im Breisgau, Eisenach oder Meißen.

Ob in einem solchen Ensemble ein selbst nicht geschützter, oftmals sogar hässlicher Neubau abgerissen werden darf, ist verständlicherweise besonders problematisch und rechtlich äußerst umstritten. Immer aber bedarf es einer denkmalrechtlichen Erlaubnis zur Veränderung und zum Abbruch. Und nicht immer ist diese Erlaubnis einfacher zu erlangen als bei einem Einzeldenkmal, auch wenn der Erlaubnistatbestand eingeschränkt ist auf die Frage, ob sich diese Veränderung auf das Erscheinungsbild des Ensembles insgesamt auswirken kann.

Die Erlaubnis zur Veränderung oder zur Beseitigung eines Baudenkmals oder eben auch eines selbst nicht geschützten Gebäudes innerhalb eines Ensembles darf nur versagt werden, wenn „gewichtige Gründe des Denkmalschutzes für die unveränderte Beibehaltung des bisherigen Zustandes sprechen" (so zum Beispiel Artikel 6 Absatz 2 BayDSchG). Die Erlaubnis beziehungsweise Genehmigung IST ZU ERTEILEN, wenn Gründe des Denkmalschutzes nicht entgegenstehen oder private Interessen überwiegen (so zum Beispiel § 8 Absatz 5 SaarlDSchG oder § 9 Absatz 2 BbgDSchG).

3. Pflichten des Denkmaleigentümers

Die Eigentümer von Kulturdenkmalen haben diese zu erhalten – im Rahmen des Zumutbaren (siehe zum Beispiel § 6 BWDSchG; § 7 ThürDSchG, Artikel 4 BayDSchG). Die ERHALTUNGSPFLICHT bedeutet, ein

Denkmal instand zu halten, instand zu setzen, sachgemäß zu behandeln und vor Gefährdung zu schützen.

Diese Pflicht korrespondiert mit der Befugnis der Denkmalschutzbehörden entsprechende Anordnungen zu erlassen, also insbesondere Erhaltungsmaßnahmen zu verfügen.

In diesem Zusammenhang beschäftigt der Austausch von Fenstern immer wieder die Rechtsprechung. Während die Bauherren preisgünstige, pflegeleichte, aber auch wärmeschützende Kunststofffenster einbauen wollen, verlangen die Denkmalbehörden stilgerechte Holz- und sogar Kastenfenster. Zumeist geht dieser Streit zugunsten der Denkmalbehörden aus, die einen Austausch von Holz- gegen Kunststofffenster etwa in einer gründerzeitlichen Fassade als beeinträchtigend ansehen und es dem Eigentümer zumuten, teurere Holzfenster einzubauen.

Schon die Erhaltungspflicht steht aber unter der Prämisse der Zumutbarkeit, auf die nachstehend noch ausführlich eingegangen wird.

Grundsätzlich muss der Eigentümer es hinnehmen, dass ihm eine rentablere Nutzung des Grundstücks im Hinblick auf die denkmalschützerischen Belange verwehrt ist, aber auch, dass die Renovierungskosten höher sind als bei einem Neubau. Erst wenn für ein geschütztes Baudenkmal keinerlei sinnvolle Nutzungsmöglichkeit mehr besteht, wenn selbst ein dem Denkmalschutz aufgeschlossener Eigentümer von einem Baudenkmal keinen vernünftigen Gebrauch machen und es praktisch auch nicht veräußern kann, wird dessen Privatnützigkeit beseitigt. Die Pflicht zur Erhaltung tritt zurück hinter den Schutz des Eigentums. Unzumutbar ist dem Eigentümer der (unveränderte) Erhalt eines Baudenkmals auch, wenn dieses in absehbarer Zeit ohnehin dem Verfall preisgegeben wäre oder wenn bei einer notwendigen Erneuerung nur noch so wenig an Substanz erhalten bliebe, dass die Identität des Denkmals verloren ginge und nur noch eine Rekonstruktion entstünde.

In den Vordergrund der juristischen Auseinandersetzung ist auch die Frage getreten, ob dem Eigentümer die angeordnete Maßnahme und vor allem der Erhalt des Gebäudes aus wirtschaftlichen Gründen zumutbar ist. Dies haben die Verwaltungsgerichte auf der Grundlage einer Wirtschaftlichkeitsberechnung zu entscheiden, wozu wir nachstehend unter Ziffer 4 noch ausführlich kommen werden.

Die Erhaltungspflicht hat ihre Grenzen; ein grundsätzliches Veränderungsverbot würde gegen Artikel 14 GG verstoßen. Deshalb müssen die Interessen der Öffentlichkeit am Erhalt des Denkmals und die gegenläufigen Interessen des Eigentümers sachgemäß gegeneinander abgewogen werden, und zwar in einem Verfahren, in dem die Denkmalschutzbehörden nach pflichtgemäßem Ermessen zu entscheiden haben. Einige Landesdenkmalschutzgesetze, wie zum Beispiel das BayDSchG in Artikel 6 oder das DSchG für NRW in § 9, sprechen dabei von Erlaubnis, andere von Genehmigung (so zum Beispiel das Saarländische DSchG in § 8 oder das DSchG Bln in § 11). Inhaltlich besteht kein Unterschied. Auch diese Entscheidungen der Behörden sind selbstverständlich vollumfänglich gerichtlich nachprüfbar.

Wer ein Einzeldenkmal oder ein Gebäude in einem geschützten Ensemble verändern oder gar beseitigen will, bedarf einer Erlaubnis (so zum Beispiel das Bayerische Denkmalschutzgesetz) beziehungsweise einer Genehmigung (so zum Beispiel das Denkmalschutzgesetz Berlin). Wenn dazu keine Baugenehmigung nötig ist, etwa weil die Umbaumaßnahme verfahrensfrei ist, wie zum Beispiel das Auswechseln von Fenstern (vergleiche Artikel 57 Absatz 1 Nummer 11 BayBO), oder weil der Abbruch selbst inzwischen in fast allen Bundesländern genehmigungsfrei, allenfalls anzeigepflichtig ist, bedarf es eben einer gesonderten ERLAUBNIS/GENEHMIGUNG nach den DSchG.

Benötigt der Bauherr aber eine Baugenehmigung, insbesondere bei einem größeren Umbau oder einer Erweiterung eines Baudenkmals, so wird die notwendige Zustimmung der Denkmalschutzbehörde Teil des Baugenehmigungsverfahrens (sogenannte Konzentrationswirkung): Die Belange des Denkmalschutzes werden also im Baugenehmigungsverfahren abgehandelt und mit der Erteilung der Baugenehmigung besitzt der Bauherr automatisch auch die denkmalrechtliche Erlaubnis.

HINWEIS
In fast allen Bundesländern sind inzwischen Denkmallisten erstellt. Diese Denkmallisten haben aber keine rechtsbegründende Wirkung. Sie stellen zunächst einmal nur eine Orientierungshilfe dar.

Woher sollen der Bauherr und seine Architekten aber wissen, ob es sich bei dem Gebäude um ein Baudenkmal handelt, insbesondere wenn dies nicht wie bei einem Gebäude aus der Gründerzeit wegen seiner schönen Fassade offenkundig ist? Immer weniger Bundesländer stellen die Denkmaleigenschaft eines Gebäudes mittels eines Bescheides fest, der dann rechtlich angegriffen werden kann.

Immer wieder stellt sich heraus, dass in der Liste Gebäude eingetragen sind, die gar keine Denkmale sind, und umgekehrt, dass in der Denkmalliste Gebäude fehlen, die sehr wohl als Denkmal zu qualifizieren sind. Letztlich entscheiden die Gerichte über die Denkmaleigenschaft.

4. Die Frage der Zumutbarkeit, insbesondere in wirtschaftlicher Hinsicht – Wirtschaftlichkeitsberechnung

Das verfallene Gasthaus.
Ein Gasthaus aus dem 19. Jahrhundert in einem abgelegenen Dorf war schon seit Jahrzehnten aufgegeben. Der letzte Pächter hatte den Betrieb mangels Rentabilität eingestellt und das Haus verfiel. Dieses verfallende Gebäude kam nun bereits im zweiten Erbgang an eine im Übrigen vermögenslose Dame, die es auf Abbruch verkaufen wollte, damit der Käufer sich dort in ländlicher Idylle ein Wohnhaus errichten konnte. Sie beantragte deshalb die Erlaubnis zum Abbruch des Gebäudes, die ihr von den Denkmalbehörden allerdings versagt wurde: Dieses Gasthaus sei für das Dorf ein herausragendes Beispiel früherer Wirtshauskultur und deshalb wegen seiner geschichtlichen und städtebaulichen Bedeutung unbedingt im Interesse der Allgemeinheit zu erhalten. Zwar musste auch das Landesamt für Denkmalpflege konstatieren, dass in diesem Weiler kein Gasthaus mehr rentabel betrieben werden konnte; das Haus könne aber zu vier Wohnungen umgebaut werden – für Kosten, die nach einem Gutachten bei über 2 Mio. Euro, nach Einschätzung des Landesamtes bei „lediglich" 1,3 Mio. Euro liegen würden – wobei das Landesamt großzügigerweise einen Zuschuss in Höhe von 700.000 Euro zusagte. Wie die vermögenslose Eigentümerin die übrigen 600.000 Euro bis 1,3 Mio. Euro aufbringen sollte, war dem Landesamt gleichgültig. Das Landratsamt versagte daraufhin die beantragte Erlaubnis.

Diese Entscheidung hob das Verwaltungsgericht auf. Es ließ dahingestellt, ob hier überhaupt noch vom Erhalt eines Gebäudes gesprochen werden könne, oder nicht eine bedeutungslose Rekonstruktion entstünde, die vom Denkmalschutz nicht mehr gedeckt ist (siehe oben Ziffer 1). Jedenfalls sei der Eigentümerin aus wirtschaftlichen Gründen nicht zumutbar, sich und ihre Kinder bis ans Lebensende zu verschulden (so das Verwaltungsgericht Augsburg im Urteil vom 17.2.2011).

Im Falle der (wirtschaftlichen) Unzumutbarkeit muss die Erlaubnis/Genehmigung erteilt werden, wie inzwischen sämtliche Verwaltungsgerichte judizieren. Diese Zumutbarkeitsprüfung beinhaltet nach heutiger Rechtsprechung in erster Linie die Frage, ob das Objekt – unter Einbeziehung der für den Erhalt und die Nutzung notwendigen finanziellen Mittel – wirtschaftlich vernünftig genutzt werden kann.

Entscheidend für die Zumutbarkeit ist die Frage, ob der wirtschaftlichen Belastung durch die Kosten für die Erhaltung und Bewirtschaftung des Denkmals dauerhaft Erträge in gleicher Höhe gegenüber stehen. Eine

Belastung ist unzumutbar, wenn „die Kosten der Erhaltung und der Bewirtschaftung nicht durch Erträge oder den Gebrauchswert des Kulturdenkmals aufgewogen werden", formulieren inzwischen die moderneren Denkmalschutzgesetze (vergleiche zum Beispiel § 7 Absatz 4 Satz 3 BbgDSchG; § 7 Absatz 1 Satz 2 ThürDSchG). Die Erhaltung einer baulichen Anlage ist dem Eigentümer dann wirtschaftlich unzumutbar, wenn die ERHALTUNGSKOSTEN der baulichen Anlage bei einer einen längeren Zeitraum umfassenden Prognose die zu erzielenden Einnahmen übersteigen. Dies setzt, wie wir oben gesehen haben, nicht voraus, dass mit der Nutzung des Denkmals eine Rendite erzielt werden kann oder gar, dass mit einem Neubau, der anstelle des denkmalgeschützten Gebäudes errichtet werden könnte, eine wesentlich höhere Rendite erzielt werden könnte. Die Gerichte haben es mit einer Kurzfassung auf den Punkt gebracht und gefragt, ob sich das Denkmal „selbst trägt". Dies ist nach inzwischen übereinstimmender Rechtsprechung mittels einer Wirtschaftlichkeitsberechnung zu klären.

Ob sich „das Denkmal selbst trägt", ergibt sich aus einem Vergleich der laufenden Einnahmen mit den Ausgaben. Die monatliche Belastung des Eigentümers besteht aber nicht in dem Einmalbetrag der aufzuwendenden Investitionskosten, sondern in den laufend aufzuwendenden Finanzierungskosten. Um auf der Ausgabenseite diese laufenden Kosten für die Erhaltung des Denkmals ermitteln zu können, bedarf es selbstverständlich zunächst der Feststellung der voraussichtlichen Investitionskosten zur Herstellung der wirtschaftlichen Ertragsfähigkeit.

Sind die Instandsetzungskosten auf diese Weise richtig ermittelt, so sind daraus die Finanzierungskosten abzuleiten. Denn nur diese sind für die Wirtschaftlichkeitsberechnung von Bedeutung, also für die Frage, ob sich das Denkmal „selbst trägt". Aus diesem Ansatz folgt weiter, dass die Tilgung im Rahmen der Wirtschaftlichkeitsberechnung keine Rolle spielt, wohl aber im Rahmen der subjektiven Kriterien, also bei der Frage nach der Zumutbarkeit aus persönlichen Gründen.

Auf der Aufwandseite sind neben den Kosten für die Finanzierung der Instandsetzung des Denkmals die KOSTEN SEINER BEWIRTSCHAFTUNG in Rechnung zu stellen.

Zu den BEWIRTSCHAFTUNGSKOSTEN zählen:

- Die laufenden Instandhaltungskosten. Nach der Brandenburgischen Verwaltungsvorschrift vom 16.4.2009 können „vorbehaltlich anderer Nachweise des Verfügungsberechtigten" für die Berechnung der

Bewirtschaftungskosten die §§ 24 ff. der II. Berechnungsverordnung – BV – analog herangezogen werden.

- Neben den laufenden Instandhaltungskosten auch Rückstellungen für größere Reparaturen. Dies ist zwingend, allein schon deshalb, weil der Eigentümer sonst Verfügungen der Denkmalschutzbehörden gewärtigen müsste, aufgrund der Eingriffsbefugnisse der Behörden zum Zwecke der Erhaltung von Baudenkmälern.
- Wiederum in Anlehnung an die II. BV sind bei eigengenutzten Grundstücken die Betriebskosten anzusetzen, „die dem Eigentümer durch das Eigentum am Grundstück oder durch den bestimmungsgemäßen Gebrauch des Gebäudes oder der Wirtschaftseinheit, der Nebengebäude, Anlagen, Einrichtungen und des Grundstücks laufend entstehen“, § 27 Absatz 1 II. BV. An die Stelle der Betriebskosten treten bei vermieteten Objekten die Verwaltungskosten analog § 26 II. BV.
- Umstritten ist, ob auch das Mietausfallwagnis bei den Bewirtschaftungskosten zu berücksichtigen ist.
- Dagegen berücksichtigen die Gerichte auch bei einem Baudenkmal die Abschreibung von Sanierungsaufwand.

Den Kosten für Erhaltung und Bewirtschaftung auf der Ausgabenseite sind auf der Einnahmenseite die ERTRÄGE gegenüberzustellen.

- Zu diesen Erträgen gehören selbstverständlich in erster Linie die voraussichtlichen Mieteinnahmen.
- Neben diesen sind auf der Ertragsseite aber auch die Zuschüsse der öffentlichen Hand zu berücksichtigen, aber nur die bereits bewilligten beziehungsweise verbindlich in Aussicht gestellten.
- Auch bezüglich (möglicher) steuerlicher Begünstigungen besteht inzwischen Einigkeit darüber, dass diese zu berücksichtigen sind – richtigerweise auf der Ertragsseite der Wirtschaftlichkeitsberechnung. Zwar handelt es sich dabei ganz offensichtlich um einen Posten, der von den persönlichen Verhältnissen des jeweiligen Eigentümers abhängt; gleichwohl ist es ein objektiv zu bestimmender Rechnungsposten, der damit auch in die Wirtschaftlichkeitsberechnung einzubeziehen ist. In diesem Zusammenhang stellt sich dann die Frage, ob ein Eigentümer verpflichtet werden kann, seine Immobilie an jemanden zu veräußern, der höhere steuerliche Abschreibungsmöglichkeiten geltend machen kann.

Bei der Frage, ob sich eine Immobilie „selbst trägt“, kann offenkundig die Frage keine Rolle spielen, unter welchen Umständen die Immobilie erworben wurde, ob der jetzige Eigentümer oder sein Rechtsvorgänger den traurigen Zustand des Baudenkmals herbeigeführt haben, und ob dies schuldhaft oder ohne Verschulden geschehen ist. Deshalb ist regelmäßig auch kein Raum für den Abzug von Kosten für unterlassenen Bauunterhalt oder für bau- oder sicherheitsrechtlich veranlasste Kosten.

Gleichwohl sind im Rahmen der ZUMUTBARKEITSPRÜFUNG beziehungsweise der Ermessensentscheidung auch die persönlichen Verhältnisse des (jetzigen) Eigentümers zu berücksichtigen. Insbesondere darf nach übereinstimmender Rechtsprechung ein pflichtwidriges Unterlassen der Instandhaltung dem Eigentümer nicht zugutekommen.

Letztlich stellt sich dann noch die Frage, inwieweit bei der Ermessensausübung über die beantragte Erlaubnis/Genehmigung die private Leistungsfähigkeit des jeweiligen Denkmaleigentümers in Rechnung zu stellen ist, selbst wenn die Wirtschaftlichkeitsberechnung zu einem positiven Ergebnis führt. Einfacher ausgedrückt: In welcher Höhe muss sich ein Eigentümer verschulden? Kann also die Witwe im geschilderten Fall mit dem verfallenden Gasthaus, die das unter Denkmalschutz stehende Wohnhaus geerbt hat, verpflichtet werden, sich in 6- oder 7-stelliger Höhe zu verschulden, und dies angesichts des Risikos eines Mietausfalls, der immerhin entscheidender Bestandteil der Wirtschaftlichkeitsberechnung ist.

Die Wirtschaftlichkeitsberechnung könnte nach den Vorgaben der Gerichte (zum Beispiel Verwaltungsgerichtshof München vom 12.8.2015) vereinfacht dargestellt – über einen Zeitraum von 12 bis 15 Jahren – wie folgt aussehen:

AUFWAND	
Kapitalkosten	
Abschreibung	
Laufende Instandhaltungskosten	
Betriebskosten	
Verwaltungskosten	
Mietausfallwagnis	
Aufwand gesamt pro Jahr	
ERTRAG	
Gebrauchswert beziehungsweise Mieteinnahmen	
Jährlicher Steuervorteil nach § 10f beziehungsweise § 7i EStG	
Ertrag gesamt pro Jahr	
Saldo	

Auf dem Klageweg zur Baugenehmigung – Rechtsschutz für Bauherrn und Nachbarn

Nahezu allen besprochenen Fällen in diesem Buch liegen gerichtliche Verfahren und Urteile zugrunde. Der Bürger braucht Entscheidungen der Gemeinden oder der Verwaltungsbehörden keineswegs hinzunehmen. Der Rechtsschutz ist vielmehr eine der tragenden Säulen unserer Rechtsordnung. So kommt der Grundstückseigentümer oftmals nur mit Hilfe des Verwaltungsgerichtes zu seiner Baugenehmigung. Aber auch der Nachbar, der durch eine Baugenehmigung in seinen nachbarrechtlich geschützten Belangen verletzt wird, muss die Gerichte anrufen können. Schließlich können gemeindliche Satzungen wie Bebauungspläne oder Veränderungssperren im Wege des Normenkontrollverfahrens angefochten werden.

6. Auf dem Klageweg zur Baugenehmigung – Rechtsschutz für Bauherrn und Nachbarn

I. Die Baugenehmigung wird nicht erteilt

Die Tatsache, dass die Baugenehmigung oder der beantragte Vorbescheid nicht erteilt werden, kann zwei Ursachen haben. Im einen Fall lehnt die Genehmigungsbehörde den Antrag ab; im anderen Fall wartet der Bauwerber wochen- oder gar monatelang auf eine Entscheidung. In beiden Fällen sagt die Verwaltungsgerichtsordnung (VwGO), was zu tun ist. Anhand des folgenden Falles sollen zunächst die Rechtsmittel dargestellt werden, die einem Bauwerber zur Verfügung stehen, wenn sein Antrag ABGELEHNT wird.

Gemeinde will Wohnhaus verhindern
F ist Eigentümer eines ca. 5.000 m² großen Grundstücks am Ortsrand von O. Das Grundstück, das die Form eines Dreiecks aufweist, stößt mit seinen beiden Schmalseiten an dichte Wohnbebauung. Entlang der dritten Seite (Hypotenuse) verläuft die Bahnlinie, jenseits der landwirtschaftlich genutzte Flächen im Außenbereich liegen. F will zumindest in der ortsnahen Ecke ein Doppelhaus für seine beiden Kinder errichten. Die Gemeinde verweigert das Einvernehmen mit dem Hintergedanken, zumindest einen Teil des Gesamtgrundstücks billig in die Hände zu bekommen, um es an Einheimische weiterzugeben. Das Landratsamt lehnt die Baugenehmigung ab, mit der Begründung, das Grundstück sei dem Außenbereich zuzurechnen.

Gegen den ablehnenden Bescheid muss F als erstes WIDERSPRUCH einlegen (§ 68 VwGO). Der Antrag auf Vornahme des Verwaltungsaktes – auf Genehmigung des Bauantrages – ist abgelehnt worden. Bevor der Bauwerber hiergegen Klage zum Verwaltungsgericht erhebt, muss er Rechtmäßigkeit und Zweckmäßigkeit in einem Vorverfahren , dem sog. Widerspruchsverfahren, nachprüfen lassen, § 68 VwGO. Dazu legt das Landratsamt den Widerspruch der nächsthöheren Behörde vor, die dann einen Widerspruchsbescheid (§ 73 VwGO) erlässt.

HINWEIS
Da in Bayern das Widerspruchsverfahren abgeschafft wurde, muss gegen den ablehnenden Bescheid sofort Klage zum Verwaltungsgericht erhoben werden (Artikel 15 BayAGVwGO).

Gemäß § 70 Absatz 1 VwGO ist der Widerspruch INNERHALB EINES MONATS, nachdem der Verwaltungsakt dem F. bekannt gemacht wurde, SCHRIFTLICH oder zur Niederschrift bei der erlassenden Behörde, hier also dem Landratsamt als untere Bauaufsichtsbehörde, einzulegen, beziehungsweise innerhalb eines Monats Klage beim zuständigen Verwaltungsgericht einzureichen.

Diese Monatsfrist beginnt nach § 58 VwGO aber nur dann zu laufen, wenn auf dem Bescheid eine entsprechende Rechtsbehelfsbelehrung angebracht ist; ohne diese beträgt die Frist zur Einlegung des Widerspruches ein Jahr (§ 58 Absatz 2 VwGO). Theoretisch kann die Behörde dem Widerspruch abhelfen, wenn sie ihn für begründet hält, § 72 VwGO. In der Praxis kommt es aber so gut wie nicht vor, dass sich die Behörde im Widerspruchsverfahren von der Unrichtigkeit der zuvor ausgesprochenen Ablehnung überzeugen lässt. Im konkreten Fall erließ die Widerspruchsbehörde einen negativen Widerspruchsbescheid gemäß § 73 VwGO.

Gegen den negativen Widerspruchsbescheid erhob F nunmehr Klage zum Verwaltungsgericht, und zwar gemäß § 74 VwGO innerhalb eines Monats nach Zustellung des (Widerspruchs-)Bescheides.

Das Verwaltungsgericht gab seiner Klage statt und verurteilte den Freistaat Bayern, vertreten durch das Landratsamt, zur Erteilung der Baugenehmigung für das beantragte Doppelhaus. Nach der Rechtsprechung des Bundesverwaltungsgerichts sei die Bahnlinie die topographische Grenze zwischen Innen- und Außenbereich, mit der Folge, dass das Grundstück des F nach § 34 BauGB bebaut werden dürfe.

Seit der Änderung der Verwaltungsgerichtsordnung durch Gesetz vom 1.11.1996 ist eine Berufung nur noch zulässig, wenn sie entweder vom Verwaltungsgericht oder vom Oberverwaltungsgericht/Verwaltungsgerichtshof zugelassen worden ist, §§ 124, 124a VwGO. Die Einlegung einer Revision zum Bundesverwaltungsgericht gemäß § 132 VwGO ist ohnehin nur in seltenen Ausnahmefällen und unter eingeschränkten Voraussetzungen zulässig.

Nicht selten sind aber auch die Fälle, in denen der Bauwerber Monat um Monat vergeblich auf eine Entscheidung wartet. Entweder kann sich das Landratsamt nicht entscheiden, ob es nun die beantragte Genehmigung erteilt oder nicht, oder der Widerspruch liegt unbearbeitet bei der höheren Verwaltungsbehörde. Auch hier gibt die Rechtsordnung dem Bauherrn verschiedene Möglichkeiten gegen solche Verzögerungen vorzugehen.

Die untätige Behörde

Die Firma B erwirbt in M ein Firmengelände an einer großen Ausfallstraße. Sie stellt bei der Stadt den Antrag, die vorhandenen Werkshallen zu einem Supermarkt umzubauen. Da auf dem Nachbargrundstück bereits ein Großmarkt bestehe, füge sich auch der von ihr geplante großflächige Einzelhandelsbetrieb (also mit einer Verkaufsfläche von über 800 m²) in die umliegende Bebauung ein. Die Bauverwaltung bestätigt diese Auffassung; gleichwohl darf sie auf Anordnung der politischen Stadtspitze die Genehmigung nicht erteilen. Der Bauantrag wandert nunmehr sieben Monate zwischen Oberbürgermeister und Bauverwaltung hin und her, bis der Bauherr schließlich mit seiner Geduld am Ende ist. Er reicht beim Verwaltungsgericht Klage auf Erteilung der Genehmigung und gleichzeitig beim Landgericht Klage auf Entschädigung wegen des Zeitverlustes ein.

Was die Klage zum Verwaltungsgericht anbelangt, so ist diese gemäß § 75 VwGO zulässig. Nach dieser Vorschrift kann hier die Firma B UNTÄTIGKEITSKLAGE einreichen, weil über ihren Antrag innerhalb von drei Monaten nicht entschieden worden ist und auch keine besonderen Umstände vorlagen, die eine angemessene Verlängerung dieser Frist gerechtfertigt hätten. Eine solche Untätigkeitsklage ist auch statthaft, wenn über einen eingelegten Widerspruch nicht innerhalb von drei Monaten entschieden worden ist.

Dabei ist der offenkundig weit verbreitete Irrtum zu korrigieren, dass diese Untätigkeitsklage nur darauf gerichtet sei, die Behörde endlich zum Tätigwerden zu veranlassen. Vielmehr kann das Gericht die Behörde verpflichten, die beantragte Genehmigung zu erteilen. Tatsächlich verurteilten im konkreten Fall sowohl das Verwaltungsgericht als auch der Verwaltungsgerichtshof die Stadt zur Erteilung der Baugenehmigung, so der Verwaltungsgerichtshof München mit Urteil vom 12.7.1991. Im Zivilrechtsstreit stellten die Gerichte fest, dass die Stadt mit der Verzögerung des Bauvorhabens rechtswidrig und schuldhaft gehandelt und damit eine Amtspflichtverletzung begangen hatte. Alle am Baugenehmigungsverfahren beteiligten Behörden haben den Antrag ohne vermeidbare Verzögerung zu behandeln. Zunehmend häufen sich Urteile, mit denen die Landratsämter, vor allem aber die Kommunen, zur Zahlung sechs- und sogar siebenstelliger Beträge verurteilt wurden. Entweder wurde die Baugenehmigung nicht innerhalb der vorgegebenen Frist von wenigen Monaten bearbeitet oder die Baugenehmigung wurde in rechtswidriger Weise zunächst verweigert.

Die Untätigkeitsklage ist auch dann ein probates Mittel, schneller an die gewünschte Genehmigung zu kommen, wenn schon die Gemeinde nicht willens ist, das benötigte Einvernehmen zu erteilen und die Akten an die Genehmigungsbehörde weiterzugeben. Um dies zu verdeutlichen, müssen wir den oben vorgestellten Fall ergänzen:

Umbau einer Lagerhalle
Das Grundstück, auf dem der Laden errichtet werden sollte, lag nämlich innerhalb eines förmlich festgesetzten Sanierungsgebietes gemäß § 142 BauGB. W benötigte deshalb nicht nur das Einvernehmen der Gemeinde nach § 36 BauGB, sondern auch die zusätzliche Genehmigung der Gemeinde nach § 144 BauGB. In beiden Fällen konnte sich der Gemeinderat zu keiner Entscheidung durchringen. Die einen wollten die ortsansässigen Lebensmittelhändler schützen; die anderen verwiesen darauf, dass das Bauvorhaben nach § 34 Absatz 2 BauGB in Verbindung mit § 6 Absatz 2 Nummer 3 BauNVO zulässig sei und das Vorhaben auch die Durchführung der Sanierung nicht erschwere (§ 145 Absatz 2 BauGB).

Nachdem auch in der dritten Sitzung keine Entscheidung gefallen war, reichte der Bauherr Untätigkeitsklagen zum Verwaltungsgericht ein, sowohl gegen die Gemeinde auf Erteilung der Sanierungsgenehmigung als auch gegen die Baugenehmigungsbehörde auf Erteilung der Baugenehmigung. Beide Klagen waren mit Ablauf der Drei-Monats-Frist gemäß § 75 VwGO zulässig. Sie waren auch begründet. Hätte dieser Bauherr den „ordnungsgemäßen" Gang der Dinge abgewartet, so hätte er unter Umständen noch Monate auf die Entscheidung der Gemeinde und des Landratsamtes gewartet. Die Untätigkeitsklage hat dem W hier also mindestens ein halbes Jahr Zeit erspart.

II. Die Rechtsmittel des Nachbarn gegen eine erteilte Baugenehmigung

Ebenso wie der Bauherr gegen die Versagung der Baugenehmigung Rechtsmittel einlegen kann, kann dies der Nachbar gegen die erteilte Genehmigung. Das Rechtsmittelverfahren ist dementsprechend das Gleiche. Wie oben dargelegt, kann der Nachbar schriftlich innerhalb der Monatsfrist Widerspruch (in Bayern sofort Klage) gegen die erteilte Baugenehmigung einlegen, nach Zurückweisung im Widerspruchsbescheid Klage zum Verwaltungsgericht einreichen, ggf. Berufung und Revision einlegen. Da der Nachbar die Aufhebung eines Verwaltungsaktes, nämlich der Baugenehmigung, begehrt, handelt es sich hierbei um eine ANFECHTUNGSKLAGE (§ 42 VwGO), im Gegensatz zur Verpflichtungsklage des abgewiesenen Bauherrn. Die besondere Problematik beim Rechtsmittel des Nachbarn liegt in § 42 Absatz 2 VwGO: Seine Klage ist nur zulässig, wenn er geltend machen kann, durch die angegriffene Baugenehmigung IN SEINEN RECHTEN verletzt zu sein. Diese Frage hat uns im Rahmen des Nachbarschutzes bereits beschäftigt (siehe 4. Kapitel Abschnitt III). Insbesondere bei der Behandlung des Gebotes der Rücksichtnahme haben wir gesehen, dass dieses Dritt- und damit Nachbarschutz nur vermittelt, wenn die rechtlichen Interessen eines erkennbar abgegrenzten Kreises Dritter (Nachbarn) beeinträchtigt werden (siehe 4. Kapitel Abschnitt III Ziffer 2).

Der Nachbar muss nach § 42 Absatz 2 VwGO geltend machen, das Gericht nach § 113 Absatz 1 Satz 1 VwGO feststellen, ob er durch die angegriffene Baugenehmigung IN SEINEN RECHTEN verletzt ist. Dieses Erfordernis lässt es nicht selten vorkommen, dass ein Gericht zwar zu der Auffassung gelangt, dass die angegriffene Baugenehmigung rechtswidrig ist, diese aber gleichwohl nicht aufheben kann, weil der Nachbar durch diese rechtswidrige Baugenehmigung nicht in eigenen Rechten verletzt ist.

Rechtswidrige Baugenehmigung ohne Nachbarschutz
Die Stadt M genehmigte auf einer Fläche von mehr als 40.000 m² mehrere Büro- und Wohngebäude mit Läden, ein Kaufhaus, ein Hotel und mehr. Gegen den Vorbescheid reichten mehrere Nachbarn Widerspruch und schließlich Klage ein mit der Begründung, ein solches Vorhaben sei für diesen Stadtteil nicht mehr verträglich, schon gar nicht ohne ordnungsgemäße Bauleitplanung. Allein die zu erwartenden Verkehrsströme würden ein Ausmaß annehmen, das zu einem Verkehrschaos führen werde. Deshalb sei auch die Erschließung nicht gesichert.

In seinem Urteil kam das Verwaltungsgericht tatsächlich zu dem Ergebnis, dass die angegriffene Baugenehmigung als rechtswidrig angesehen werden müsse. Insbesondere sei das Vorhaben planungsbedürftig, weil es mit Auswirkungen verbunden sei, die nur in einem Bebauungsplanverfahren ordnungsgemäß abgewogen werden könnten. Auch müsse davon ausgegangen werden, dass die am Grundstück vorbeiführenden Straßen den zusätzlichen Verkehr nicht mehr aufnehmen könnten, also auch die Erschließung nicht gesichert sei. Gleichwohl könnten die Kläger die Aufhebung der Baugenehmigung nicht verlangen, weil sie nicht in EIGENEN RECHTEN verletzt seien. Zum einen sei die Planungsbedürftigkeit eines Vorhabens nicht nachbarschützend. Zum anderen sei auch das Gebot der Rücksichtnahme jedenfalls gegenüber den Klägern nicht verletzt. Dieses verlange eine unzumutbare Beeinträchtigung. Angesichts der Tatsache, dass die Eigentumswohnungen der Kläger 100 m entfernt lägen, seien sie allenfalls durch die allgemeine Zunahme des Verkehrs, nicht aber durch das konkrete Verkehrsaufkommen des geplanten Gebäudekomplexes und damit nicht mehr unzumutbar beeinträchtigt (siehe dazu ausführlich die Ausführungen im 4. Kapitel Abschnitt III). Trotzdem sah sich die Stadt veranlasst wegen der deutlichen Schelte in diesem Urteil den angegriffenen Vorbescheid aufzuheben und für dieses Gebiet einen Bebauungsplan aufzustellen.

Erfolgreich dagegen ist ein Rechtsmittel des Nachbarn, wenn die Baugenehmigung gegen typischerweise nachbarschützende Vorschriften verstößt (siehe 4. Kapitel Abschnitt III), das genehmigte Bauvorhaben also zum Beispiel die vorgeschriebenen Abstandsflächen nicht einhält.

Die erfolgreiche Nachbarklage

Die Firma W will in München ein Mehrfamilienhaus errichten. Da der Architekt aus Stuttgart stammt, plant er mit der dort geltenden Mindestabstandsfläche von 2,50 m. Da das Gebäude dem Genehmigungsfreistellungsverfahren unterliegt, braucht er keine förmliche Baugenehmigung und beginnt mit den Bauarbeiten. Der Nachbar, der inzwischen die Pläne eingesehen hat, weist das Landratsamt darauf hin, dass das Gebäude 50 cm zu nahe an seiner Grundstücksgrenze steht, weil in Bayern eine Mindestabstandsfläche von 3 m gilt. Da das Landratsamt zögert, die Baueinstellung zu verfügen, klagte der Nachbar beim Verwaltungsgericht mit Hinweis auf die Vorschrift des Artikel 6 BayBO.

Der Verwaltungsgerichtshof München hebt in 2. Instanz mit Urteil vom 15.1.1992 die Baugenehmigung auf beziehungsweise verfügt die Einstellung der Bauarbeiten. Dem Bauherrn blieb nichts anderes übrig, als das gesamte Gebäude umzuplanen – ein kostspieliges Unterfangen vor allem deshalb, weil ein Teil der Wohnungen bereits verkauft war.

III. Kein Baustopp durch Nachbarwiderspruch/-klage

Nach § 80 Absatz 1 VwGO haben Widerspruch und Klage des Nachbarn gegen eine erteilte Baugenehmigung grundsätzlich aufschiebende Wirkung. Dies bedeutete, dass der Bauherr bis zur rechtskräftigen Entscheidung über das Rechtsmittel des Nachbarn von seiner Baugenehmigung keinen Gebrauch machen durfte. Da im theoretischen Maximalfall dem Nachbarn mit dem Widerspruch, der Klage, der Berufung und der Revision vier Instanzen zur Verfügung standen, konnte er bei deren Ausschöpfung die Verwirklichung des Bauvorhabens viele Jahre hinauszögern. Da dies bis zum Ruin des Bauherrn führen konnte, bürgerte sich immer mehr ein, durch Zahlungen in fünf- oder gar sechsstelliger Höhe an den Nachbarn diesen dazu zu bringen, sein Rechtsmittel zurückzunehmen und damit den Weg zur Fertigstellung des Bauvorhabens freizumachen.

Diese Möglichkeit hat der Gesetzgeber mit der Einführung des § 212a BauGB unterbunden. Widerspruch und Anfechtungsklage eines Dritten (Nachbarn) gegen die bauaufsichtliche Zulassung eines Vorhabens haben keine aufschiebende Wirkung, heißt es jetzt im Gesetz.

Was aber ist, wenn die Baugenehmigung rechtswidrig erteilt wurde und auch nachbarschützende Bestimmungen verletzt. Muss jetzt der Nachbar viele Jahre bis zur letztinstanzlichen Entscheidung warten und zusehen, bis das Bauvorhaben fertig gestellt ist? Was geschieht, wenn das Verwaltungsgericht später im Klageverfahren die erteilte Baugenehmigung wegen Rechtswidrigkeit aufhebt, das Bauvorhaben bis dahin aber bezogen ist?

Die Lösung bringt § 80a in Verbindung mit § 80 Absatz 5 VwGO. Sehen wir uns dazu noch einmal die Fälle im 4. Kapitel Abschnitt III (Abstandsflächen und Nachbarschutz beziehungsweise die Spenglerei im Wohngebiet) an. Im einen Fall waren die Abstandsflächen nicht eingehalten; im anderen Fall verstieß die Baugenehmigung gegen nachbarschützende Vorschriften des Bauplanungsrechtes. In diesen Fällen kann der Nachbar mit Erfolg beim Verwaltungsgericht gemäß §§ 80a, 80 Absatz 5 VwGO die aufschiebende Wirkung seines Widerspruches oder seiner Klage wiederherstellen lassen (einstweiliger Rechtschutz). Dazu reicht der Nachbar, der zuvor Widerspruch bei der Genehmigungsbehörde beziehungsweise Klage beim Verwaltungsgericht eingelegt hat, einen sogenannten Eilantrag beim Verwaltungsgericht ein.

Das Verwaltungsgericht prüft dann in erster Linie die Erfolgsaussichten im Hauptsacheverfahren. Wenn nach Auffassung des Gerichtes der Nachbar mit seinem Widerspruch beziehungsweise seiner Klage voraussichtlich Erfolg haben wird, wird es den Sofortvollzug aussetzen, also einen sogenannten „Baustopp“ verhängen. Ein wesentlicher Gesichtspunkt bei der Entscheidung durch das Verwaltungsgericht ist auch die vorrangige Sorge, keine vollendeten Tatsachen schaffen zu lassen, wenn sich später die Rechtswidrigkeit der Baugenehmigung herausstellt. Auf der anderen Seite aber verlangt ein richtig verstandener Eigentumsschutz aus Artikel 14 GG auch, dass ein Bauherr nicht gehindert werden darf, von der ihm erteilten Baugenehmigung Gebrauch zu machen, nur weil es dem „bösen Nachbarn“ nicht gefällt, wie die Gerichte seit jeher entschieden haben, so zum Beispiel der Verwaltungsgerichtshof München im Urteil vom 4.9.1984 oder das Bundesverwaltungsgericht im Urteil vom 22.11.1965. Aus diesem Grunde wägen die Gerichte die Erfolgsaussichten im Hauptsacheverfahren sehr genau ab und beschäftigen sich sehr eingehend schon im Eilverfahren mit der Frage, ob die Baugenehmigung rechtmäßig oder rechtswidrig ist. Zweifel aber gehen zu Lasten des Bauherrn. Dies gilt vor allem auch dann, wenn eine Entscheidung nur durch Beweisaufnahme oder gar mit Hilfe von Sachverständigengutachten ergehen kann. In diesen Fällen muten die Gerichte eher dem Bauherrn zu, mit der Verwirklichung seines Bauvorhabens bis zur Hauptsacheentscheidung zuzuwarten, als dem Nachbarn, sich mit vollendeten Tatsachen abfinden zu müssen.

Stellt sich nämlich die Rechtswidrigkeit der Baugenehmigung erst nach Fertigstellung des Gebäudes heraus, hat die untere Bauaufsichtsbehörde ein Ermessen, ob es die Beseitigung des Gebäudes verlangen soll (vergleiche zum Beispiel § 65 LBO BW; § 80 SächsBO, Artikel 76 BayBO).

Gleichwohl muss aber auch auf das Risiko des Bauherrn hingewiesen werden, insbesondere dann, wenn der Nachbar von der Möglichkeit des §§ 80a, 80 Absatz 5 VwGO keinen Gebrauch macht, wozu er rechtlich nicht gezwungen ist. Stellt der Bauherr das Vorhaben fertig und die Gerichte erst nach dessen Bezug die Rechtswidrigkeit der Baugenehmigung fest, kann der Nachbar etwa bei Verstoß gegen die Vorschriften des Abstandsflächenrechts unter Umständen die Beseitigung des Gebäudes durchsetzen.

Die Durchführung eines solchen Eilverfahrens nach §§ 80a, 80 Absatz 5 VwGO liegt deshalb sowohl im Interesse des Bauherrn wie des Nachbarn. Beide erfahren innerhalb kürzester Zeit (Eilentscheidungen ergehen üblicherweise innerhalb weniger Wochen), wie die Gerichte die Sach- und Rechtslage einschätzen. Der Nachbar entgeht der Gefahr, dass erst im Hauptsacheverfahren, also nach Jahren, wenn das Bauvorhaben fertiggestellt ist, über seine Einwendungen entschieden wird, Behörden und Gerichte ihm dann aber nicht mehr das Recht zusprechen, die Beseitigung durchzusetzen. So wie die Gerichte in vielen Fällen Abwehransprüche des Nachbarn aus dem Gesichtspunkt der Verwirkung zurückgewiesen haben, weil dieser mit der Einlegung eines Rechtsbehelfs zu lange gewartet und dem Baubeginn zu lange zugeschaut hat, so scheint es denkbar und angemessen, den Anspruch des Nachbarn auf Beseitigung eines fertiggestellten Gebäudes dann aus dem Gesichtspunkt der Verwirkung zurückzuweisen, wenn er von der Möglichkeit des §§ 80a, 80 Absatz 5 VwGO keinen Gebrauch gemacht hat.

Unterliegt der Bauherr im Eilverfahren , hat er die Möglichkeit, die vom Verwaltungsgericht festgestellten „Fehler“ in der Baugenehmigung zu revidieren, also im Wege der Tektur zu beseitigen. Nach Vorliegen der Tekturbaugenehmigung kann er mit einem Antrag nach § 80 Absatz 7

VwGO beim Verwaltungsgericht die Aufhebung des verfügten „Baustopps“ durchsetzen.

Wie aber kann sich der Nachbar zur Wehr setzen in den Fällen, in denen gar keine Baugenehmigung mehr erteilt wird? Wie wir im 3. Kapitel Abschnitt III Ziffer 2 gesehen haben, erweitern die Länder ständig die Möglichkeit des Anzeige- beziehungsweise Freistellungsverfahrens . So können zum Beispiel in Bayern zukünftig Gebäude genehmigungsfrei erstellt werden, deren oberster Fußboden bis 22 m über dem Gelände liegt, und dies auch in Form von Doppel- und Reihenhäusern. In Ermangelung einer Genehmigung kann der Nachbar also auch nicht mehr Widerspruch und Klage zum Verwaltungsgericht einlegen. Wird ein solches Gebäude aber zum Beispiel unter Verstoß gegen die Abstandsflächenvorschriften errichtet, kann der Nachbar selbstverständlich nicht rechtlos gestellt sein und zusehen müssen, wie in unmittelbarer Nähe zu seiner Grundstücksgrenze dieses Vorhaben hochgezogen wird.

Die Gemeinde als Handlangerin des Bauherrn

Die Familie K ist Eigentümerin eines Grundstücks in N. Das Grundstück liegt im Geltungsbereich eines Bebauungsplans, der mit Hilfe von Baugrenzen und festgesetzten Gebäudehöhen in den vergangenen Jahren eine moderate Bebauung dieses Gebietes ermöglicht hat. Herrn B ist diese Bebauung zu mickrig. Er will auf seinem Grundstück eine riesige Villa mit Schwimmhalle, großen Empfangsräumen, einer mächtigen Tiefgarage und anderes mehr errichten. Mit dem Versprechen, seinen Gewerbebetrieb in die Gemeinde umzusiedeln, erreicht er beim Bürgermeister und dem Gemeinderat, dass dieser den Bebauungsplan ändert, beschränkt auf das Grundstück des Herrn B und mit Festsetzungen, die schlicht und einfach den Bauplan übernehmen. Mit dieser Änderung des Bebauungsplans sind die Grundlagen für das Genehmigungsfreistellungsverfahren geschaffen, und Herr B kann jetzt mit willfähriger Unterstützung durch die Gemeinde genauso bauen, wie er sich dies vorstellt. Verständlicherweise aber will die Familie K sich keineswegs damit abfinden, dass auf dem Nachbargrundstück jetzt ein Gebäude entsteht, das doppelt so groß und doppelt so hoch ist wie alle anderen in dem Gebiet und ihr kleines Häuschen im wahrsten Sinne des Wortes „in den Schatten stellt“.

Da der Familie K mangels Vorliegens einer Genehmigung der Weg über §§ 80a, 80 Absatz 5 VwGO verstellt ist, reichen sie beim Verwaltungsgericht einen Antrag nach § 123 VwGO ein, mit dem Inhalt, das Landratsamt zu verpflichten, den Bau einzustellen. Mit diesem Antrag haben sie sowohl beim Verwaltungsgericht wie beim Verwaltungsgerichtshof in München Erfolg (Beschluss vom 26.7.1996). Das Genehmigungsfreistellungsverfahren (Kenntnisgabeverfahren/Anzeigeverfahren) schränkt die Befugnisse der Bauaufsichtsbehörde nicht ein und entbindet sie auch nicht von der Verpflichtung, von diesen Befugnissen zum Schutz betroffener Nachbarn Gebrauch zu machen. Mit der Einführung des Genehmigungsfreistellungsverfahrens wollte der Gesetzgeber die materielle Rechtslage nicht verändern und die Nachbarn insoweit nicht schlechter stellen als im Genehmigungsverfahren. Dies wäre aber der Fall, wenn er sich gegen die Schaffung vollendeter Tatsachen, die seine geschützten Nachbarrechte möglicherweise nachhaltig berühren und die später kaum mehr zu beseitigen wären, nicht in vergleichbarer Weise zur Wehr setzen könnte wie im Verfahren nach § 80a VwGO.

Auch hier muss wegen der Details auf die einschlägigen Kommentare verwiesen werden. Solche Verfahren lassen sich ohnehin ohne Einschaltung von Anwälten kaum durchführen. Gleichwohl ist es für den Bauherrn ebenso wie für den Architekten notwendig, wenigstens zu wissen, welche Rechtsschutzmöglichkeiten es gibt, um hiervon Gebrauch zu machen oder zumindest an der richtigen Stelle den richtigen Rat einholen zu können. Wir haben nachstehend ein Schema der wichtigsten Rechtsmittel im Rahmen des Baugenehmigungsverfahrens abgedruckt, in der Hoffnung, dass die Grafik das Ineinandergreifen der verschiedenen Möglichkeiten etwas transparenter macht.

Im Zusammenhang mit der Erläuterung der Rechtsmittel muss noch einer ebenso weit verbreiteten wie irrigen Ansicht entgegengetreten werden: Wenn der Nachbar von diesen ihm vom Gesetzgeber zur Verfügung gestellten Rechtsmitteln Gebrauch macht, braucht er nicht zu befürchten, später vom Bauherrn für die Verzögerung schadensersatzpflichtig gemacht zu werden. So ärgerlich dies angesichts der vielen unbegründeten Nachbarwidersprüche ist, so verständlich ist es aus verfassungsmäßiger Sicht. Es wäre unerträglich, wenn jemand von einem ihm zur Verfügung stehenden Rechtsmittel keinen Gebrauch machen könnte, weil er Schadensersatzansprüche auch nur im Entferntesten befürchten müsste. Aus diesem Grunde setzen auch die Verwaltungsgerichte die Streitwerte so niedrig fest, dass die Verfahrenskosten niemanden von der Einlegung von Rechtsmitteln abschrecken.

Rechtsmittel des Bauherrn	Rechtsmittel des Nachbarn	
bei nicht erteilter Baugenehmigung	a) gegen Bauvorhaben mit erteilter Baugenemigung	b) gegen Bauvorhaben im Freistellungs-/ Anzeigeverfahren
Widerspruch des Bauherrn gem. §§ 68ff. VwGO. Form und Frist gem. §70 VwGO	Widerspruch des Nachbarn gem. §§ 68ff. VwGO, Form und Frist gem. § 70 VwGO	Mangels Genehmigung kein Widerspruch möglich/ nötig, sondern sofort
in Bayern sofort Klage	Antrag nach § 80a i.V.m. §80 VwGO auf Wiederherstellung der aufschiebenden Wirkung eines Rechtsbehelfs	Antrag nach § 123 VwGO auf Baueinstellung
erforderlichenfalls: Abhilfeentscheidung durch Ausgangsbehörde,§ 72 VwGO, oder Widerspruchsentscheidung durch höhere Verwaltungsbehörde,§ 73 VwGO		entfällt
Klage (Anfechtungs-, Verpflichtungs- oder Bescheidungsklage), § 42 VwGO ▪ Frist 1 Monat gem. § 74 VwGO ▪ ggf. als Untätigkeitsklage § 75 VwGO		Klage auf Baueinstellung, §43 VwGO. Keine Frist, aber Verwirkungsmöglichkeit
Berufung, §§ 124 ff. VwGO, wenn zugelassen		
Revision, §§ 132 ff. VwGO		

Abbildung 7 Rechtsmittelverfahren im öffentlichen Baurecht

IV. Das Normenkontrollverfahren

Der Überblick über die Rechtsbehelfe wäre nicht vollständig, wenn nicht wenigstens kurz das Normenkontrollverfahren vorgestellt würde. Nach § 47 Absatz 1 VwGO entscheiden die Oberverwaltungsgerichte und Verwaltungsgerichtshöfe auf Antrag über die Gültigkeit von Satzungen, die nach den Vorschriften des Baugesetzbuches erlassen worden sind, und einigen weiteren Rechtsverordnungen und Rechtsvorschriften. Gegenstand dieser Normenkontrollverfahren sind in der Praxis vor allem die in Form einer Satzung erlassenen (vorhabenbezogenen) Bebauungspläne, die Veränderungssperren und die Satzungen nach §§ 34 Absatz 4 und 35 Absatz 6 BauGB.

Neben der sogenannten „Inzident-Kontrolle" (der Nachbar klagt gegen eine Baugenehmigung, die auch aufgrund eines unwirksamen Bebauungsplanes ergangen ist) gibt § 47 VwGO die Möglichkeit der „abstrakten Normenkontrolle". Auch ohne ein konkretes Baugenehmigungsverfahren kann jede natürliche oder juristische Person (zum Beispiel eingetragener Verein oder GmbH), die geltend macht, durch die Rechtsvorschrift oder deren Anwendung in ihren Rechten verletzt zu sein oder in absehbarer Zeit verletzt zu werden, sowie jede Behörde die Überprüfung dieser Vorschrift beim zuständigen Oberverwaltungsgericht/ Verwaltungsgerichtshof beantragen, und zwar innerhalb eines Jahres ab Inkrafttreten der Rechtsvorschrift (§ 47 Absatz 2 VwGO). Antragsbefugt ist dabei nicht nur der Grundstückseigentümer, sondern zum Beispiel auch ein Grundstückskäufer mit eingetragener Auflassungsvormerkung. Im Normenkontrollverfahren kann unter besonderen Umständen sogar Mietern und Pächtern von Grundstücken eine Befugnis zur Erhebung einer Normenkontrolle zugestanden werden.

Bebauungsplan für Einzelhandel und Wohnen
Die Stadt A stellt für ein brachliegendes Industriegelände einen neuen Bebauungsplan auf. Die alten Werksgebäude sollen abgerissen und ersetzt werden durch Einkaufsmärkte in der westlichen Hälfte und Wohngebäude in der östlichen. Ein Nachbar greift diesen Bebauungsplan mit einem Normenkontrollantrag nach § 47 VwGO an. Der Verwaltungsgerichtshof soll den Bebauungsplan für unwirksam erklären. Nach Auffassung des Nachbarn entsteht durch den Betrieb der Lebensmittel- und Fachmärkte, vor allem durch den damit verbundenen An- und Abfahrtsverkehr und vor allem die Anlieferung in den frühen Morgenstunden ein Lärm, der ihm gegenüber unzumutbar und rücksichtslos ist.

Diesen Normenkontrollantrag des Nachbarn hat der Verwaltungsgerichtshof München mit Urteil vom 4.8.2015 zurückgewiesen. Die Stadt habe alle maßgeblichen Gesichtspunkte, insbesondere der Immissionen, ordnungsgemäß abgewogen. Das Ergebnis sei nicht zu beanstanden: Von den Fachmärkten, insbesondere dem damit verbundenen Ab- und Anfahrtsverkehr sowie der Anlieferung, seien keine Immissionen zu erwarten, die für das angrenzende Wohngebiet unzumutbar seien.

Bebauungspläne können auch nachträglich unwirksam werden. So hat der Verwaltungsgerichtshof München entschieden, dass Festsetzung eines Bebauungsplanes wegen wirtschaftlicher Unzumutbarkeit der zugelassenen Nutzung funktionslos werden und damit nachträglich außer Kraft treten können.

Das Oberverwaltungsgericht/Verwaltungsgerichtshof entscheidet im Normenkontrollverfahren aber nicht nur über Bebauungspläne, sondern auch über andere Satzungen, die nach den Vorschriften des BauGB erlassen worden sind, also zum Beispiel über Veränderungssperren gemäß § 14 BauGB.

Hier können wir auf den Fall mit der Notbremse der Gemeinde im 5. Kapitel Abschnitt I Ziffer 1 verweisen. Der Bauherr hatte, wie wir gesehen haben, auf Erteilung der beantragten Baugenehmigung geklagt, mit der Begründung, nur die Veränderungssperre stehe (§ 14 Absatz 1 Nummer 1 BauGB) der beantragten Genehmigung entgegen, weil sich das Vorhaben im Übrigen nach § 34 BauGB in die umliegende Bebauung einfüge. Die Veränderungssperre sei unwirksam, weil sie nicht zur Sicherung einer konkreten Planung, sondern nur zur Verhinderung seines Bauvorhabens erlassen worden sei. Das Verwaltungsgericht hat ihm Recht gegeben, wie wir gesehen haben.

Die Firma B hätte stattdessen auch den Weg über einen Normenkontrollantrag beschreiten können. Für diesen Antrag wäre, wie schon gesagt, nicht das Verwaltungsgericht, sondern das Oberverwaltungsgericht/der Verwaltungsgerichtshof zuständig gewesen. Deren Entscheidung hätte gelautet: Die Satzung über die Veränderungssperre ist unwirksam. Auch damit wäre der Weg zur Genehmigung des Bauantrages frei gewesen.

Damit wird zugleich deutlich, welche praktische Bedeutung das Normenkontrollverfahren insbesondere gegen vorhabenbezogene Bebauungspläne und Veränderungssperren, aber auch gegen Satzungen nach §§ 34 Absatz 4 oder 35 Absatz 6 BauGB oder gegen Natur- oder Landschaftsschutzverordnungen besitzt. Vorsorglich soll noch einmal in Erinnerung gerufen werden, dass im Gegensatz zum Bebauungsplan der FLÄCHENNUTZUNGSPLAN keine Satzung und damit KEINE RECHTSVORSCHRIFT im Sinne des § 47 VwGO und damit rechtlich NICHT ANGREIFBAR (justitiabel) ist.

Gemäß § 47 Absatz 6 VwGO kann das Gericht auf Antrag sogar eine einstweilige Anordnung erlassen, wenn dies zur Abwehr schwerer Nachteile oder aus anderen wichtigen Gründen dringend geboten ist. Zum Beispiel kann so den Behörden untersagt werden, Baugenehmigungen auf der Grundlage des Bebauungsplans gemäß § 30 BauGB zu erteilen.

Wichtig ist noch der Hinweis, dass die Zulässigkeit des Antrages voraussetzt, dass der Antragsteller seine Einwendungen zuvor im Bebauungsplanverfahren vorgetragen hat, und zwar innerhalb der Auslegungsfrist des § 3 Absatz 2 BauGB. Der Verwaltungsgerichtshof München weist ausdrücklich darauf hin, dass der Grundstückseigentümer sonst mit Einwendungen ausgeschlossen ist, auch mit solchen, die sich der planenden Gemeinde nach Lage der Dinge aufdrängen mussten.

Stichwortverzeichnis

O

P

Q

R

S

T

U

V